高等学校招标采购专业试用教材

建设项目概论

北京建筑工程学院招标采购专业建设委员会　编著

中国建筑工业出版社

图书在版编目(CIP)数据

建设项目概论/北京建筑工程学院招标采购专业建设委员会编著. —北京：中国建筑工业出版社，2012.5
（高等学校招标采购专业试用教材）
ISBN 978-7-112-14250-7

Ⅰ.①建… Ⅱ.①北… Ⅲ.①基本建设项目-项目管理-高等学校-教材 Ⅳ.①F284

中国版本图书馆CIP数据核字（2012）第077478号

本书按照高等教育公共事业管理（招标采购方向）专业本科课程教学大纲的要求，以现行的国家建设项目标准、规范、规程为依据，结合建设项目的最新理论成果编写而成，内容注重建设项目管理与实践相结合，具有较强的适用性和实践性。本书系统地介绍了建设项目全过程的基本理论和管理方法，主要包括建设项目概述、建设项目策划与决策、建设项目实施管理模式、建设项目工程监理、建设项目勘察设计、建设项目招标投标、建设项目合同、建设项目施工管理、建设项目风险管理、建设项目信息管理、建设项目竣工验收与保修管理、建设项目后评价等。

本书作为高等院校公共事业管理（招标采购）专业课程教材，也可作为工程管理类相关专业课程教学的配套教材，也可供从事建设项目管理工作的专业人员学习和工作参考。

* * *

责任编辑：马 红
责任设计：赵明霞
责任校对：王誉欣 刘 钰

高等学校招标采购专业试用教材
建设项目概论
北京建筑工程学院招标采购专业建设委员会 编著

*

中国建筑工业出版社出版、发行（北京西郊百万庄）
各地新华书店、建筑书店经销
北京红光制版公司制版
化学工业出版社印刷厂印刷

*

开本：787×1092毫米 1/16 印张：14 字数：335千字
2012年7月第一版 2012年7月第一次印刷
定价：**28.00**元
ISBN 978-7-112-14250-7
（22322）

版权所有 翻印必究
如有印装质量问题，可寄本社退换
（邮政编码100037）

招标采购专业教材编写委员会

主　任　何佰洲　毛林繁
委　员（按姓氏笔画排序）：
　　　　石国虎　刘仁和　李　君　李明江　李继红
　　　　杨兴坤　张　俊　张兆安　周　霞　周晓静
　　　　赵世强　袁　静　徐　星　常　路　戚振强
　　　　谭敬慧

《建设项目概论》编写组

李明江　徐　星　周　霞　任　远

总序

市场经济条件下,如何保证高等教育可持续发展是个重大课题,而适应市场人才数量及能力需求,及时调整或充实高校专业,进而培养符合我国经济建设需求的专业人才,则无疑是高等教育可持续发展的重要保障。

《招标投标法》颁布十多年来,招标采购制度在推进经济体制改革、提高经济效益、规范市场主体交易行为等方面发挥了重要的作用。据不完全统计,其从业人数近百万,业已形成了一个庞大的招标采购专业群体。这些从业人员来源于多种渠道,知识结构不尽合理,不得不采取边干边学的成才之路,以适应市场需求,长此以往,势必影响招标采购功用发挥,影响这项制度的有效实施。

为此,经过三年多的市场调研,并结合北京建筑工程学院专业分布特点和师资条件,我们在公共事业管理专业下,率先开展了招标采购方向本科生培养,组建了招标采购专业建设委员会,聘请了一大批理论与实践工作者进行专业课程设计,并结合培养方向组织编写建设项目概论、设备材料概论、招标采购理论基础、招标采购项目管理等数十科教材,以适应招标采购方向教学之用。这些教材的编写者由国内具有一定招标采购理论和实践,以及教学经验的专家学者组成。每门教材从选题到定稿,经过招标采购专业建设委员会数次严格审查,是一套水平较高的招标采购专业教材。

这套教材既可以满足招标采购方向本科生培养之需,又可以弥补招标采购制度中理论的欠缺与不足,作为招标采购从业人员继续教育或理论深造之用。

北京建筑工程学院
招标采购专业建设委员会
2012 年 1 月

前言

随着我国国民经济发展，投资体制改革，投资建设项目管理多元化，建设项目理论研究和实践的不断拓展和丰富，培养建设项目综合管理人才的重要性日益明显和突出。依据北京建筑工程学院公共事业管理（招标采购方向）专业本科课程规划大纲，我们编写了这本建设项目概论教材。

建设项目概论作为一门招标采购专业的主干课程，是研究建设项目全过程管理规律及管理方法的一门学科基础配套课程。本课程是培养招标采购专业学生掌握建设项目基本理论和熟悉建设项目管理原理、方法和内容等基础知识的教学科目。通过本课程学习，能够使学生系统掌握建设项目管理知识和方法，具有分析解决建设项目管理问题的能力。

本书在编写过程中，结合建设项目概论课程的教学特点和要求，吸收和借鉴了国内外建设项目管理理论研究成果和实践经验，力求使本书观点新颖、结构合理、内容突出、简明实用。

本书不仅可以作为招标采购专业课程的教材，还可以作为高等院校工程管理类相关专业课程教学的配套教材，也可以作为从事建设项目管理工作的专业人员学习和工作的参考书。

本书由招标采购专业建设委员会组织编写，全书共分12章，李明江编写第1章建设项目概述、第2章 建设项目策划与决策、第3章 建设项目实施管理模式、第4章 建设项目工程监理；徐星、周霞编写第5章 建设项目勘察设计、第6章 建设项目招标投标、第7章 建设项目合同、第10章 建设项目信息管理；李明江、任远编写第8章 建设项目施工管理、第9章 建设项目风险管理、第11章 建设项目竣工验收与保修管理、第12章 建设项目后评价。

本书编写中，查阅和检索了许多建设项目管理相关的信息、资料、教材和有关专家、学者的著作、论文，并得到相关部门和人员的支持和帮助，在此深表感谢。由于本书编者水平有限，难免存在不妥之处，请广大读者和同行批评指正。

作　者
2012年2月

目录

总序
前言

第1章 建设项目概述 ········· 1
  1.1 建设项目的概念与分类 ········· 1
    1.1.1 项目的概念与特点 ········· 1
    1.1.2 建设项目的概念与特点 ········· 2
    1.1.3 建设项目分类 ········· 3
    1.1.4 建设项目的组成 ········· 5
  1.2 项目建设程序和项目生命周期 ········· 6
    1.2.1 项目建设程序 ········· 6
    1.2.2 项目的生命周期 ········· 7
  1.3 建设项目管理 ········· 8
    1.3.1 建设项目管理的概念 ········· 9
    1.3.2 建设项目管理的类型 ········· 10
    1.3.3 业主方项目管理的目标和任务 ········· 10
    1.3.4 建设项目主要参与方项目管理的目标和任务 ········· 12

第2章 建设项目策划与决策 ········· 16
  2.1 建设项目策划 ········· 16
    2.1.1 工程项目策划与决策的基本概念 ········· 16
    2.1.2 工程项目策划与决策的基本原则 ········· 16
    2.1.3 项目前期策划与决策的关系 ········· 17
    2.1.4 项目前期策划与决策的程序 ········· 17
  2.2 建设项目决策程序与内容 ········· 18
    2.2.1 建设项目决策的程序 ········· 18
    2.2.2 投资机会研究的目的和内容 ········· 19
    2.2.3 初步可行性研究的目的和内容 ········· 19
    2.2.4 可行性研究的目的和内容 ········· 21
    2.2.5 项目申请报告的目的与内容 ········· 24
  2.3 建设项目咨询评估的概念、程序和内容 ········· 27
    2.3.1 项目评估的概念和特点 ········· 27

  2.3.2 项目评估的工作程序 ………………………………………………… 28
  2.3.3 项目评估的内容和方法 ………………………………………………… 28
  2.3.4 项目评估的原则 ………………………………………………………… 30
  2.3.5 项目评估与可行性研究的区别与联系 ………………………………… 32

第3章 建设项目实施管理模式

 3.1 建设项目实施期业主方管理的组织模式 ……………………………………… 33
  3.1.1 业主方自行项目管理 …………………………………………………… 33
  3.1.2 业主方委托项目管理 …………………………………………………… 34
  3.1.3 业主方和工程咨询单位合作进行项目管理 …………………………… 36
 3.2 建设项目工程任务实施的模式 ………………………………………………… 36
  3.2.1 平行承发包 ……………………………………………………………… 37
  3.2.2 设计总负责 ……………………………………………………………… 39
  3.2.3 设计和施工总承包 ……………………………………………………… 40
  3.2.4 设计、采购和施工总承包 ……………………………………………… 44
  3.2.5 施工总承包 ……………………………………………………………… 45
  3.2.6 施工总承包管理 ………………………………………………………… 46
 3.3 特许经营项目常用模式 ………………………………………………………… 48
  3.3.1 BOT及BOOT的概念 …………………………………………………… 49
  3.3.2 PPP的含义 ……………………………………………………………… 53
  3.3.3 TOT的含义 ……………………………………………………………… 55

第4章 建设项目工程监理

 4.1 建设工程监理的概念和内容 …………………………………………………… 57
  4.1.1 工程监理的概念和内容 ………………………………………………… 57
  4.1.2 建设项目工程监理单位与有关单位之间的关系 ……………………… 58
 4.2 建设项目施行工程监理的有关规定 …………………………………………… 59
  4.2.1 必须实施工程监理的建设项目 ………………………………………… 59
  4.2.2 工程监理单位和监理工程师的资质管理 ……………………………… 59
 4.3 建设项目监理委托模式和监理工作文件 ……………………………………… 60
  4.3.1 建设项目工程监理委托模式 …………………………………………… 60
  4.3.2 建设项目工程监理工作文件 …………………………………………… 63
 4.4 建设项目实施阶段的监理工作 ………………………………………………… 64
  4.4.1 建设项目工程勘察设计阶段的监理工作 ……………………………… 64
  4.4.2 建设项目施工阶段的监理工作 ………………………………………… 66
  4.4.3 设备监理 ………………………………………………………………… 69

第5章 建设项目勘察设计

 5.1 建设项目勘察设计概述 ………………………………………………………… 71
  5.1.1 建设项目勘察设计的概念 ……………………………………………… 71
  5.1.2 勘察设计的依据与阶段划分 …………………………………………… 71
 5.2 建设项目勘察设计文件的内容和深度要求 …………………………………… 74

        5.2.1 建设项目勘察文件的内容与深度要求 ·················· 74
        5.2.2 建设项目设计文件的内容与深度要求 ·················· 75
    5.3 建设项目勘察设计资质管理 ································· 78
        5.3.1 工程勘察资质分类和分级 ····························· 78
        5.3.2 工程设计资质分类和分级 ····························· 81
        5.3.3 工程勘察设计资质的管理 ····························· 85

第6章 建设项目招标投标 ·· 88
    6.1 建设项目招标投标概述 ·· 88
        6.1.1 建设项目招标投标的概念 ····························· 88
        6.1.2 建设项目招标范围及有关规定 ························ 89
        6.1.3 建设项目招标方式 ···································· 90
        6.1.4 自行招标与委托招标 ·································· 91
        6.1.5 招标投标活动的监督 ·································· 91
        6.1.6 建设项目招标投标程序 ································ 91
    6.2 建设项目监理招标投标 ·· 94
        6.2.1 监理招标的概念 ······································· 94
        6.2.2 监理招标的范围 ······································· 94
        6.2.3 监理招标的特点 ······································· 95
    6.3 建设项目勘察设计招标投标 ··································· 95
        6.3.1 勘察设计招标的概念 ·································· 95
        6.3.2 勘察设计招标的范围 ·································· 95
        6.3.3 勘察设计招标的特点 ·································· 96
    6.4 建设项目施工招标投标 ·· 96
        6.4.1 施工招标的概念 ······································· 96
        6.4.2 施工招标的范围 ······································· 97
        6.4.3 施工招标的特点 ······································· 98

第7章 建设项目合同 ·· 99
    7.1 建设项目合同概述 ·· 99
        7.1.1 建设项目合同的概念 ·································· 99
        7.1.2 建设项目合同的特征 ·································· 99
        7.1.3 建设项目合同的形式 ································· 100
        7.1.4 建设项目合同的分类 ································· 100
    7.2 监理合同 ·· 102
        7.2.1 监理合同的概念 ······································ 102
        7.2.2 监理合同的主要内容 ································· 103
        7.2.3 监理合同的订立 ······································ 103
        7.2.4 监理合同的履行 ······································ 104
        7.2.5 监理合同的违约责任 ································· 105
    7.3 勘察设计合同 ··· 105

7.3.1　勘察设计合同的概念 ……………………………………………… 105
　　　7.3.2　勘察设计合同的主要内容 ………………………………………… 105
　　　7.3.3　勘察设计合同的订立 ……………………………………………… 106
　　　7.3.4　勘察设计合同的履行 ……………………………………………… 106
　　　7.3.5　勘察设计合同的违约责任 ………………………………………… 108
　7.4　施工合同 ……………………………………………………………………… 109
　　　7.4.1　施工合同的概念 …………………………………………………… 109
　　　7.4.2　施工合同的主要内容 ……………………………………………… 110
　　　7.4.3　施工合同的订立 …………………………………………………… 110
　　　7.4.4　施工合同的履行 …………………………………………………… 111
　　　7.4.5　施工合同的违约责任 ……………………………………………… 112
　7.5　建设项目合同的管理 ………………………………………………………… 113
　　　7.5.1　建设项目合同管理的概述 ………………………………………… 113
　　　7.5.2　合同订立前的管理 ………………………………………………… 113
　　　7.5.3　合同订立中的管理 ………………………………………………… 114
　　　7.5.4　合同履行中的管理 ………………………………………………… 116
　　　7.5.5　合同发生争议与纠纷的管理 ……………………………………… 117
　　　7.5.6　合同的索赔管理 …………………………………………………… 118
第8章　建设项目施工管理 …………………………………………………………… 120
　8.1　施工准备管理 ………………………………………………………………… 120
　　　8.1.1　施工图纸会审和设计技术交底 …………………………………… 120
　　　8.1.2　施工组织设计审查 ………………………………………………… 121
　　　8.1.3　物资准备 …………………………………………………………… 123
　　　8.1.4　劳动组织准备 ……………………………………………………… 123
　　　8.1.5　施工现场准备 ……………………………………………………… 123
　8.2　施工质量管理 ………………………………………………………………… 124
　　　8.2.1　施工质量管理依据 ………………………………………………… 125
　　　8.2.2　施工质量管理原则 ………………………………………………… 125
　　　8.2.3　施工质量管理内容 ………………………………………………… 125
　　　8.2.4　施工质量管理要求 ………………………………………………… 127
　　　8.2.5　质量问题和事故处理 ……………………………………………… 128
　8.3　施工进度管理 ………………………………………………………………… 129
　　　8.3.1　施工进度管理的任务 ……………………………………………… 129
　　　8.3.2　施工进度管理的原则 ……………………………………………… 130
　　　8.3.3　施工进度管理措施 ………………………………………………… 131
　　　8.3.4　施工进度监督检查 ………………………………………………… 132
　　　8.3.5　施工进度的调整 …………………………………………………… 133
　8.4　施工成本管理 ………………………………………………………………… 134
　　　8.4.1　施工成本管理要求 ………………………………………………… 134

  8.4.2 施工成本计划编制 …………………………………………… 135
  8.4.3 施工成本管理措施 …………………………………………… 137
  8.4.4 工程计量与工程款结算支付 ………………………………… 138
  8.4.5 工程变更管理 ………………………………………………… 141
  8.4.6 工程索赔的处理 ……………………………………………… 142
 8.5 安全生产与环境管理 ……………………………………………………… 144
  8.5.1 安全生产管理依据 …………………………………………… 144
  8.5.2 安全生产管理内容 …………………………………………… 145
  8.5.3 安全生产管理措施 …………………………………………… 146
  8.5.4 环境管理 ……………………………………………………… 147
  8.5.5 应急预案与响应管理 ………………………………………… 148
 8.6 建设项目文档管理 ………………………………………………………… 148
  8.6.1 档案管理的内容与要求 ……………………………………… 149
  8.6.2 档案管理的方法与措施 ……………………………………… 151

第9章 建设项目风险管理 ……………………………………………………… 155
 9.1 建设项目风险概述 ………………………………………………………… 155
  9.1.1 项目风险的概念 ……………………………………………… 155
  9.1.2 建设项目风险的特点 ………………………………………… 155
  9.1.3 建设项目风险的分类 ………………………………………… 156
 9.2 建设项目风险识别 ………………………………………………………… 157
  9.2.1 项目风险识别方法 …………………………………………… 157
  9.2.2 建设项目常见风险 …………………………………………… 158
 9.3 建设项目风险管理 ………………………………………………………… 159
  9.3.1 风险管理常用名词 …………………………………………… 159
  9.3.2 风险管理的原则 ……………………………………………… 160
  9.3.3 项目风险的量化 ……………………………………………… 160
  9.3.4 风险管理的内容 ……………………………………………… 162
  9.3.5 项目风险的处置 ……………………………………………… 163
 9.4 建设项目工程保险 ………………………………………………………… 165
  9.4.1 工程担保 ……………………………………………………… 165
  9.4.2 工程保险 ……………………………………………………… 167

第10章 建设项目信息管理 …………………………………………………… 169
 10.1 建设项目信息管理概述 ………………………………………………… 169
  10.1.1 信息与信息系统的概念 …………………………………… 169
  10.1.2 建设项目信息管理 ………………………………………… 170
  10.1.3 建设项目信息管理流程 …………………………………… 171
 10.2 建设项目信息管理系统 ………………………………………………… 172
  10.2.1 建设项目信息管理系统的概念 …………………………… 172
  10.2.2 建设项目信息管理系统的应用与实施 …………………… 173

  10.2.3 基于互联网的建设项目信息管理系统 ·················· 174
 10.3 建设项目管理软件的应用································· 176
  10.3.1 建设项目管理软件的分类························ 176
  10.3.2 常用的几种建设项目管理软件···················· 178

第11章 建设项目竣工验收与保修管理 ·························· 184
 11.1 竣工验收管理··· 184
  11.1.1 竣工验收的条件································ 184
  11.1.2 竣工验收的范围································ 185
  11.1.3 竣工验收的依据································ 185
  11.1.4 竣工验收的步骤································ 186
  11.1.5 竣工验收的组织形式···························· 187
  11.1.6 遗留问题的处理································ 188
  11.1.7 竣工验收档案管理······························ 188
 11.2 竣工结算管理··· 189
  11.2.1 竣工结算编制依据······························ 189
  11.2.2 竣工结算的编审································ 190
 11.3 竣工决算管理··· 190
  11.3.1 竣工决算的编制································ 191
  11.3.2 竣工决算的审核································ 192
 11.4 保修阶段管理··· 193
  11.4.1 工程质量保修责任······························ 193
  11.4.2 工程质量保修范围与期限························ 194

第12章 建设项目后评价 ······································· 196
 12.1 建设项目后评价概述··································· 196
  12.1.1 建设项目后评价的特点·························· 196
  12.1.2 建设项目后评价的类型·························· 197
  12.1.3 项目后评价与项目前评估的区别·················· 197
  12.1.4 项目后评价与其他项目监管活动的关系············ 198
 12.2 建设项目后评价的作用与原则··························· 198
  12.2.1 建设项目后评价的作用·························· 198
  12.2.2 建设项目后评价的原则·························· 199
 12.3 建设项目后评价的主要内容····························· 199
  12.3.1 建设项目全过程回顾总结评价···················· 199
  12.3.2 项目实施效果的总结评价························ 200
  12.3.3 环境影响后评价································ 200
  12.3.4 社会影响后评价································ 200
  12.3.5 建设项目目标评价······························ 200
  12.3.6 项目持续性分析评价···························· 201
  12.3.7 建设项目成功度评价···························· 201

12.4 建设项目后评价的主要方法···201
  12.4.1 逻辑框架法···201
  12.4.2 对比分析法···202
  12.4.3 综合评价法···203
  12.4.4 社会调查法···203
  12.4.5 项目成功度评价法··204
12.5 建设项目后评价的实施与成果应用···205
  12.5.1 建设项目后评价的实施··205
  12.5.2 建设项目后评价报告···206
  12.5.3 建设项目后评价成果的反馈与应用···207

参考文献···209

第1章 建设项目概述

本章阐述了建设项目的概念、特点、组成、项目周期和建设基本程序等内容。通过对建设项目特点和基本规律的认识，可以进一步研究和理解建设项目管理的思想和方法。

1.1 建设项目的概念与分类

1.1.1 项目的概念与特点

"项目"来源于人类社会有组织的活动的分化。人类社会有组织的活动基本分为两种类型：一类是连续不断、周而复始的活动，称为"作业"，如一个工厂的生产活动；另一类称为"项目"，如建设供人类居住的房屋。项目是一种非常规性、非重复性、一次性的任务，通常有确定的目标和确定的约束条件。项目是一种特殊任务，即项目是指一个过程，而不是指过程终结后所形成的成果。例如，某学校的建设过程是一个项目，教学楼、图书馆及其配套附属设施是这个项目的产品。

在投资建设领域中，建造一所学校、一个商场、一座发电厂、一条高速公路等，这都是项目。在工业生产中开发一种新产品；在科学研究中，为解决某个科学技术问题进行的课题研究；在文化体育活动中，举办一场足球比赛，组织一次音乐会等，这也都是项目。项目是指在一定的条件下，具有明确目标的一次性任务。

通过对项目特点的研究分析，可以认识项目的一般规律，确立项目管理的思想和方法。项目具有以下基本特点：

1. 目标性

任何项目都有其特定的目标，这种目标从广义的角度讲，表现为项目创造的独特产品或服务。这类目标称为项目的成果性目标，是项目的最终目标，在项目实施过程中被分解成为项目的功能性要求，是项目全过程的主导目标。一个项目的成果性目标必须是明确的。

2. 独特性

由于项目的成果性目标、约束条件、组织和过程等方面的特殊性，每一个项目都有其独特性，不存在两个完全相同的项目。独特性是项目区别于作业的一个重要特点，作业是可以重复进行的。

3. 约束性

任何项目都是在一定的限制条件下进行的，包括环境条件、资源条件、资金条件和人为约束等，一般概括为资金约束、时间约束和质量约束。这类限制条件也成为项目的约束性目标，是项目实施过程中必须遵循的条件，从而成为项目管理的主要目标。没有约束性就不能称其为任务，也就不能构成项目。

4. 一次性

任何项目都有其明确的时间起点和终点，是在一段有限的时间内存在的。项目的一次性并不意味着时间短，有的项目可以持续若干年，如建设项目形成的建筑物等一般存在很长时间。项目管理的组织形式和管理手段，必须适应项目一次性的特点，如项目组织机构随着项目开始而设立，随着项目完成而解散或变更职能，如北京市2008年奥运会组委会，随着北京奥运会的闭幕，北京2008年奥组委使命完成，奥运会组织管理委员会也相应解散。

5. 不确定性

项目是一次性任务，是经过不同阶段渐进完成的，通常前一阶段的结果是后一阶段的基础和条件，不同阶段的条件、要求、任务和成果是变化的。同时，在项目实施过程中也会面临较多的不确定性因素。项目管理也应该是动态的管理，反映在投资上，要注意设计阶段和施工阶段投资控制；反映在项目组织机构上，在不同阶段需要进行机构调整，在选拔项目经理时要强调其随机应变和现场决策的能力。

6. 整体性

项目是一系列活动的有机结合，从而形成一个完整的过程。项目活动中局部的优化、阶段的优化不一定是整体的最后的优化。在项目管理中要运用系统工程的理论和方法，追求系统的整体优化，局部必须服从整体，阶段必须服从全过程。

1.1.2 建设项目的概念与特点

建设项目是一种常见的典型的项目类型，是以实物形态表示的具体项目。从广义上讲，建设项目是指为了特定目标而进行的投资建设活动。"建设项目"的定义是："在一定条件约束下，以形成固定资产为目标的一次性建设。一个建设项目一般是在一个总体设计范围内，由一个或若干个互有内在联系的单项工程所组成，经济上实行统一核算，行政上实行统一管理。"

1. 建设项目的概念

（1）建设项目是一种既有投资行为又有建设行为的项目，其目标是形成固定资产。建设项目是将投资转化为固定资产的经济活动过程。在我国，建设项目是固定资产投资项目的简称。

（2）对一个建设项目范围的认定标准，是一个总体设计确定的范围。凡属于一个总体设计的项目，不论是主体工程还是附属配套工程，不论是由一个还是由几个施工单位施工，不论是一次完成建设，还是分期完成建设，都只能作为一个建设项目。

（3）"一次性建设"即一次性任务，显示了项目的一次性特征。"经济上实行统一核算，行政上实行统一管理"，显示建设项目是在一定的组织机构内进行，项目一般由一个组织或几个组织联合完成。

（4）在建设项目管理中，对建设项目的认定应按国家现行的有关规定执行。如国家进行建设项目统计时，对投资金额很小的项目不单独作为一个建设项目计算。

2. 建设项目的特点

建设项目的特点可归纳为以下六个方面：

（1）具有明确的建设目标。建设项目的成果性目标是形成固定资产，实现特定的功能，如建设一所学校、建设一座医院等。

（2）具有明确的质量、进度和投资目标。建设项目的约束性目标包括三大目标：一是质量目标，即要达到预期的使用功能、生产能力、技术水平、产品等级的要求；二是进度目标，即要求有合理的工期时限；三是投资目标，即要在一定的人力、财力和物力投入数额下完成建设任务。三大控制目标是项目管理的主要目标。

（3）产品的唯一性。建设项目的固定性，设计的单一性，施工的单件性，管理组织的一次性，使得它不同于一般商品的工业化生产过程，其产品具有唯一性。如桥梁建设项目，每座桥梁都有自己的设计图纸，即使采用同一套图纸建设两座桥梁，由于其建设时间、建设地点和施工队伍等方面存在差异，两座桥梁也不会完全相同。

（4）固定性。建设项目的固定性表现为建设成果的固定性和建设过程的固定性。固定性决定了建设项目的不可替代价值，如北京的住宅价格虽然很高，但不能把价格较低的房屋搬到北京来卖。建设成果的位置是固定的，施工安装活动也必须固定在现场，并且不少是在露天进行，因此，建设项目受当地资源、气象和地质条件的制约，受当地经济、社会和文化的影响，也决定了建设项目的造价成本。

（5）整体性。一个建设项目往往包括几个单项工程，单项工程又包括几个单位工程，各项工程只有形成一个完整的系统，才能实现项目的整体功能，一个子项目的失败有可能影响整个项目。项目建设包括多个建设阶段，各阶段紧密联系，各阶段的工作都对整个项目的完成产生影响。

（6）管理的复杂性。建设项目管理的复杂性主要表现在四个方面：一是建设项目的参与单位较多，各单位之间关系协调的难度和工作量大；二是采用的新技术、新材料和新工艺较多，工程技术的复杂性不断提高；三是大中型项目的建设规模大，包含的单项工程多；四是社会政治经济环境对建设项目的影响，特别是对一些跨地区、跨行业的大型建设项目的影响，越来越复杂。

1.1.3 建设项目分类

1. 按建设性质划分

（1）新建项目

新建项目是指根据国民经济和社会发展规划，按照规定的建设程序，从无到有、"平地起家"，新建设的项目。现有企事业和行政单位的新建项目一般是新征地建设的项目。有的单位如果原有规模和能力较小，需要再兴建的项目，其新增加的固定资产价值超过原有全部固定资产价值3倍以上的，也视为新建项目。

（2）技改项目

技改项目是指现有企事业单位为调整产品结构、改革生产技术工艺、改善生产条件或福利条件，对原有设施进行技术改造或更新的辅助性生产项目和生活福利设施项目。

（3）扩建项目

扩建项目是指现有企业在原有场地内或其他建设地点，为扩大产品的生产能力或技术更新以增加经济效益而增建的生产车间、独立的生产线或分厂的项目；项目单位在原有生产规模的基础上扩大规模而进行的新增固定资产投资项目。

（4）复建项目

复建项目是指由于自然灾害、战争等原因使原有固定资产全部或部分报废，需要进行投资重建来恢复生产条件、生活福利设施等的建设项目。

（5）迁建项目

迁建项目是指现有企事业单位根据自身生产经营和事业发展的需要，按照国家调整生产力布局的经济发展战略的需要或出于对环境保护等其他特殊要求，迁建到异地而建设的项目。迁建项目中符合新建、扩建、技改条件的，应视为新建、扩建或技改项目。

建设项目按照其性质分为上述5类。一个建设项目只能有一种性质，在项目按总体设计全部建成以前，其建设性质是始终不变的。

2. 按建设规模划分

为了正确反映建设项目的规模，适应对建设项目分级管理的需要，国家规定基本建设项目可分为大型、中型、小型3类；技改项目可分为限额以上和限额以下两类。不同等级标准的建设项目，国家规定的审批机关和报建程序也不尽相同。划分项目等级的原则如下：

（1）按批准的可行性研究报告所确定的总设计能力或投资总额大小，依据国家颁布的《基本建设项目大中小型划分标准》进行分类。

（2）技改项目一般只按投资额分为限额以上和限额以下项目，不再按生产能力或其他标准划分。

（3）凡生产单一产品的项目，一般以产品的生产能力划分；生产多种产品的项目，一般按其主要产品的设计生产能力划分。

（4）基本建设项目的大、中、小型和更新改造项目限额的具体划分标准，根据各个时期的经济发展和实际工作的需要而不断变化或调整。

3. 按投资效益和特点划分

根据建设项目的经济效益、社会效益和市场需求等基本特征，可将建设项目划分为竞争性项目、基础性项目和公益性项目3种。

（1）竞争性项目

竞争性项目主要是指投资回报率较高、市场竞争性较强的一般性建设项目，政府投资一般不直接投资建设竞争性项目。如高档住宅、别墅、大型超级商场、写字楼、星级酒店等。这类建设项目应以企业作为投资主体，由企业自主决策，自担投资风险。

（2）基础性项目

基础性项目主要是指具有自然垄断性，建设周期长、投资额大而收益相对较低的基础设施和需要政府投资重点扶持的基础工业项目，以及为保障民生的需要，符合经济规模的支柱产业项目。如能源、交通、资源开发、水利、城市公共设施、环境治理等。对于这类项目，主要应由政府集中必要的财力、物力给项目单位进行注资的方式参与建设。

（3）公益性项目

公益性项目主要是指为社会发展服务，难以产生直接经济回报的项目。如科技、文教、卫生、体育和环保等设施。公益性项目的投资主要由政府用财政资金安排。

4. 按投资来源划分

（1）政府投资建设项目也称为公共项目，是指为了推动国民经济发展，满足社会的文化、生活需要，以及出于政治、国防等因素的考虑，由政府通过财政投资、发行国债或地方财政债券，以及国家财政担保的国内外金融组织的贷款等方式建设的项目。

（2）自筹资金建设项目，是指建设投资全部由项目单位自有资金建设的项目。

（3）贷款建设项目，是指项目单位自筹项目资本金外，其他建设资金通过向银行或金融机构贷款方式解决。

（4）利用外资建设项目，是指利用外国银行贷款、国外私人和企业投资参与建设的项目。

（5）外商独资建设项目，是指外国私人或公司利用其本国的资金或外国银行贷款建设的项目。

1.1.4 建设项目的组成

对建设项目进行系统划分，分析项目的组成，有助于我们对项目的认识，是建设项目管理的要求。我国一般将建设项目划分为单项工程、单位工程、分部工程和分项工程，如图 1-1 所示。

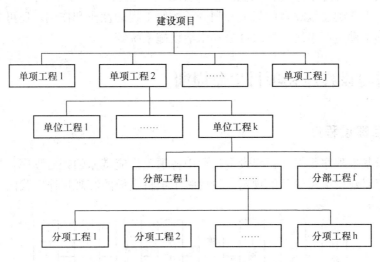

图 1-1 建设项目组成示意图

1. 单项工程

单项工程一般是指具有独立设计文件和图纸，建成后可以独立发挥生产能力或使用功能的一组配套齐全的工程项目。单项工程的施工条件往往具有相对独立性，一般可以单独组织施工和竣工验收。建设项目可能包括多个或有内在联系的单项工程，也可能仅有一个单项工程。

如一所大学的教学楼、实验楼、图书馆、体育馆、食堂、学生宿舍等均可认定为单项工程。

2. 单位工程

单位工程是指具有独立的设计文件和图纸，可单独组织施工，但是建成后不能独立发挥生产能力或工程效益的工程。单位工程可以是一个建筑工程也可以是一个设备与安装工程。

如医院可以划分为门诊楼、病房楼、室外建筑环境、室外安装等单位工程；工业类建设项目可以按工业厂房、车间、仓库等区域划分为几个单位工程。

3. 分部工程

分部工程是按照单位工程的工程部位、专业性质和设备种类划分，是单位工程的组成部分。

如房屋建筑工程划分为地基与基础、主体结构、建筑装饰、装修、建筑围护墙体、屋面、建筑给水、排水、采暖、建筑电气、智能建筑、通风与空调、电梯等分部工程；工业安装工程按专业划分为工业设备、工业管道、电气装置、自动化仪表、防腐蚀、工业炉砌筑等分部工程。

4. 分项工程

分项工程一般是按照主要工种、材料、施工工艺、设备类别等进行划分，是分部工程的组成部分。分项工程是施工安装作业的基础单元，是工程质量形成的直接过程。

如房屋建筑的混凝土结构，可划分为支模板、绑钢筋、打混凝土、预应力张拉、现浇结构、装配式结构等分项工程；工业设备安装工程一般按设备的台（套）、机组划分为几个分项工程。工业类建设项目的组成和划分，按照工程的性质和作用，还可分为主要生产系统、附属和辅助生产系统、行政办公和生活设施系统等。

1.2 项目建设程序和项目生命周期

1.2.1 项目建设程序

项目建设基本程序是指项目建设全过程中各项工作应遵循的先后顺序。这种先后顺序既反映了国家对建设项目管理的规定，也反映了项目建设的客观规律。我国的建设基本程序如图1-2所示。

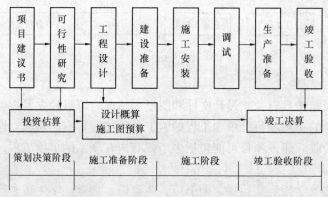

图1-2 建设项目的建设基本程序

按照建设基本程序，各阶段的主要工作内容如下。

策划决策阶段：主要工作内容包括项目建议书和可行性研究。可行性研究报告中确定了项目的投资估算。

施工准备阶段：主要工作内容包括工程设计和实施准备。一般建设项目进行两阶段设计，即初步设计和施工图设计，技术上比较复杂而又缺乏设计经验的项目，在初步设计后增加技术设计。在初步设计阶段，编制设计概算；在技术设计阶段，编制设计修正概算；在施工图设计阶段，编制施工图预算。施工准备工作主要包括三通一平、报建、施工条件准备、材料设备订货和施工安装招标等工作。

施工阶段：主要的工作内容包括设备材料采购、施工、设备安装和生产准备。施工安装是把建设项目从设计图纸变成实物的环节，在建设准备工作完成后，提出开工报告，经建设主管部门批准，才能动工兴建。生产准备贯穿在建设准备阶段、施工阶段和竣工验收等各个阶段，主要工作在施工阶段完成。

竣工验收阶段：施工和设备安装活动结束后进行竣工验收，一般是先进行单项工程竣工验收，然后进行全部工程竣工验收，工程竣工验收合格后，方可办理工程移交，项目投入使用。竣工验收前，要进行单机调试，系统试运行。不同性质的建设项目，调试试运行的内容、时间和要求差别很大。对非生产经营性项目，如住宅等，则在交付使用后设立保修期。工程竣工验收后编制工程结算和竣工决算报告。

对每一个具体的建设项目来说，由于其特点、环境和条件不同，政府对不同类型项目的管理要求不完全相同，每一阶段的工作内容和深度都会存在差异，但建设程序基本是一致的。在项目实施中，各阶段的工作有序交叉进行，如材料设备订货在时间上主要是在建设准备阶段进行，但大多延伸到施工阶段，工程设计和施工安装往往也有交叉。

1.2.2　项目的生命周期

基本建设程序与工程项目的生命周期的区别在于建设项目程序强调工程项目要遵守基本建设程序，工程项目的生命周期强调工程项目所经历的整个过程。工程项目的生命周期是指从工程项目策划意图产生的提出，到整个项目建成竣工验收、交付使用，再到项目报废为止所经历的时间。对于工业项目则必须经过建设、试生产、达到设计生产能力，经过项目后评价才能完成，直至项目寿命终止的全过程，称为一个工业项目的生命周期。

从工程项目的特点可以看出，工程项目的实施是一次性的，在一定的时间内完成，并按照建设程序进行，每一个工程项目都有自己的生命周期。工程项目生命周期经历项目策划决策阶段、设计阶段、施工准备阶段、施工阶段、竣工验收阶段、使用阶段、保修阶段。这些阶段是基于各阶段的工作内容、性质和作用不同而划分的，不同阶段有承前启后、相互制约的关系。通过不同类型工程项目各阶段所需时间的统计分析，可以研究项目周期的时间构成，为工程项目的计划管理提供依据。为了尽快发挥建设投资的经济效益和社会效益，应该着眼于缩短项目建设所需的时间，延长生产使用的时间。

随着工程项目管理理论的发展，越来越多的人注意到对工程项目全过程管理的重要性，逐渐提出了工程项目全生命周期管理的理论，即为建设一个满足功能需求和经济上可行的工程项目，对其从工程前期策划直至工程竣工投入使用的全过程进行策划、协调和控制，使项目在预定的建设期限内，在预算的投资范围内，完成建设任务，并达到所要求的工程质量标准，满足投资方、项目的经营者以及最终用户的需求。

项目周期理论是对项目运动规律的概括和总结。项目周期是指项目从开始到结束的全过程，是项目各阶段的集合。根据项目的不同特点和项目管理的不同需要，项目阶段的划分具有多种方法，阶段名称也多种多样。不同阶段需要投入不同的资源，有着不同的目标和任务，因此，有不同的管理内容、要求和特性。

建设项目周期，也称为建设项目全寿命周期，是指从建设意图产生到项目废除的全过程，通常分为策划决策期、实施期和生产运营期。如图1-3所示。建设项目将顺序经过策划决策期，然后进入实施期，最后进入生产运营期，每一个时期又可以分为若干阶段。

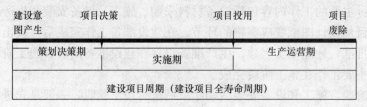

图1-3 建设项目周期（建设项目全寿命周期）

建设项目的策划决策期指从建设意图形成到项目评估决策这一时期，是项目的研究决策时期。其中心任务是对建设项目进行科学论证和决策，项目的成立与否、建设规模大小、使用功能、产品的市场前景预测、资金来源和筹措方式、技术与设备选择等重大问题，都要在这一时期解决。

建设项目的实施期指项目决策后，从项目实施准备到项目竣工验收移交这一时期。其主要任务是通过建设活动使项目成为现实，形成固定资产。

建设项目的生产运营期指项目交付使用直到项目废除这一时期，项目进行生产运营活动，收回投资，以实现预期投资目标为目的，对非生产经营性项目，如住宅、开放式的郊野公园等，则表现为项目的使用功能。

在建设项目管理中，经常用到"建设周期"的概念。建设项目的建设周期是指建设项目的决策期和实施期。根据我国的实际情况，通常将项目建设周期细分为策划决策阶段、实施准备阶段、实施阶段和竣工投产阶段。如图1-4所示。决策阶段与项目决策期对应。项目实施期细分为实施准备阶段、实施阶段和竣工投产阶段。

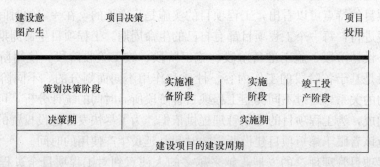

图1-4 建设项目的建设周期

1.3 建设项目管理

建设项目管理的工作内容包括项目策划和项目控制，项目管理的目标包括投资目标、进度目标和质量目标。从管理主体的角度，建设项目管理分为业主方项目管理、设计方项目管理、施工方项目管理和供货方项目管理，不同管理主体的项目管理的目标和任务是不同的。

1.3.1 建设项目管理的概念

"项目管理"一词有两种不同的含义：其一指项目管理活动，即有意识地按照项目的特点和规律，对项目进行组织管理的实践活动，是一种新的管理方式；其二是指项目管理学科，即以项目管理活动为研究对象的一门科学，是对项目管理活动的理论总结。两者本质上是一致的。

项目管理是从第二次世界大战以后发展起来的。建设项目管理理论发展及应用是从20世纪60年代开始的，当时西方一些发达国家出现了为业主提供建设项目管理服务的项目管理公司。20世纪80年代，随着我国国家投资体制和工程建设管理体制的改革，以及世界银行等国际金融组织贷款项目和外商投资项目的建设，先进的建设项目管理理论和方法逐步得到推广应用。

建设项目管理的内涵是：自建设项目策划开始至建设项目完成，通过项目策划和项目控制，确保项目的投资目标、进度目标和质量目标得以实现。

建设项目管理的时间范畴是"自建设项目策划开始至建设项目完成"，对业主方来说是指建设项目决策到投产竣工的全过程管理，对施工单位来说是指自工程开工到工程竣工移交的施工过程管理。

建设项目管理的工作内容包括项目策划和项目控制。"项目策划"是指目标控制前的一系列策划和准备工作，主要是项目目标的分析和再论证、组织策划和合同策划。项目管理的核心任务是项目的目标控制。

建设项目管理的目标是投资目标、进度目标和质量目标，通常称为项目管理的三大目标。如图1-5所示。

项目管理学作为一门学科，它的母学科是组织论。项目管理学主要是从组织管理的角度来研究项目策划和项目控制。

建设项目管理与企业管理同属于管理的角度来研究项目策划和项目控制。建设项目管理与企业管理同属于

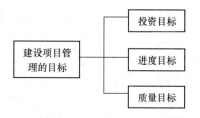

图1-5 建设项目管理的目标

管理活动的范畴，但从建设项目管理的内涵可以看出，两者有着明显的区别，其区别包括以下几个方面：

（1）管理对象不同。建设项目管理的对象是一个具体的工程项目，是一次性的建设过程；企业管理的对象是企业经营，是一个持续稳定的经济实体，是企业综合的生产经营业务活动。

（2）管理目标不同。建设项目管理的目标是建设项目的约束性目标，即投资目标、进度目标和质量目标，其目标是一次性的和短期的；企业管理的目标主要是利润，其目标是相对长期和稳定的。

（3）管理内容不同。建设项目管理的核心任务是目标控制管理，是面向项目实施全过程的一次性任务型管理；企业管理的任务是智能管理和作业管理，是一种实体性经营管理。

（4）运行规律不同。建设项目管理是一次性多变的活动，其管理的规律是以项目周期和项目内在建设规律为基础；企业管理是一种稳定持续活动，其管理的规律是以现代企业

制度和企业经济活动内在经营规律为基础。

(5) 实施的主体不同。建设项目管理实施的主体包括业主方、设计方、施工方、供货方和咨询方等；企业管理实施的主体仅是企业自身。

1.3.2 建设项目管理的类型

建设项目实施和管理的参与单位主要包括以下几个方面：

(1) 业主方：项目法人单位，是项目建设和经营主体；

(2) 工程咨询服务机构：包括工程咨询单位、造价咨询单位、招标代理单位、项目管理单位和工程监理单位等；

(3) 设计方：包括工程勘察单位、工程规划单位和工程设计单位；

(4) 施工方：包括施工总包单位、安装和施工分包单位；

(5) 供货方：包括材料、设备的生产厂家和供应单位；

(6) 项目总承包方：建设项目总承包有多种形式，如设计和施工总承包，设计、采购和施工总承包等；

(7) 金融机构：包括贷款银行和保险公司等；

(8) 政府及社会有关管理部门：包括发改委、规划委、建设委员会、环境保护部门、国土资源管理部门、质量和安全监督部门、当地市政管理和社会管理部门（交通、供电、供气、给水、排水、通信、消防、人防、绿化、文物保护等）。

建设项目的参与方构成了其外部关联系统，形成了建设项目的不同管理主体。

建设项目管理类型的划分有多种形式。从管理主体的角度划分是一种常用的方法。一个建设项目往往由许多参与单位承担不同的建设任务和管理任务，而各参与方的工作性质、工作任务和利益不同，因此，就形成了不同类型的项目管理模式。按建设项目不同参与方的工作性质和组织特征划分，项目管理主要有如下几种类型：

(1) 业主方的项目管理：包括项目法人单位的项目管理以及由工程咨询服务机构提供的代表业主方利益的项目管理服务；

(2) 施工方的项目管理；

(3) 供货方的项目管理；

(4) 设计方的项目管理。

1.3.3 业主方项目管理的目标和任务

建设项目法人单位或建设项目业主（简称业主方）对建设项目的管理活动，存在于建设项目全寿命周期，内容包括行政管理和专业管理两部分。行政管理包括办理各种审批手续、人事管理和财务管理等事务性工作。专业管理如图1-6所示，在建设项目策划决策期的管理是开发管理，在建设项目实施期的管理是项目管理，在生产运营期的管理是经营管理。专业管理由业主方自己完成或委托专业咨询机构完成。

由于业主方是项目建设过程的利益相关者——人力资源、物质资源和知识的投入与收益代表，也是项目建设过程的总组织者，所以对于一个建设项目而言，虽然有代表不同利益方的项目管理，但是业主方的项目管理是项目管理的核心。

业主方项目管理代表建设项目业主利益，对最终实现的建设项目成果性目标负总责，

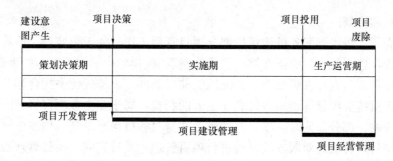

图 1-6 建设项目全寿命周期的专业管理

即形成特定的固定资产,满足一定的使用需要或形成一定的生产能力。业主方项目管理目标是项目实施过程中的总体约束目标,即投资目标、质量目标和进度目标。

(1) 投资目标:指的是项目建设投入的所有资金应控制在概算总投资以内。

(2) 质量目标:指的是整个项目的质量,不仅涉及施工的质量,还包括设计质量、施工质量、设备材料质量和影响项目生产运营的环境质量等。质量目标包括满足相应的技术规范和技术标准,以及满足业主方相应的质量要求。

(3) 进度目标:指的是项目建成使用的时间目标,如住宅建成可以入住、地铁建成可以通车、学校建成可以启用、商场建成可以开业的时间目标等。

设计方、施工方或供货方的项目管理目标是项目实施期中某个阶段的目标或某个单体项目的目标,只有业主方项目管理的目标是针对整个项目、针对项目实施全过程的。所以只有从业主方的角度,才能统筹全局,最关心整个项目管理的目标和未来收益。

项目管理三大目标之间存在着内在联系和相互制约,既有矛盾的一面,也有统一的一面,它们之间的关系是对立统一的关系。要加快进度往往需要增加投资,要提高质量往往也需要增加投资,过度地缩短进度会影响质量目标的实现,这都表现了目标之间关系矛盾的两面性;但通过有效的管理,在不增加投资的前提下,也可缩短工期和提高工程质量,这反映了矛盾关系统一的一面。在实际工作中,通常以质量目标为中心,如果投资目标和进度目标与质量目标发生矛盾时,应服从质量目标;如果投资目标与进度目标发生矛盾时,应根据项目性质和当时的条件,进行时间—费用分析。在项目的不同阶段,对各目标的控制也会有所侧重,如在项目前期,具有较大的节省投资的可能,应以投资目标的控制为重点;在项目后期,大量资金已经投入,工期延误将造成重大损失,应以进度目标控制为重。总之,三大目标之间应相互协调,达到项目整体利益最大化、合理化。

业主方的项目管理是项目实施期的全过程、全方位的管理活动。项目管理的内容和任务可以从多角度进行分析和归纳,从管理职能、项目目标和约束等角度综合分析和归纳,业主方项目管理的任务主要包括以下内容,这是具有代表性的一种划分方法。

(1) 质量控制;
(2) 投资控制;
(3) 进度控制;
(4) 合同管理;
(5) 信息管理;
(6) 安全和文明施工管理;

(7) 组织和协调。

业主方委托工程咨询服务机构承担部分项目管理工作，如工程监理、造价咨询、招标代理和项目管理咨询等，目前正在推行"代建制"，代建单位承担了更多的项目管理任务，主要对政府投资方负责，在满足业主方使用的前提条件下，按代建委托合同开展项目代建管理。以上各机构的项目管理服务代表业主方的利益，属于业主方项目管理的范畴，是业主方项目管理的一部分。同时，项目管理服务本身对各机构来说是一项专业服务任务，是一个完整的项目，各机构对服务的过程进行项目管理，通过完成"项目管理服务"收取管理服务费。工程咨询服务机构的项目管理服务体现了项目整体利益提高和获取工程咨询服务机构本身的利益。

1.3.4 建设项目主要参与方项目管理的目标和任务

设计方、施工方和供货方是建设项目的直接参加单位。设计方、施工方和供货方项目管理是从各自企业的角度对建设项目相关部分和相关阶段进行管理，在管理性质上属于既定任务或合同约定下的自我管理，他们各自独立完成项目的设计、施工和物资供应任务，同时实现其自身效益。工程设计、工程施工和物资供应任务本身是各自独立的项目，但又由于他们的工作和效益是与整个建设项目联系在一起的，其项目管理必须同时围绕建设项目进行，服务于项目的整体利益。

业主方、设计方、施工方和供货方从不同角度对建设项目的管理，组成了一个项目的项目管理系统的主要部分。如图1-7所示。一个项目成功与否，取决于项目实施各方对项目管理的成效。业主方要与各参与方实现"共赢"。

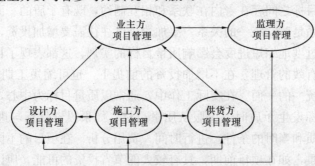

图1-7 建设项目管理系统的主要组成

1. 设计方项目管理的目标和任务

设计方项目管理主要在项目实施准备阶段进行，并延伸到项目实施阶段和竣工投产阶段。

设计方作为项目建设的一个参与方，其项目管理服务于项目的整体利益和设计方本身的利益。

(1) 设计方项目管理的目标为：

1) 工程设计的成本目标和建设项目的投资目标；

2) 工程设计的进度目标；

3) 工程设计的质量目标。

（2）设计方项目管理的任务包括：
1）工程设计质量控制；
2）工程设计成本控制和与工程设计有关的建设项目工程造价控制；
3）工程设计进度控制；
4）与设计工作有关的安全管理；
5）工程设计信息管理；
6）工程设计合同管理；
7）与工程设计工作有关的组织和协调。

2. 建设项目总承包方项目管理的目标和任务

建设项目总承包方，是在特定的建设项目承发包模式下的承建方，其承担的任务为设计和施工或者设计、施工和采购，因此，其项目管理具有自己的特点。总承包方的项目管理服务于项目的整体利益和建设项目总承包方本身的利益。

（1）建设项目总承包方项目管理的目标为：
1）项目的总投资目标和建设项目总承包方的成本目标；
2）项目的进度目标；
3）项目的质量目标。

由于建设项目总承包方承担了设计和施工任务或者设计、施工和采购任务，所以其费用目标包括项目的总投资目标，不仅仅是项目总承包方的成本。建设项目总承包方项目管理工作面向整个项目实施期。

（2）建设项目总承包方项目管理的主要任务包括：
1）质量控制；
2）投资控制和总承包方的成本控制；
3）进度控制；
4）信息管理；
5）合同管理；
6）安全管理；
7）与建设项目总承包方有关的组织和协调。

3. 施工方项目管理的目标和任务

施工方的项目管理工作主要在项目实施阶段和竣工投产阶段进行。

施工方项目管理主体是施工单位，管理对象是施工项目。施工项目是建设项目的建设实施过程，对施工单位来说是一个独立的项目。施工项目除了具有一般项目的特点外，还具有自己的特殊性，如施工生产流动性大，施工作业多在露天进行，施工周期长，受时间、空间及周边环境的影响和限制多，与各参建单位的协调多等。因此，施工方的项目管理难度较大、复杂性较高、存在风险较大。

施工方作为项目建设的主要参与方，其项目管理服务于项目的整体利益和施工方本身的利益。施工项目的成果性目标是按施工承包合同的要求完成施工任务，并获取相应的施工利润。

（1）施工方项目管理的目标为：
1）工程施工的成本目标；

2）工程施工的质量目标；
3）工程施工的进度目标。
(2) 施工方项目管理的任务包括：
1）工程施工质量控制；
2）工程施工成本控制；
3）工程施工进度控制；
4）工程施工安全管理；
5）工程施工信息管理；
6）工程施工合同管理；
7）与工程施工有关的组织与协调。

施工方是承担施工任务的单位的总称谓，它可能是施工总承包方、施工总承包管理方、分包施工方或建设项目总承包的施工任务执行方。施工项目可能是整个建设项目、一个单项工程或一个单位工程。施工方担任的角色不同，其项目管理的任务和工作重点也会有差异。

(3) 施工总承包方对所承包的建设工程承担施工任务的执行和组织负总责，其主要管理任务如下：
1）负责整个工程的施工质量控制、施工安全、施工总进度控制和施工的组织等。
2）控制施工项目的造价成本。
3）施工总承包方是工程施工的总执行者和总协调组织者，他除了完成自己承担的施工任务以外还负责组织和管理分包施工单位的施工，并为分包施工单位提供和创造必要的施工条件。分包施工单位包括施工总承包方自行分包的分包施工单位和业主方指定的分包施工单位，业主方指定的分包施工单位有可能与业主方单独签订合同，不论采用何种合同模式，施工总承包方应负责组织和管理业主方指定的分包施工单位的施工，这也是国际惯例。
4）负责施工资源供应的组织和施工现场布置管理。
5）代表施工方与业主方、设计方、工程监理方等外部单位进行必要的联系和协调等。

(4) 施工总承包管理方对所承包的建设工程承担施工任务组织管理负总责，其主要特征如下：
1）一般情况下，施工总承包管理方不承担施工任务，它主要进行施工的总体管理和协调。如果施工总承包管理方通过投标（在平等条件下竞标），获得一部分施工任务，则它也可参与施工。
2）不论是业主方选定的分包方，或经业主方授权由施工总承包管理方选定的分包方，施工总承包管理方都应承担对其组织和管理的责任。
3）一般情况下，施工总承包管理方不与分包方和供货方直接签订施工合同，这些合同都由业主方直接签订。但若施工总承包管理方应业主方的要求，协助业主参与施工的招标和发包工作，其参与的工作深度由业主方决定。业主方也可能要求施工总承包管理方负责整个施工的招标和发包工作。
4）施工总承包管理方和施工总承包方承担相同的管理任务和责任，即负责整个工程的施工安全、施工总进度控制、施工质量控制和施工的组织等。因此，由业主方选定的分包方应经施工总承包管理方的认可，否则它难以承担对整个工程管理的全部责任。

5）负责组织和管理分包施工单位的施工，并为分包施工单位提供和创造必要的施工条件。

6）与业主方、设计方、工程监理方等外部单位进行必要的联系和协调等。

分包施工方承担合同所规定的分包施工任务，以及相应的项目管理任务。若采用施工总承包或施工总承包管理模式，分包方必须接受施工总承包方或施工总承包管理方的工作指令，服从其总体的施工项目管理。

4. 供货方项目管理的目标和任务

供货方的项目管理工作从项目实施准备阶段开始，一直延伸到项目实施阶段和竣工投产阶段。

供货方作为项目建设的一个参与方，其项目管理服务于项目的整体利益和供货方本身的利益。

（1）供货方项目管理的目标为：

1）供货方的成本目标；

2）供货的质量目标；

3）供货的进度目标。

（2）供货方项目管理的主要任务包括：

1）供货的成本控制；

2）供货方的质量控制；

3）供货的进度控制；

4）供货合同管理；

5）供货信息管理；

6）供货的安全管理；

7）与供货有关的组织与协调。

复习思考题：

1. 建设项目的含义是什么？它有什么特点？
2. 建设项目的分类标准有哪几种？请简述。
3. 简述建设项目的组成。
4. 我国建设项目的建设过程一般分为哪几个阶段？各有哪些主要工作？
5. 简述建设项目管理的概念。
6. 建设项目管理的参与方有哪些？
7. 阐述建设项目管理的种类和任务有哪些？

第 2 章 建设项目策划与决策

本章阐述了建设项目策划与决策的概念，对建设项目的决策程序和研究的内容进行全面的介绍，对建设项目咨询评估的概念、程序、方法和内容进行了讲解。通过对建设项目策划与决策的学习，可以了解建设工程相关管理部门对项目立项、可研审批、项目备案及核准的要求，并能掌握建设项目前期工作所需的知识。

2.1 建设项目策划

2.1.1 工程项目策划与决策的基本概念

1. 工程项目前期策划

策划，美国哈佛企业管理丛书提出："策划是一种程序，在本质上是一种运用脑力的理性行为。"策划是以人类的时间活动为发展条件，以人类的智能创造为动力，随着人类的时间活动的逐步发展与智能水平的不断超越而发展起来的，策划水平直接体现了社会的发展水平。

工程项目前期策划是把工程项目建设意图转换成概念明确、系统清晰、目标具体，且富有策略性高智力的系统活动。工程项目前期策划工作的主要任务是寻找并确立项目目标、提出项目，并对项目进行全面的技术经济论证，使整个项目建立在科学、可靠、合理、优化的基础之上。工程项目前期策划以项目管理理论为指导，并服务于管理的全过程。

2. 工程项目投资决策

决策，一般是指为了达到预期的目的，对未来行动的方向、途径和方法所作出的正式决定。也是对未来行动计划（包括目标和措施等）的正式制定。决策是整个项目管理过程中一个非常重要的组成部分，决策的正确与否直接关系到建设项目的最终成败。

工程项目投资决策是投资决策中的微观决策，是指由投资主体（国家、地方政府、企业或个人）对拟建工程项目的必要性、方案可行性、建设规模、投资规模的合理性等进行技术经济评价，对不同建设方案进行方案优化比选，以及对拟建工程项目的技术经济指标作出判断和决定的过程。

2.1.2 工程项目策划与决策的基本原则

1. 系统化原则

任何建设项目都受到建设条件、市场、环境、资源、技术、资金等一系列因素的影响，是一个系统工程，与外界条件有着千丝万缕的联系，系统的原理要求项目的策划与决策遵循全面性、动态性和统筹兼顾的原则，充分考虑局部与全局、眼前与长远的关系。

2. 合理可行原则

任何策划与决策方案都必须切实、科学、合理、可行，否则，这种建设方案毫无意义。分析方案的可行性，重点分析方案的技术成熟度、投入产出比是否合理，方案风险因素和应对措施等，全面衡量、综合考虑，要准确弄清方案是否科学、合理、可行。

3. 讲求时效原则

策划与决策方案的价值将随着时间的推移与条件的改变而变化，这就要求在策划与决策过程中把握好时机，处理好时机与效果之间的关系。在快速发展的现代社会，客观情况变化迅速，利益竞争更为激烈，最佳时机往往稍纵即逝，时机与效果又具有紧密的联系，失去时机必然会影响效果，甚至完全没有效果。因此，项目策划一旦提出，就要尽可能缩短策划、决策到实施的周期。当然，这并不应理解为策划活动以及从策划到实施越快越好，因为策划的周密性与时间的长短有关；同时，策划方案的实际效果还与客观条件是否成熟有关，只有当客观条件成熟时，策划方案的实施才能取得预期的效果。

4. 专家论证原则

现代工程项目的规模越来越大，相关影响因素越来越多，策划与决策活动所要处理的数据资料更加复杂，要求也越来越高。这就要求在项目策划与决策中采取民主化和专家论证的方式，把各个方面有关专家组织起来，针对目标和问题，集中众人智慧进行项目策划与决策工作。事实表明，民主策划与科学决策产生的方案，在实践中往往更具有科学性、合理性、可行性和可操作性，策划与决策方案的实施也才能取得更好的效果。

2.1.3　项目前期策划与决策的关系

工程项目的决策是一个极其复杂的，同时又是十分重要的过程。一般来说，项目决策是建立在项目前期策划的基础之上的。这里所说的前期策划包括项目构思、投资机会研究、项目建议书、可行性研究等工作，在这些工作过程中会产生很多结论，而这些结论正是重要的决策依据。因此，只有经过科学缜密的项目策划，才能为项目决策奠定科学、客观和具有可行性的基础。

2.1.4　项目前期策划与决策的程序

项目的前期策划与决策是项目的孕育阶段，对项目的整个生命周期有决定性的影响，尽管工程项目的决策主要是上层管理者的工作，是决策部门（如国家、地方、企业）从全局和战略的角度出发提出的，但这里面又有许多项目管理工作。要想取得项目的成功，必须在项目前期策划阶段就进行严格的项目管理，坚持实行科学的决策管理程序。

（1）项目构思和投资机会研究阶段，包括构思的产生、选择；分析影响投资机会的因素；鉴别投资机会；分析市场需求和存在的风险；论证投资方向等。

（2）项目建议书阶段，包括项目提出的必要性和依据；生产方案、拟建规模和建设地点的初步设想；资源情况、建设条件、协作关系、技术来源的分析；投资估算和资金筹措设想；项目的进度安排；经济效益和环境影响的初步分析等。

（3）项目可行性研究阶段，是指为寻求有价值的投资机会而对项目的有关背景、资源条件、市场状况、建设方案的可行性、投资估算、项目经济效益和社会效益等所进行的全面调查研究和分析预测。

（4）项目评估与决策阶段，是在可行性研究的基础上，按照一定的目标，对投资项目是否符合国家、行业和项目所在地的产业发展规划，是否符合行业准入条件，是否符合环保评价要求，是否符合节能减排要求，征地和移民安置方案是否落实等进行分析论证，权衡各种方案的利弊，并提出明确判断的一项工作。

2.2 建设项目决策程序与内容

2.2.1 建设项目决策的程序

1. 企业投资项目决策的程序

企业投资决策，特别是大型项目的投资决策，由于投资规模较大，关系到企业的长远发展。应按照公司法人治理结构的权责划分，经总经理管理层讨论后，报公司董事会决策层进行审定，特别重大的投资决策还要报股东大会讨论通过。

有的企业投资项目，是由项目的发起人及其他投资人出资，组建具有独立法人资格的项目公司，由出资人或其授权机构对项目进行投资决策。

企业投资决策是一个研究逐步深化的过程，从投资机会研究，到初步可行性研究，再到可行性研究和项目评估，分析逐步深入，建设项目的价值逐步明了，建设内容和方案逐步确定。见图 2-1。

2. 政府投资项目决策的程序

对于政府投资项目，要按照严格的审批程序进行决策。建设项目必须先列入行业、部门或区域发展规划，进入政府投资项目储备库，政府再审批项目建议书，审查项目建设的必要性，决定项目是否立项；再经过对可行性研究的审查，从技术、经济、社会等方面分析项目的可行性，决定项目的建设方案。见图 2-2。

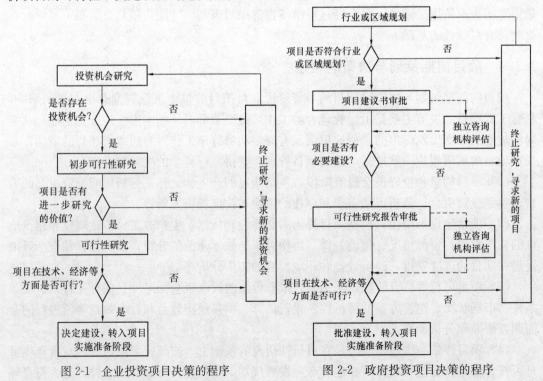

图 2-1 企业投资项目决策的程序　　图 2-2 政府投资项目决策的程序

2.2.2 投资机会研究的目的和内容

1. 投资机会研究的目的

投资机会研究，也称投资机会甄别，是指为寻找有价值的投资机会而进行的准备性调查研究，为项目策划提出做广泛的调查，其目的在于发现有价值的投资机会。

2. 投资机会研究的类别

投资机会研究可分为广泛投资机会研究与具体项目投资机会研究两类。

（1）广泛投资机会研究。这是一种全方位的搜索过程，需要进行广泛的调查，收集大量的数据。广泛投资机会研究又可分为三类：

1）地区投资机会研究。即通过调查分析地区的基本特征、人口及人均收入、地区产业结构、地区资源优势、地区产业优势、经济发展趋势、地区进出口结构等状况，研究、寻找在某一特定地区内的投资机会。

2）部门投资机会研究。即通过调查分析产业部门在国民经济中的地位和作用、产业现状和存在的问题、产业的规模和结构、各类产品的需求及其增长率等状况，寻找在某一特定产业部门的投资机会。

3）资源开发投资机会研究。即通过调查分析资源的特征、储量、可利用和已利用状况、环境容纳量、项目产品的需求和限制条件等情况，研究、寻找开发某项资源的投资机会。

（2）具体项目投资机会研究。在广泛投资机会研究初步筛选投资方向和投资机会后，需要进行具体项目的投资机会研究。具体项目投资机会研究比广泛投资机会研究更为深入、具体，需要对项目的背景、市场需求、资源条件、发展趋势以及需要的投入和可能的产出等方面进行准备性的调查、研究和分析。

3. 投资机会研究的内容

投资机会研究的内容主要包括市场调查、消费分析、资源条件、建设条件、投资政策、税收政策研究、现有同类企业的经营情况等，其重点是对投资环境的分析。如在某一地区或某一产业部门，对某类项目的背景、市场需求、资源条件、发展趋势以及需要的投入和可能的产出、现有同类企业盈利能力和生产规模等方面进行准备性的调查、研究和分析，从而发现有价值的投资机会。

投资机会研究阶段对项目的建设投资和生产成本一般是参照类似项目的数据做粗略的估算。投资机会研究为项目的投资方向和设想提出建议，投资机会研究要编制项目建议书，提出项目的大致设想，初步分析项目建设的必要性、市场前景和可行性。

2.2.3 初步可行性研究的目的和内容

1. 初步可行性研究的目的

初步可行性研究，也称预可行性研究，政府投资项目一般称作项目建议书，是在机会研究的基础上，对项目方案进行初步的技术、财务、经济、环境和社会影响评价，对项目是否可行作出初步判断。研究的主要目的是判断项目是否有生命力，对是否值得投入更多的人力和资金进行投资项目的可行性研究作出准确判断。

对于某些投资规模较大、市场前景不明、工艺复杂的大型建设项目，在进行全面可行性分析研究前，往往需要进行初步可行性研究。

2. 初步可行性研究的内容

以产业项目为例，初步可行性研究的主要内容包括：

（1）项目建设的必要性和编制依据；

（2）市场需求分析与预测；

（3）产品方案、拟建规模研究；

（4）建设场址选择和场址环境调查；

（5）生产技术和主要设备来源；

（6）主要原材料的来源和其他建设条件；

（7）项目建设进度与运营的实施方案；

（8）投资初步估算、资金筹措与投资使用计划初步方案；

（9）财务效益和经济效益的初步分析；

（10）社会影响的初步评价；

（11）投资风险因素和防范措施的初步分析。

3. 初步可行性研究的重点，主要是从宏观上分析论证项目建设的必要性和可能性

（1）项目建设的必要性，一般体现在以下几个方面：

1）企业为了自身的可持续发展，为满足市场需求，进行扩建、技改或者新建项目。如：为降低单位产品成本，提高市场竞争能力而扩大生产规模；为保持扩大市场占有份额而引进先进技术设备，以提高产品的技术含量和质量；为适应市场需求，调整产品结构，进行技术改造；在满足城市规划建设要求的同时，利用土地资源，进行搬迁改造，提高企业的技术装备水平；为分散经营风险而拓宽投资领域新建项目等。

2）为了合理开发利用资源，实现国民经济的可持续发展，而必须建设的跨地区重大项目。如"南水北调"、"西电东输电网"等项目的建设。

3）为了促进地区经济的发展，需要进行基础设施建设，改善交通运输条件，市政设施条件，改善投资环境等。如城市轨道交通、供水、供电等市政设施等项目的建设。

4）为了满足人民群众不断增长的物质文化生活需要而必须建设的文化、教育、卫生等社会公益性项目。如幼儿园、学校、医院、图书馆、体育中心、博物馆、影剧院等项目的建设。

5）为了增强国防和社会安全能力的需要而必须建设的项目。

（2）项目建设的可能性，主要指项目是否具备建设的基本条件，包括市场条件、资源条件、技术条件、资金条件、环境条件以及外部协作配套条件等，分析重点应该是市场需求分析。

初步可行性研究的深度介于投资机会研究和可行性研究之间，这一阶段对建设投资和生产成本的估算一般采用指标框算法估算。

通过初步可行性研究，如果认为项目建设是必要的，而且具备了基本的建设条件，市场需求明显、风险在可控制范围内，就可以根据投资主体以及审批机构的要求，编制初步可行性研究报告。如果判断项目是有生命力的，就可以进一步开展可行性研究。需要说明的是，不是所有项目都必须进行初步可行性研究，小型项目或者技术改造项目，在选定投资机会后，就可以直接进行可行性研究。

2.2.4 可行性研究的目的和内容

1. 可行性研究的目的

可行性研究的目的是指通过对拟建项目的市场需求和供给状况分析、产品方案、建设规模、生产工艺、设备选型、建设方案、建设条件、环境保护、节能措施、投资估算、融资方案、财务和经济效益、社会影响以及可能产生的风险等方面进行全面深入的调查、研究和充分的分析、比较、论证，从而得出该项目是否值得投资、建设方案是否合理可行的研究结论，为项目的决策提供科学、可靠的依据。

可行性研究是建设项目决策阶段最重要的工作。可行性研究的过程是深入调查研究的过程，也是多方案比较的过程。一个建设项目，从产品方案、技术选用、设备选型，到选址方案、工程方案、环保措施，都可能有多个方案可供选择，可行性研究要通过深入的调查研究，对多个方案进行比较、论证，从中选择较优方案。

2. 可行性研究的依据与要求

（1）可行性研究的依据

可行性研究的依据主要有：

1）项目建议书（或初步可行性研究报告）及其批复文件；

2）国家和地方的经济和社会发展规划、行业部门的发展规划；

3）国家有关法律、法规和投资政策；

4）有关机构发布的工程建设方面的标准、规范、定额；

5）当地政府相关部门对拟建项目的规划批复意见、土地预审意见、环境评价批复意见、节能评价意见，人防、绿化、文物等管理部门的建设意见；

6）与拟建项目相关的各项市政部门的建设意见；

7）拟建厂（场）址的自然、经济、社会概况等基础资料；

8）与拟建项目有关的各种市场信息资料或社会公众要求等。

（2）可行性研究的编制要求

1）预见性。可行性研究不仅应对历史、现状资料进行研究和分析，更重要的是应对未来的市场需求、投资效益进行预测和估算。

2）科学性。可行性研究必须应用现代科学技术手段进行市场需求分析，运用科学的评价指标体系和方法来分析项目的盈利和偿债能力，为建设项目决策提供科学依据。

3）可靠性。可行性研究应认真研究确定项目的技术经济措施，以保证建设项目采用的技术的先进和可靠，同时也应否定不可行的建设项目或方案，以避免投资损失。

4）客观公正性。可行性研究必须坚持实事求是，在调查研究的基础上，按照客观实际情况进行论证和评价。

3. 可行性研究的作用

可行性研究的作用主要表现在：

（1）投资决策的依据。可行性研究对项目产品的市场需求、市场竞争力、建设方案、项目需要投入的资金、可能获得的效益以及项目可能面临的风险等都要作出结论。可行性研究的结论是建设项目业主和政府投资进行投资决策的依据。

（2）建设方案和工艺技术路线选取的依据。建设项目投资额大，生产规模大，产品方案较多，一般都需要进行建设方案和设备选型的方案比选，通过在可行性研究中方案的比选，选取技术合理可行，投资造价相对较低的方案。

(3) 编制初步设计文件的依据。按照项目建设程序，一般只有在可行性研究报告完成后，才能进行初步设计。初步设计文件必须在可行性研究的基础上，根据批复的可行性研究报告开展初步设计工作。

(4) 筹措资金和申请贷款的依据。银行等金融机构一般都要求项目业主提交项目可行性研究报告，通过对可行性研究报告的评估论证，分析项目产品的市场竞争力、采用技术的可靠性、项目的财务效益和还款能力，根据项目业主抵押资产的情况，然后决定是否对项目提供贷款以及贷款额度。

4. 可行性研究的主要内容

建设项目可行性研究的内容，因建设项目的性质不同、行业特点不同而有所差别。从总体看，可行性研究的内容与初步可行性研究的内容基本相同，但研究的重点有所不同，研究的深度有所提高，研究的范围有所扩大。可行性研究的重点是项目建设的可行性，投资的合理性，项目投入产出效益分析等。

(1) 以企业自筹资金投资项目为例，可行性研究的具体内容一般包括：

1) 项目建设的必要性。可行性研究阶段对项目建设必要性的分析，一是从项目本身层面分析拟建项目在实现企业自身，满足社会需求，促进国家、地区经济和社会发展等方面的必要性；二是从国民经济和社会发展层次进一步分析拟建项目是否符合资源合理配置和有效利用资源的要求，是否符合保护环境、可持续发展的需要等，以进一步确定项目建设的必要性。

2) 市场需求分析。通过对拟建项目产品调查、分析和预测，全面了解项目产出品和主要投入品的国际、国内市场的供需状况和销售价格；研究确定产品的目标市场和消费群体；在竞争力分析的基础上，预测可能占有的市场份额；研究产品的营销策略和手段；识别主要市场风险因素，并分析风险程度和防范措施。

3) 产品方案与建设规模。在市场需求分析的基础上，提出可行的产品方案，主要是产品方案构成和产品方案比选。根据产品方案确定经济合理的建设规模，主要是建设规模比选和测算，包括产品生产规模、建设用地、总建筑面积及规划指标等。

4) 项目建设场址选择。主要包括场址位置、土地权属类别和利用现状，场址建设条件，包括地质条件、气候条件、环境、交通、规划、市政设施和施工等条件，进行场址建设条件和投资比选，选择最佳的建设场址。

5) 建设方案。主要包括工艺技术方案、建设标准、主要工艺设备选择、总图运输方案、房屋及厂房工程建设方案、公用工程建设方案等。

6) 主要原料、燃料供应。项目所需的原材料和燃料，包括主要原料、辅助材料、燃料品种、质量和年消耗总量等能否在当地采购供应，如需要到较远的地区采购或进口，还要分析原材料、燃料来源和运输方式分析预测。

7) 节能、节水。根据确定的建设方案，进行用电、用煤、用天然气等能耗、耗水指标分析，预测出年耗能量和耗水量，并按照有关建设规范提出节能和节水措施。

8) 环境影响评价。根据确定的建设方案，要分析项目可能造成的环境影响及其是否符合环保政策法规的要求，分析评价项目建设和生产过程产生的废水、废渣和噪声对环境的影响，提出相应的环境保护措施。

9）投资估算。在确定项目建设方案的基础上估算项目所需的投资，分别估算建筑工程费、设备购置费、安装工程费、工程建设其他费用、基本预备费、涨价预备费、建设期利息和铺底流动资金等。

10）融资方案。在投资估算确定融资需要量的基础上，选择项目的融资来源渠道，分析资金来源的渠道和方式的可行性和融资成本的合理性，分析资金结构、融资成本、融资风险，结合融资方案的财务分析，比较、选择和确定融资方案。

11）财务分析。根据投入产出口径一致的原则，估算营业收入和成本费用，进行盈利能力分析，预测逐年现金流量，编制现金流量表，计算相关财务分析指标；主要从投资者的角度研究财务方案的合理性；通过对项目全部投资盈利能力分析，逐步深入到项目资本金盈利能力分析、融资主体偿债能力分析以及财务生存能力分析，据以判断项目的财务可行性。

12）经济分析。对于财务现金流量不能全面、真实地反映其经济价值的项目，如城市基础设施项目，农业、水利等项目，需要进行国民经济分析。从社会经济资源有效配置的角度，对项目产生的直接和间接的经济费用与效益进行全面识别，编制经济费用效益流量表，进行经济费用效益分析或费用效果分析，分析项目建设对经济发展所作出的贡献以及项目所耗费的社会资源的经济合理性。

对于区域及宏观经济影响较大的项目，如流域开发、交通运输等项目，还需要从区域经济发展、产业布局及结构调整、区域财政收支、收入分配以及是否可能导致垄断等角度进行经济分析。对于涉及国家经济安全的项目，还需要从产业技术安全、资源供应安全、资本控制安全、产业成长安全、市场环境安全等角度进行分析。

13）社会评价。对于涉及社会公共利益的项目，如农村扶贫、移民搬迁等项目，要在社会调查的基础上，分析拟建项目的社会影响；分析主要利益相关者的需求，对项目的支持和接受程度；分析项目的社会风险，提出需要解决的社会问题及解决方案。

14）风险分析与不确定性分析。对项目主要风险因素进行识别，采用专家调查法、风险因素取值评定法、概率分析等风险分析方法，分析项目的抗风险能力，评估风险的程度，研究提出防范和降低风险的对策措施。通过采用盈亏平衡分析和敏感性分析等不确定性分析方法，研究不确定因素的变化对项目效益的影响。

15）提出研究结论与建议。在对建设项目的可行性全面分析研究之后，可以得出最终的研究结论，作出项目是否可行的明确结论。并对项目可能存在的主要问题和可能遇到的主要风险，对项目下一步工作和项目实施中需要解决的问题提出建议。

(2) 对于政府投资建设的社会公益性项目、公共基础设施项目和环境保护等项目，可行性研究报告的内容除上述各项内容外，还应包括：

1）分析政府投资的必要性和建设标准是否符合国家相关建设标准。

2）项目实施代建制方案的分析。

3）分析政府投资的投资方式。对采用资本金注入方式的项目，要分析出资人代表的情况及其合理性。

4）对于没有营业收入或收入不足以弥补运营成本的公益性项目，要从项目运营的财务可持续性角度，分析、研究政府提供补贴的方式和数额。

5. 可行性研究及其报告的深度要求

可行性研究的成果是可行性研究报告。可行性研究及其报告应达到以下深度要求：

(1) 可行性研究报告应充分反映可行性研究工作的成果，达到内容齐全、结论明确、数据准确、论据充分的要求，以满足决策者定方案定项目的需要。

(2) 建设规模和主要技术经济指标，应符合国家和地方政府有关部门的要求。

(3) 建设条件应落实、可靠，并获取项目所在供水、排水、供电、供热、供气、道路交通等相关部门的建设意见，并提出落实的建设条件方案。

(4) 可行性研究中的重大技术、建设方案，财务方案，应有两个以上方案的比选。

(5) 可行性研究中选用的主要设备的规格、参数应能满足预订货的要求。引进的技术设备的资料应能满足合同谈判的要求。

(6) 可行性研究中确定的主要工程技术数据，应能满足开展初步设计的要求。

(7) 可行性研究确定的融资方案，应能满足银行等金融机构信贷决策的需要。

(8) 可行性研究阶段对建设投资和生产成本的估算应采用分项详细估算法。

(9) 可行性研究报告应反映可行性研究过程中出现的某些方案的重大分歧及未被采纳的理由，以供决策者权衡利弊进行决策。

2.2.5 项目申请报告的目的与内容

1. 项目申请报告的目的

项目申请报告是政府行政许可的要求，适用于企业自筹投资建设项目实行政府核准、备案制的项目，即"核准目录"、"备案目录"范围内的企业投资项目。项目申请报告是对政府关注的涉及公共利益的有关问题进行论证说明，以获得政府投资主管部门的核准（行政许可）。

项目申请报告是从维护经济安全、合理开发利用资源、保护生态环境、优化重大布局、保障公众利益、防止出现垄断等方面进行论证，不包括市场前景、资金来源、企业财务效益等不涉及政府权力的"纯企业内部"条件，但为了供政府就行业准入标准等问题进行审查，需要对工艺技术方案等加以说明。

2. 项目申请报告的主要内容

(1) 企业投资项目申请报告应主要包括以下内容：

1) 申报单位及项目概况
- 项目申报单位概况。
- 项目概况。

2) 发展规划、产业政策和行业准入分析
- 发展规划分析。
- 产业政策分析。
- 行业准入分析。

3) 资源开发及综合利用分析
- 资源开发方案。
- 资源利用方案。
- 资源节约措施。

4）节能方案分析
- 用能标准和节能规范。
- 能耗状况和能耗指标分析。
- 节能措施和节能效果分析。

5）建设用地、征地拆迁及移民安置分析
- 项目选址及用地方案。
- 土地利用合理性分析。
- 征地拆迁和移民安置规划方案。

6）环境和生态影响分析
- 环境和生态现状。
- 生态环境影响分析。
- 生态环境保护措施。
- 地质灾害影响分析。
- 特殊环境影响。

7）经济影响分析
- 经济费用效益或费用效果分析。
- 行业影响分析。
- 区域经济影响分析。
- 宏观经济影响分析。

8）社会影响分析
- 社会影响效果分析。
- 社会适应性分析。
- 社会风险及对策分析。

报送企业投资项目申请报告应附送以下文件：
1）城市规划行政主管部门出具的城市规划意见；
2）国土资源行政主管部门出具的项目用地预审意见；
3）环境保护行政主管部门出具的环境影响评价文件的审批意见；
4）根据有关法律法规应提交的其他文件。

(2) 外商投资项目申请报告应包括以下内容：
1）项目名称、经营期限、投资方基本情况；
2）项目建设规模、主要建设内容及产品，采用的主要技术和工艺，产品目标市场，计划用工人数；
3）项目建设地点，对土地、水、能源等资源的需求，以及主要原材料的消耗量；
4）环境影响评价；
5）涉及公共产品或服务的价格；
6）项目总投资、注册资本及各方出资额、出资方式及融资方案，需要进口的设备及金额。

报送外商投资项目申请报告应附送以下文件：
1）中外投资各方的企业注册证（营业执照）、商务登记证及经审计的最新企业财务报表（包括资产负债表、损益表和现金流量表）、开户银行出具的资金信用证明；

2) 投资意向书，增资、购并项目的公司董事会决议；

3) 银行出具的融资意向书；

4) 省级或国家环境保护行政主管部门出具的环境影响评价意见书；

5) 省级规划部门出具的规划选址意见书；

6) 省级或国家国土资源管理部门出具的项目用地预审意见书；

7) 以国有资产或土地使用权出资的，需由有关主管部门出具的确认文件。

(3) 境外投资项目申请报告应包括以下内容：

1) 项目名称、投资方基本情况；

2) 项目背景情况及投资环境情况；

3) 项目建设规模、主要建设内容、产品、目标市场，以及项目效益、风险情况；

4) 项目总投资、各方出资额、出资方式、融资方案及用汇金额；

5) 购并或参股项目，应说明拟购并或参股公司的具体情况。

报送境外投资项目申请报告应附送以下文件：

1) 公司董事会决议或相关的出资决议；

2) 证明中方及合作外方资产、经营和资信情况的文件；

3) 银行出具的融资意向书；

4) 以有价证券、实物、知识产权或技术、股权、债权等资产权益出资的，以资产权益的评估价值或公允价值核定出资额；应提交具备相应资质的会计师、资产评估机构等中介机构出具的资产评估报告，或其他可证明有关资产权益价值的第三方文件；

5) 投标、购并或合资合作项目，中外方签署的意向书或框架协议等文件；

6) 境外投标或收购项目，应报送信息报告，并附国家发展和改革委员会出具的有关确认函件。

3. 企业投资项目核准的程序

对于企业投资建设实行政府核准制的项目，一般是在企业完成项目可行性研究后，根据可行性研究的基本意见和结论，委托具备相应工程咨询资格的机构编制项目申请报告，上报政府投资主管部门进行核准。其中，由国务院投资主管部门核准的项目，其项目申请报告应由具备甲级工程咨询资格的机构编制。具体程序见图 2-3。

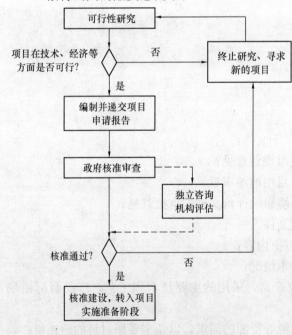

图 2-3 企业投资项目核准的程序

2.3 建设项目咨询评估的概念、程序和内容

2.3.1 项目评估的概念和特点

在许多国家,企业和公共投资项目,必须在得到项目所在国或地区政府批准后才能实施。政府通常要对项目进行评估,评估拟建项目是否符合政府的发展目标、开发规划,项目对本国或当地经济、社会、环境等的影响及经济效益。另一方面,投资者在完成项目可行性研究后,为了分析其可靠性,进一步完善项目方案,往往也聘请另外一家独立的咨询机构对可行性研究报告进行评估。而对项目的贷款银行,项目评估则是其贷款决策的必要程序,评估结论是发放贷款的重要依据。项目评估是项目决策阶段投资者(出资者)、贷款者最重要的工作之一,一般需要委托第三方进行独立的评估咨询。

1. 项目评估的概念

项目评估是指咨询机构接受委托方(可能是政府、银行或投资者)的委托,在可行性研究的基础上,根据国家有关部门颁布的政策、法规、方法、参数和条例等,从项目、国民经济和社会的角度出发,对拟建投资项目的必要性、建设条件、生产条件、产品市场需求、工程技术、财务效益、经济效益和社会效益、不确定性和风险等进行全面分析论证,并就该项目是否可行,提出相应职业判断的一项咨询工作。

2. 项目评估的特点

项目评估要从委托者的角度出发,对拟建项目进行全面的技术、经济分析论证和评价,预测项目未来的发展前景。从正反两个方面提出建议,为决策者选择项目和组织实施提供多方面的咨询意见,并力求准确、客观地将项目执行的有关资源、市场、技术、财务、经济和社会等方面的基本数据资料和实际情况,真实、完整地呈现于决策者面前,以便其作出正确、合理的投资决策。同时,也为项目的组织实施提供依据。

3. 项目评估应解决的关键问题

(1) 对可行性研究中项目目的和目标进行分析评价,即从项目的直接目的、长远目标和宏观影响分析项目的可能性和必要性,确定项目的目的和发展目标。

(2) 对建设规模和产品进行分析评价,分析市场预测是否准确,建设规模是否经济合理,产品的品种、规格构成和价格是否符合国内外市场需求,是否具有竞争力。

(3) 对建设方案进行分析评价,有无多方案比选,推荐方案是否先进、成熟、适用、经济、合理。

(4) 对建设条件和生产条件进行分析评价,资金及其来源是否落实,项目选址是否符合当地规划、国土资源、环保等有关管理部门的要求,原料、燃料供应和供水、供电、供气、供热、交通运输等条件是否落实、可靠,环保措施是否可行。

(5) 对项目可研报告的效益进行分析评价,即从项目的投入产出关系,评价其技术、经济、环境、社会和管理等方面效益指标的可靠性和准确性,判断项目的可行性。

(6) 对项目可研报告中的风险进行分析评价,即从项目投入—产出—目的—目标之间的重要外部条件进行分析,判断项目风险的大小和性质,提出正确的评估咨询意见。项目评估应坚持系统分析的原则,利用统一的指标、合理的价格、科学的方案,进行独立、客

观、公正的科学论证，力求选择出最优方案。

2.3.2　项目评估的工作程序

项目评估是一项时间性强，涉及面广，内容复杂的工作。因此，在开展项目评估工作时，一定要合理地组织和有计划地进行。项目评估的基本程序为：

（1）制定评估工作方案；
（2）成立评估专家组并进行分工；
（3）对可行性研究报告和相关资料进行审查和分析；
（4）编制评估报告提纲；
（5）听取项目单位汇报项目基本情况，现场调查，核实有关数据和资料；
（6）专家对项目提出质询，项目单位根据专家意见修改补充完善可行性研究报告；
（7）专家组讨论，分析与论证可研报告提出的建设内容、建设规模和建设标准是否合理可行；
（8）编写评估报告；
（9）评估机构内部审核；
（10）根据审核意见修改评估报告；
（11）征求委托方对评估报告的意见；
（12）评估报告定稿。

2.3.3　项目评估的内容和方法

1. 项目评估内容

评估单位接受委托，开展项目评估工作，不同的委托主体，对评估的内容及侧重点的要求明显不同。政府部门委托的评估项目，一般侧重于项目的经济、社会、环境影响评价，分析论证资源配置的合理性；银行等金融机构委托的评估项目，主要侧重于融资主体的清偿能力评价；企业投资者委托的评估项目，将重点评估项目本身的盈利能力、资金的流动性和财务风险。一个完整的项目评估报告应包括以下内容：

一、项目概况及项目建设单位情况
（一）项目概况
（二）项目建设单位情况
二、评估概况
三、评估依据
四、评估说明
五、评估意见
（一）项目建设的必要性
（二）项目选址及建设条件
（三）项目建设相关审批文件
（四）项目建设规模、内容和建设方案
1. 项目建设规模和内容
2. 项目建设方案

（五）建设进度
（六）项目投资估算和资金筹措
1. 项目投资估算
2. 资金筹措
（七）项目经济效益
（八）项目社会效益
六、评估结论和建议
（一）评估结论
（二）建议

2. 项目评估方法

项目评估的方法根据不同的项目情况和评估要求，采用多种咨询方法。项目目标评估一般采用编制逻辑框架图的方法，分析宏观目标、项目目的、项目成果等不同层次的目标，并确定各层次的评估指标。逻辑框架分析，首要任务是要确定项目的各种目标及项目建设的必要性。要从市场需求、社会发展规划和投资盈利驱动等方面，评价项目建设的目的；从国家产业政策和行业规划情况、产品市场需求及竞争力分析的结论、项目建设对经济社会发展的影响及作用、发展规模经济等角度，评估项目建设的必要性。项目的目标必须是可以考核和度量的，是在一定期限内通过努力必须能够达到的，目标应当是责任明确的，并且各个目标之间能够相互协调一致。通过逻辑框架矩阵，应能清楚地看出各种目标之间的层次关系、制约条件及需要解决的问题。

（1）项目建设条件的分析与评估

在基于逻辑框架矩阵为基础的项目评估框架体系中，项目建设条件的分析评估应属于逻辑框架中"重要外部条件"所要评估的内容。这部分的评估内容主要包括：地方政策和法规，地方政府和社区居民的支持和参与程度等；场址条件和地理区位等；市场条件，即国内外市场需求、价格水平、市场份额、竞争能力、营销策略和手段等；资源条件，即物质资源、财力资源、技术资源和人力资源等，对各种资源的来源、可靠性、时效性和经济性进行分析和评价；基础设施条件，即交通、通信、供水供电等基础设施条件；工程地质、水文地质条件是否符合建厂要求。

（2）技术评估

在基于逻辑框架矩阵为基础的项目评估框架体系中，技术评估应该分属于逻辑框架要素中"重要外部条件"和"项目实施的投入活动"所要评估的内容。评估准则：项目设计合理，在工程技术上处理适当，并且符合一般公认的有关标准。评估内容：规划总平面设计评估、建筑方案评估、结构方案评估、电气方案评估、给排水方案评估、采暖通风与空调方案评估、燃气方案评估、环境保护评估、职业安全卫生评估、安全生产评估、节能节水评估等。

（3）组织机构评估

组织管理、实施进度及招标方案的评估。组织机构评估准则：组织机构设计合理，管理高效，能够保证项目的顺利建设和有效运作。评估内容：组织体系设计，包括项目单位的组织机构、管理制度、人员素质、政策和工作程序；政府对这些机构的政策等。

（4）项目财务评估

投资项目财务评估，对构成项目投资财务基本数据的完整性、准确性、可靠性及项目本身的财务盈利能力进行评估，主要是根据工程建设费用、工程建设其他费取费标准和预备费进行评估；对项目销售收入、经营成本、有关税费、利润预测及项目投资现金流量预测的可靠性进行评估；对与各种财务数据有关的项目生产规模、产品方案数据、各项技术经济指标进行评估。评估的主要目的是在不考虑融资费用、所得税、折旧等人为因素的前提下，判断项目本身所具有的盈利能力及投资价值，分析项目本身的可行性。评估的对象是项目本身，一般采用有无对比的原则分析由于项目的实施可能产生的现金流量变动情况，进行折现现金流量分析，分析的内容和结果与项目的融资主体的财务状况无关，也与项目的融资方式无关。

（5）经济及社会效益评估

经济效益评估是从资源配置的角度分析评价项目的经济效益，通过费用—效益分析等分析方法，寻找能够获得资源配置效益最大化的方案，从而得出是否投资的建议。对于政府委托的评估项目，尤其要重视社会效益和经济效益评估。由于目前我国市场经济改革进程的加快，价格扭曲的状况得到极大改善，微观层次的经济评价基本能够体现项目的价值，即从项目影响的区域经济的角度，评估项目对区域经济发展的贡献，对增强区域竞争力，形成优势、拳头产业的影响，对区域经济均衡发展的影响等。

对于社会效益评估，应主要从区域社会的角度，分析项目的受益群体对社区环境的影响，对贫困、公平、社区参与等的影响，项目对社区经济社会可持续发展的影响等。

（6）项目风险及对策评估

主要分析项目可能出现的各种风险因素，提出规避风险的对策。一般采用盈亏平衡分析、风险（概率）分析等方法，提出回避风险的对策，以及建议国家有关部门应采取何种政策来减少风险等。

2.3.4 项目评估的原则

项目评估的一般原则包括：

1. 动态指标分析与静态指标分析相结合，以动态指标分析为主

动态指标分析与静态指标分析的区别主要体现在指标与方法的选择上。静态指标与静态分析相对应，动态指标与动态分析相对应。动态指标与静态指标的根本区别在于是否考虑指标的时间价值。静态指标是指根据某一时点上的实际数值而设置的有关指标，如销售利润率、速动比率、应收账款周转率、利润总额、投资利润率、投资利税率、社会贡献率和社会积累率等。静态指标的主要优点在于直观，计算方便，便于理解。但不能真实、准确地反映项目建设运营周期内的实际经济发展情况。

与静态指标不同，动态指标则是考虑了时间价值而设置的一系列指标，如财务净现值、财务内部收益率、经济净现值、经济内部收益率、贷款偿还期、动态投资回收期等。这种指标的优点在于能够较真实、准确地反映项目的实际经济效果，但通常计算都比较繁杂。一般采用折现方法，将时间价值合理引入，对项目的资金周转速度和资金时间效益意义重大。在进行项目评估时，通常将上述两类指标有机结合，既要进行静态指标分析，又要进行动态指标分析，但要以动态指标分析为主。

2. 项目宏观投资效果分析与项目微观投资效果分析相结合，以宏观投资效果分析为主

项目宏观投资效果分析以宏观投资效果指标为载体和反映方式，微观投资效果分析以微观投资效果指标为载体和反映方式。在进行项目评价分析时，通常将宏观投资效果分析与微观投资效果分析有机结合起来，既要进行宏观投资效果分析，又要进行微观投资效果分析，通常以宏观投资效果分析为主。比如，我国经济发展存在着较为严重的区域不平衡性，从微观经济效益来看，如从生产成本、盈利能力、建设工期等方面来看，在西部地区、中部边远地区建设工程项目往往难以与东南沿海等发达地区相比，但从宏观投资效果来看，在中部边远地区、西部落后地区进行投资建设项目，能够促进当地资源的充分利用，提高当地的发展水平，缓解我国生产力布局不平衡的局面，加快我国和谐社会的全面建设，因而具有较好的社会宏观投资效果。

3. 定量分析与定性分析相结合，以定量分析为主

定性分析和定量分析都是常用的分析方法。在项目评估中，通过定量分析对项目建设实施与投产运营过程的经济活动费用效益的分析计算，有利于评价投资效益和管理水平的高低，并且通过明确的数量概念，使得分析评价更加严谨、准确。当然，在强调定量分析的重要性的同时，对于不能准确定量分析的项目，也不能忽略了定性分析的方法。在实践中要做到定量分析与定性分析相结合，以定量分析为主，这样既能保证评价的严谨性，又可以对一些难以量化的指标进行分析评价，提高评价的全面性、科学性。

4. 对比分析与预测分析相结合，以预测分析为主

比较分析主要采用"前后对比"和"有无对比"。"前后对比"是将项目完成之后的情况与项目实施之前情况加以对比，来确定效益的一种方法。在项目评估中通常将项目的实际运行数据与项目的可行性研究预期目标相比较，找出差距并分析原因。但是，有些项目，尤其是大型的社会效益项目，很难区分项目的作用所产生的直接效益。"有无对比"则能够弥补这种对比的不足。"有无对比"通过将项目未来发生的结果与假如没有项目可能发生的情况进行对比，来评价度量项目的真实效益、影响和作用。这种方法的关键在于区分项目与项目以外其他因素的作用和影响。

5. 综合分析与单项分析相结合，以综合分析为主

综合分析以综合指标为载体和表现方式，单项分析则以单项指标为载体和表现方式。综合指标是指反映工程项目的规模、投资总额、销售收入、总成本、利润总额、工期等综合情况的指标。如投资总额、投资回收期、利润总额等这类指标能够系统地、综合地反映工程项目的整体效益，在项目评估中发挥着主导作用。单项指标也称个体指标，主要从某一方面或某一角度反映项目的实际效果。如评价劳动效率时，所用的人均产量指标，评价投资效率时，所用的单位生产能力的投资额等都属于单项指标。在进行项目评估时，要把上述两类指标有机结合，既要进行综合分析，又要进行单项分析，并应以综合分析为主。

无论使用哪一种对比方法，都要使用预测技术。当前，预测技术在投资项目的可行性研究和项目评价的实践中已得到广泛的应用，预测学的常用模式在项目效益评价方面已经得到较为普遍的使用。根据项目评估的要求和特点，结合预测学的有关原理，工程项目评估中采用的预测技术主要有：回归预测法、专家调查预测法和趋势预测法等。预测在"对比法"的使用中发挥着重大作用，在进行项目效益分析评价中，通常将对比分析和预测分析有机结合，并要以预测分析为主。

项目评估还应遵循"独立、公正、科学、可靠"的原则，确保评估工作的独立性、客观性、科学性和可靠性。

2.3.5 项目评估与可行性研究的区别与联系

项目评估与可行性研究是项目前期工作的两项重要内容，两者既存在着较为密切的联系，也存在着明显的区别。

两者同处于项目投资的前期阶段，出发点是一致的，都以市场或社会需求研究为出发点，按照国家有关的产业政策和投资政策，将资源合理配置同产业政策与行业规划结合起来进行方案选择。同时，内容及方法基本一致，目的和要求基本相同，均是要提高项目投资科学决策的水平，提高投资效益，避免决策失误。因此，它们都是项目前期工作的重要内容，都是对项目是否可行及投资决策的咨询论证工作。

但是，两者也存在一定的区别。可行性研究是项目投资决策的基础，是项目评估的重要前提。项目评估则是聘请一定数量的专家，从不同方面和角度，对拟建项目的可行性研究报告进行审查，是对项目可行性研究的延续、深化和再研究，也是修正可行性研究不足的重要环节。评估单位独立地为决策者提供直接的、最终的决策参考依据。

咨询机构接受政府有关部门、金融机构或企业的委托，开展项目评估工作。不同的委托主体，对评估的内容及侧重点的要求可能明显不同。总体上，政府部门委托的评估项目，一般侧重于项目的经济及社会影响评价，分析论证资源配置的合理性等；银行等金融机构委托的评估项目，主要侧重于融资主体的清偿能力评价；企业或机构投资者委托的评估项目，将重点评估项目本身的盈利能力、资金额流动性和财务风险等方面。

复习思考题：
1. 建设项目策划与决策的基本原则有哪些？
2. 企业和政府投资项目的决策程序有何异同点？
3. 简述建设项目初步可行性研究的目的和重点。
4. 以企业投资为例，可行性研究的内容包括哪些？
5. 简述项目评估的概念和特点。
6. 阐述项目评估的原则。
7. 简述项目评估与可行性研究的异同。

第3章 建设项目实施管理模式

建设项目实施的管理模式,包括建设项目在实施阶段业主方管理的组织模式、建设任务(设计、施工和物资供应等)的委托模式等,在理论和实践中都有多种模式。与此相关,还包括业主方内部相关管理部门的设置、管理任务和管理职能的分工以及建设项目法人责任制、法人治理结构、代建制管理模式等内容,本章将做简要介绍。

3.1 建设项目实施期业主方管理的组织模式

业主方的项目管理方式主要有以下三种可能,在国际和国内都得到普遍应用:

1. 业主方自行项目管理;
2. 业主方委托项目管理咨询公司与业主方人员共同进行管理,即业主方与项目管理咨询单位合作进行项目管理;
3. 业主方委托项目管理咨询公司承担全部业主方项目管理的任务,即业主委托项目管理。

3.1.1 业主方自行项目管理

所谓业主方自行项目管理,即建设项目业主自行组建项目管理班子,完成项目建设管理的所有工作,包括项目实施全过程中的投资控制、进度控制、质量控制、安全管理、合同管理、信息管理以及组织与协调工作。

为了完成各项项目管理工作,建设项目业主必须组建与建设项目的管理相适应的组织机构,拥有专业齐全的项目管理人员,建立规范的管理制度和管理工作流程,进行明确的工作任务分工和管理职能分工,采用科学的项目管理方法。

业主方组建的项目管理班子与外部单位的关系,组织结构示意如图3-1所示。

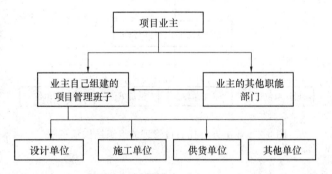

图3-1 业主方自行项目管理的组织结构示意图

业主方自行项目管理的特点主要有以下几个方面:

1. 建设项目业主对工程建设和管理具有较强的主动权和控制权。
2. 业主方的项目管理班子人数多,规模大,特别是对于某些大型建设项目,由于建设项目的规模大、技术复杂、工期长等因素,业主方自行项目管理往往需要配备大量的项目管理人员,如某大型水利工程建设,建设指挥部的管理人员最多时超过千人。这么多人参与项目管理,不仅业主方自身的人力资源管理有困难,如果项目建设完成后人员解散,则人员的安置也会有许多困难和矛盾。

3. 许多建设项目中,建设项目业主管理班子的人员多数属于临时招聘,其能力、经验和水平在短时间内很难体现出来,而如果中途发现问题再更换人员则会对建设项目造成影响。即使所有的人员都非常有能力胜任管理工作,但众多人员之间的合作也需要一个磨合过程。

4. 在建设项目的实施期往往需要大量项目管理人员,而项目建成后又解散,因此不利于积累经验和教训,不利于形成专业管理队伍。

有些建设项目的业主,由于已经形成了完善的专业化项目管理机构,具有丰富的项目管理经验,完全有能力进行项目管理,则不必委托其他单位进行项目管理。

有些建设项目,尽管建设项目业主没有同类建设项目的建设经验,由于社会上也缺乏对同类建设项目具有丰富经验的项目管理咨询单位,建设项目业主也可以采取自行管理方式。此时,建设项目业主应该组建比较强的管理队伍,并聘请有关技术和管理等专家作为顾问,参与并协助项目管理,在共同的参与中使管理人员得到培养、锻炼和提高。如岭澳核电站的建设,建设项目业主实行了自行项目管理模式,项目取得了很大成功。

3.1.2 业主方委托项目管理

1. 业主方委托项目管理的含义

所谓业主方委托项目管理,即建设项目业主将建设项目管理的所有任务全部委托给项目管理咨询公司承担,其组织结构如图 3-2 所示。

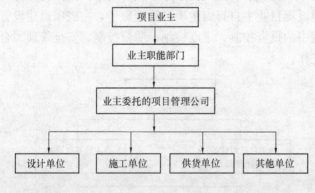

图 3-2 业主方委托项目管理的组织结构示意图

需要说明的是,在委托项目管理模式中,建设项目业主并不是甩手不管,什么都不做,建设项目业主仍然要有相应的项目管理部门和人员。这种模式与自行项目管理模式的不同点主要是,建设项目业主将项目管理的任务全部委托给了项目管理咨询公司,由项目管理咨询公司负责组建项目管理班子对建设项目的投资控制、进度控制、质量控制、合同管理、信息管理、组织与协调等全面管理。业主不参与具体项目的直接管理工作,主要进行决策和确认,提供各种条件。建设项目业主的部门可以相应简单化,人员也可以大幅度精简。

2. 项目管理单位的任务分工

(1) 在建设项目决策阶段,负责或者组织开展:

1) 建设项目的机会研究;

2) 可行性研究;

3) 建设项目评估；
4) 为建设项目的决策、立项所需要的其他工作。
(2) 在建设项目设计阶段，负责：
1) 编制项目建设方案；
2) 协助建设项目业主完成向政府部门相关报批工作；
3) 协助建设项目业主确定项目的定义，包括项目的功能、规模、标准等；
4) 协助建设项目业主确定技术定义及设计基础；
5) 进行资源（技术、人力、资金、材料）评价；
6) 进行风险分析并制定管理策略；
7) 协助建设项目业主选择专利技术；
8) 编制各个设计阶段的设计要求文件；
9) 审查专利商提供的工艺包设计文件；
10) 组织委托项目总体设计、项目初步设计和施工图设计；
11) 提出项目设计应统一遵循的标准、规范和规定；
12) 审查设备、材料供货厂商名单；
13) 协助建设项目业主完成融资工作；
14) 制定分包策略，编制招标文件；
15) 对投标商进行资格预审；
16) 完成招投标和评标工作；
17) 协助建设项目业主与工程承包公司进行合同谈判与签约。
(3) 在建设项目施工阶段，负责：
1) 编制并发布工程施工应统一遵循的标准、规范和规定；
2) 对承包商进行全面管理；
3) 配合建设项目业主进行生产准备；
4) 参加调试，组织装置性能考核、验收；
5) 向建设项目业主移交项目全部文件资料。
(4) 建设项目收尾阶段：
协助建设项目业主处理遗留问题，为项目的终结提供相关服务。

3. 建设项目业主的任务分工

在建设项目决策和实施阶段，关于建设项目的技术、经济、管理和组织的规划、协调和控制等的具体工作主要由项目管理咨询单位完成，建设项目业主的主要任务是提出有关要求，进行有关的决策、审核、确认和检查等，具体有以下几个方面：
1) 提出项目概念和构思，目的和要求；
2) 负责项目定义和项目实施方案等的决策；
3) 负责项目报批；
4) 负责征地拆迁；
5) 负责审核有关计划、标准、规定等；
6) 检查各个参与单位的工作；
7) 负责实施过程中的有关决策；

8）签订有关合同；

9）根据有关合同和项目管理机构的审核意见支付各种款项。

需要说明的是，在委托项目管理模式中，项目管理咨询单位提供项目管理服务，其工作性质是咨询服务（实质性的管理咨询），不是承包。根据国际惯例，项目管理咨询单位为业主的利益开展工作，但并不是业主的代理。

国际上，特别是工业发达国家，社会分工比较明确和细致，采用委托项目管理模式的情况比较普遍，并已经形成了比较规范和成熟的操作模式。但是，并没有法规规定必须采取委托项目管理模式。在市场经济条件下，也并不是所有的工程都采用委托项目管理模式，采用什么模式完全由业主自行决定。

在国内的建设项目管理实践中，越来越多的建设项目倾向于按照国际惯例进行管理并尝试采用委托项目管理模式，例如水立方（国家游泳中心）就采取了这种模式，业主委托国内著名的项目管理咨询公司负责全过程的项目管理。

根据建设项目的规模和特点，建设项目业主可以委托一个单位对工程进行管理，也可以委托多个单位组成一个联合体或者合作体进行管理，也可以按照建设项目的结构分解，每个单位分别负责不同子项目的管理。

对项目管理任务的委托也可以分阶段进行，比如在设计阶段可以专门委托一个项目管理咨询公司帮助业主进行设计阶段管理，在施工阶段另委托一个项目管理咨询公司负责施工阶段管理。

3.1.3 业主方和工程咨询单位合作进行项目管理

业主方与项目管理咨询单位合作进行项目管理，可以有以下几种可能的合作形式：

第一种合作形式：在图3-1中，"业主自己组建的项目管理班子"改由业主和项目管理咨询单位联合组建，形成一个项目管理机构。项目管理咨询单位根据业主的要求和项目管理的需要派出相应的人员，双方的人员在一个统一的项目经理（国际上往往由项目管理咨询单位委派）领导下开展工作，分别承担不同的项目管理任务。双方人员在一起共同工作，但组织结构图的形式不变。

第二种合作形式：由业主自己组建项目管理班子，全面负责整个建设项目的组织实施，统筹安排或者完成项目管理的各项任务，其中，可能将几种或几个专门的项目管理任务单独委托项目管理咨询单位完成。比如，将工程施工任务委托给工程监理单位进行现场质量控制、进度控制、协调等。将进口设备采购的招标和评标工作委托给具备资格和能力的招标代理公司完成，将工程造价控制委托造价咨询公司负责，等等。

第三种合作形式：由业主自己组建项目管理班子，项目管理咨询单位作为顾问。

3.2 建设项目工程任务实施的模式

建设项目工程任务实施的模式（又称为承发包模式）反映了建设项目的发包方和承包方之间、承包方与分包方之间等的合同关系。许多建设项目的项目管理实践证明，一个项目建设能否成功，能否进行有效的投资控制、进度控制、质量控制、合同管理及组织协调，很大程度上取决于承发包模式的选择，因此应该慎重考虑。建设项目的工程任务主要包括设计任务和施工任务,下面介绍几种常见的任务实施模式。

3.2.1 平行承发包

1. 平行承发包的含义

所谓平行承发包,是指业主将建设工程的设计、施工以及材料设备采购的任务经过分解分别发包给若干个设计单位、施工单位和材料设备供应单位,并分别与各方签订合同。各设计单位之间的关系是平行的,各施工单位之间的关系、各材料设备供应单位之间的关系也是平行的。合同结构如图3-3所示。

2. 工程设计平行委托

工程设计任务的平行委托,是指建设项目业主根据建设项目的组成结构将工程设计任务平行委托给不同的工程设计单位,也可以根据建设项目的不同设计阶段或者不同设计专业分别委托给不同的工程设计单位。在工程设计平行委托模式中,各个设计单位分别与业主单独

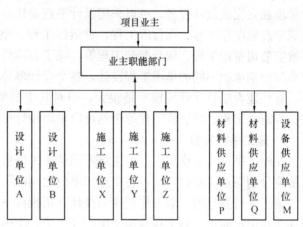

图3-3 平行承发包模式的合同结构图

签订合同,各个设计单位之间的关系是平行关系。例如,国家体育场项目,业主除委托A设计单位进行总体设计外,还应分别将建筑设计委托给B设计单位、钢结构设计委托给C设计单位、体育比赛设施设计委托给D设计单位等,如图3-4所示。又如某国际机场建设项目中,建设项目业主将方案设计委托国外某设计单位设计,扩初设计和施工图设计委托国内某设计单位设计。

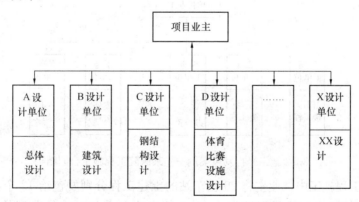

图3-4 设计平行委托案例——国家体育场项目设计合同结构

工程设计平行委托模式的主要特点包括:

(1)建设项目业主要负责所有设计合同的招标、合同谈判、签约及合同管理,工作量较大;

(2)不同的设计单位对业主的设计要求、准则和标准的理解和把握程度不同,容易造

37

成设计不协调；

(3) 各个专业之间、各个设计阶段以及建设项目各个组成部分之间的交互界面比较多，界面管理工作量大，也很容易对设计质量、设计进度产生影响；

(4) 建设项目业主要负责对多个设计合同的跟踪管理，工作量较大；

(5) 建设项目业主要负责对所有设计单位的管理及各个设计单位之间的组织协调。

对有些大型或者复杂建设项目，由于项目组成内容多，设计工作量大，很难由一个设计单位独立完成设计任务，可以采用设计平行委托。如某新建大型机场建设项目，项目的组成中有航站楼工程、飞行区工程、货运区工程、空管工程、供油工程、航空食品工程、某航空公司基地工程、综合配套工程等，除了总体设计单位以外，业主又同时委托多家设计单位分别承担不同的单项工程设计，各个设计单位分别与业主签订设计合同。

有些建设项目尽管规模不是很大，但对其中的某些专业工程如办公大楼的外立面工程、智能化工程、精装修工程等仍然可以采用设计平行委托模式。

3. 施工平行发包

在施工平行发包模式中，业主将不同的施工任务分别委托给不同的施工单位，各个施工单位分别与业主签订合同，各个施工单位之间的关系是平行关系。

施工平行发包的一般工作程序为设计→招投标→施工→验收，即一般情况下，在通过招标选择承包时该部分工程的施工图已经完成，不确定因素少，每个合同都可以实行总价合同。

对施工任务的平行发包，发包方可以根据建设项目结构进行分解发包，也可以根据建设项目施工的不同专业系统进行分解发包。

例如，某医院建设项目中，业主将门诊楼工程发包给甲施工单位，将病房楼工程发包给乙施工单位，将研究所和办公楼工程发包给丙施工单位，将室外工程发包给丁施工单位等，如图 3-5 所示。

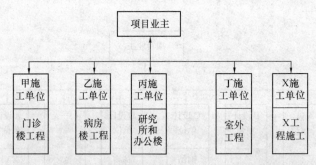

图 3-5 施工平行发包案例——某医院工程施工合同结构

而某地铁工程施工中，业主将 20 座车站的土建工程分别发包给 12 个土建施工单位，20 座车站的机电安装工程分别发包给 10 个机电安装单位，就是典型的施工平行发包模式。

施工平行发包的特点如下：

(1) 费用控制

1) 每一部分工程的发包，都以施工图设计为基础，投标人进行投标报价较有依据；

2) 对业主来说，要等最后一份合同签订后才知道整个工程的总投资，对投资的早期控制不利。

(2) 进度控制

1) 某一部分施工图完成后，即可开始这部分工程的招标，开工日期提前，可以采用边设计边施工方式，缩短建设周期；

2) 由于要进行多次招标，业主用于招标的时间较多。

(3) 质量控制

1) 符合质量控制上的"他人控制"原则，不同分包单位之间能够形成一定的控制和制约机制，对业主的质量控制有利；

2) 合同交互界面比较多，应非常重视各合同之间界面的定义和管理，否则对质量控制不利。

(4) 合同管理

1) 业主要负责所有合同的招标、合同谈判和签约工作，招标及合同管理的工作量较大；

2) 业主要负责对多个合同的跟踪管理，工作量较大。

(5) 组织与协调。业主要负责对所有承包商的管理及组织协调，承担类似于施工总承包管理的角色，工作量大。这是施工平行承发包模式的弱点，限制了该种承发包模式在某些建设项目上的应用。

3.2.2 设计总负责

所谓设计总负责，就是指业主将一个建设项目的所有工程设计任务一次性全部委托给一个工程设计单位或由几个单位组成的联合体，接受设计任务的单位或联合体叫做设计总负责单位。

设计总负责单位可以根据需要将部分设计任务委托出去，即设计总负责单位与设计分负责单位签订分设计合同。在实践中，有时建设项目业主也不一定将所有的设计任务一次性全部委托给一个设计单位或由几个单位组成的联合体，而是将其中的主要部分如总体设计、工艺设计等委托给一个设计总负责单位，而其他设计工作则委托给不同的设计单位完成，但明确指定由设计总负责单位进行设计的组织、管理和协调。分设计单位的设计委托合同可以由业主签订，也可以由业主授权，由设计总负责单位签订。

设计总负责模式的特点是：

(1) 建设项目业主只需要组织一次设计招标，可减轻工作量；

(2) 建设项目业主只需要签订一个设计合同，有利于合同管理；

(3) 建设项目业主只需要与一个设计总负责单位进行协调，有利于业主的组织与协调工作；

(4) 工程设计进度控制、质量控制等工作在很大程度上依赖于设计总负责单位的能力、经验和技术水平。

在国际上，许多工业与民用建筑都普遍采用设计总负责模式，通常是由某个建筑师事务所承接设计任务，而将有关结构设计、机电设计、景观设计等再委托给其他专业设计事务所配合进行专业设计，建筑师事务所作为设计总负责单位统一组织协调，对业主负责。

工程设计总负责单位承担整个工程的设计责任，对业主负责，并负责工程设计的组织、协调与管理各个分设计单位（配合设计单位）。分设计合同通常由设计总负责单位与分设计单位签订，分设计单位的设计费由设计总负责单位支付。如果设计总负责单位拟将部分设计任务委托给其他分设计单位，对分设计的内容和分设计单位的选择应该经过业主的同意。

在我国，一般设计院都是综合性的设计单位，设计单位内部业务齐全，许多工业与民用建筑都是由一个设计单位独立完成的，承接设计任务的设计单位一般不需要分包。

对于某些特大型建筑项目，如机场、铁路、大型钢铁厂等建设项目的设计，业主通常会选择一个设计总负责单位，在负责整个建设项目总体设计的基础上，业主或者设计总负责单位再委托多个设计单位进行各个单体项目（或单项工程）的设计，各个单体项目（或单项工程）的设计单位要接受总体设计单位的协调和管理。

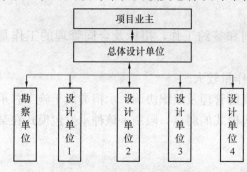

图 3-6　设计总负责模式案例
——某地铁项目设计合同结构

如某地铁项目，业主与某设计院签订了勘察设计总负责合同，合同任务包括勘察、总体设计、扩初设计、施工图设计等，该设计院作为设计总负责单位除承担自身的勘察、设计外，还应进行设计总体管理，负责组织协调和控制各个分设计单位，在设计进度、设计质量、总投资控制等方面对业主负责，如图 3-6 所示。

采用设计总负责管理模式的特点是，建设项目业主有设计分负责单位的选择权，而在整个设计阶段，对各个分负责设计单位的组织、协调则由设计总负责单位负责，减轻了业主的负担。设计总负责单位利用自身的设计和管理经验，负责对设计的进度控制和质量控制，往往更有利于建设项目设计进度和质量目标的实现。

3.2.3　设计和施工总承包

业主方把建设项目的设计任务和施工任务进行综合委托的模式可称为建设项目总承包或工程总承包。

《中华人民共和国建筑法》第 24 条规定，"建筑工程的发包单位可以将建筑工程的勘察、设计、施工、设备采购一并发包给一个工程总承包单位，也可以将建筑工程勘察、设计、施工、设备采购的一项或者多项发包给一个工程总承包单位；但是，不得将应当由一个承包单位完成的建筑工程肢解成若干部分发包给几个承包单位"。

1. 建筑项目总承包的起源

传统的工程建设实施模式中，设计与施工往往是分离的，即业主通过签订设计合同，委托专门的设计单位进行工程设计，设计完成后再通过签订施工承包合同，委托施工单位进行施工，设计和施工是由不同的组织来实施的。

设计和施工的分离是专业化分工的结果，是生产力发展以及社会进步到一定阶段的必然产物。由于建筑形式不断创新，工业建设项目中的工艺越来越复杂，技术越来越先进，客观上要求工程设计专业化，设备制造专业化，施工专业化。

专业化为建设规模更大、技术更复杂、更先进的项目提供了可能。但同时，设计与施工的分离也导致了许多问题，主要有以下几个方面：

（1）设计工作是影响建设项目经济性的决定因素，但是设计单位考虑设计方便性，有时会忽视设计优化，忽视设计的经济性，而且我国目前的设计费取费往往是根据投资额的百分比来计算的，投资越高反而对设计单位越有利；

（2）若施工图完成以后再进行施工任务的发包，将延长项目建设周期；

（3）设计单位对施工缺少了解，有时也较少考虑可施工性，会影响施工的有效进行；

（4）在设计时还不能确定将由谁施工，因而不能结合施工单位的特点和能力进行设计，但在确定了施工单位以后，又可能会引起设计修改；

（5）施工单位"按图施工"，基本上处于被动地位，在一定程度上影响了其积极性的发挥；

（6）建设单位项目目标的控制有困难，主要是不利于投资控制和进度控制；

（7）建设单位的组织、协调工作量大；

（8）建设主体工程与市政配套工程施工也往往分离，导致主体工程结束后到项目投入使用的间隔过长。

建设项目总承包模式起源于欧洲，是对传统承发包模式的变革，是为了解决设计与施工分离的弊端而产生的一种新模式。实行建设项目总承包模式，可以在很大程度上解决上述问题。建设项目总承包的基本出发点是借鉴工业生产组织的经验，实现建设生产过程的组织集成化，以克服由于设计与施工的分离致使投资增加，以及克服由于设计和施工的不协调而影响建设进度等弊端。

在建设项目总承包模式中，项目总承包单位的工作范围除了全部的工程施工任务以外，还包括设计任务和物资（包括设备）采购任务。在以房屋建筑为主的民用建设项目中又称为设计和施工总承包（D+B，即 Design—Build），而在以大型装置或工艺过程为主要核心技术的工业建设领域，如大型冶金、化工、能源、机械、航空等建设项目，工艺设备的设计、制造、采购与安装又与整个工艺的设计紧密相关，因此，在这些类型的建设项目中，建设项目总承包模式又称为设计、采购、施工总承包（EPC，即 Engineering，Procurement，Construction）。尽管 D+B 模式和 EPC 模式都叫做建设项目总承包（或工程总承包），但是，工业建设项目中 EPC 总承包模式与民用建筑项目中的 D+B 总承包模式在操作方法上还是会有许多不同。在国际咨询工程师联合会（FIDIC）新出版的合同中，对 EPC 总承包模式和 D+B 承包模式都分别推荐了不同的合同条件，分别为"FIDIC 设计采购施工（EPC）/交钥匙工程合同条件（银皮书）"和"FIDIC 工程设备和设计——建造（D+B）合同条件（新黄皮书）"。

2. 设计和施工总承包的范围

实行设计和施工总承包的几个关键问题需要明确：一是由谁承担设计和施工总承包任务；二是何时开始总承包以及承包的范围是什么；三是如何进行总承包的招标、投标和评标等。

首先，建设项目总承包单位可以从方案设计阶段就开始总承包，也可以从初步设计阶段、技术设计阶段或者施工图设计阶段开始总承包。但是，当施工图设计完成以后再进行总承包，就变成施工总承包模式了。

3. 设计和施工总承包的组织

国外承担设计和施工总承包的组织机构一般有两种形式，一种是永久组织，即永久性的经济实体；一种是临时性的组织，即针对一个具体的建设项目，由若干个设计单位和施工单位组成的临时性组织。如图 3-7 所示。

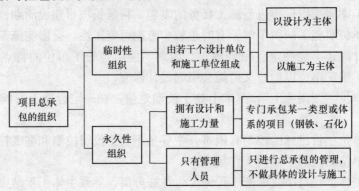

图 3-7 建设项目总承包的组织形式

永久组织又分两类，一类是拥有设计和施工力量，可以专门承包某一类型或某一体系的建设项目，如国际和国内针对化工、冶金、能源等建设项目而进行包括设计、设备供应、施工安装等全套服务或承包的项目总承包公司，在工业建设项目中比较多见；另一类是只有管理人员，只进行建设项目总承包管理。

临时组织又可以分为以设计为主体和以施工为主体两种形式，国外主要是以施工为主体，因为施工企业承担风险的能力和控制项目的能力比设计单位强。

在民用项目的建设中，项目总承包单位大多是临时性组织，很少有永久形式的项目总承包公司。比如，擅长大跨度钢结构施工和吊装的施工单位与擅长体育馆设计的设计单位结合。在体育馆建设项目中采用建设项目总承包模式投标中标可能性就很大，而在住宅工程建设项目采用建设项目总承包模式投标中标可能性就相对较小。

在实际操作中，往往有以下两种可能的模式，一是由施工单位承接建设项目总承包的任务，而设计单位受施工单位的委托承担其中的设计任务，即设计单位作为分包。二是由设计单位承接建设项目总承包的任务，而施工单位作为其分包承担其中的施工任务。

4. 建设项目总承包单位内部关系的处理

针对临时性组织情况，在建设项目总承包内部关系的处理上，国外一般做法是在设计阶段由设计单位负责，在投标和施工阶段由施工单位负责，而整个建设项目的经济风险由施工单位承担，设计单位只对其设计成果负责。

如果项目不中标，建设项目业主会给予投标者经济补偿，其分配原则一般是设计单位得到 70%～80%，而施工单位则得到 20%～30%。

如果项目中标，设计单位除了可以得到设计费以外，还可以参与项目利润的分配，一般可以得到利润的 10% 左右。

5. 设计和施工总承包的招标、投标与评标

在施工总承包模式中，建设项目业主对工程的检查和验收都以图纸和合同为依据。但在设计和施工总承包模式中，承包方既要进行设计，又要进行施工，如果要通过招标选择项目总承包单位，根据什么招标、评标呢？这是实行设计和施工总承包模式的一个关键问题。

施工总承包的招标通常是以图纸和分部分项工程说明以及工程量清单为依据，这种招标称为构造招标。设计和施工总承包模式在招标时可能还没有一张图纸，这时的招标必须要有功能描述书以及有关的要求和条件说明，这种招标叫做功能招标。功能描述书以及有关的要求和条件说明是否清楚、明确和具体，是招标能否成功和建设项目顺利实施的关键。

建设项目业主可以自行编制或委托项目管理咨询公司编制建设项目功能描述书以及有关的要求和条件说明，投标人据此进行投标，编制设计建议书和设计文件，并根据其设计进行工程报价。

关于项目总承包招标的评标工作，一般是分两个阶段进行，首先是对设计进行审查，审查设计是否满足业主的功能要求；其次再对投标价进行审查。如果设计审查通不过，就没有资格进行下一阶段的审查，就是说，价格再便宜也不可能中标。一般情况下，业主将在符合要求的设计方案中选择投标价格最低的投标单位作为中标单位。

在实行设计和施工总承包模式条件下，建设项目业主一般要聘请专业化的项目管理咨询公司协助其进行管理，包括协助编制建设大纲和功能描述书，协助招标、评标、签订合同以及施工阶段的管理。

6. 建设项目总承包（D+B）模式的特点及适用范围

实行设计和施工总承包模式具有许多优点，对于建设项目业主来说，可以加快进度，有利于控制投资，有利于合同管理，有利于组织与协调。

（1）有利于投资控制，能够降低工程造价。由于投标者把设计和施工作为一个整体来考虑，既要满足业主的功能要求，使设计方案具有竞争性，又要保证投标价低，因此要从设计方案着手降低工程造价，不仅仅是让利的问题，而是从根源上去挖掘潜力，因此有利于降低工程造价。国外的经验证明，实行建设项目总承包（D+B）模式，平均可以降低造价10%左右。另外，设计和施工总承包模式常实行总价合同（常常是可变总价合同），在签订建设项目总承包合同时就将合同总价明确下来，可以及时明确投资目标，使业主尽早安排资金计划，并使项目总承包单位不超过计划投资，有利于投资控制。

（2）有利于进度控制，并缩短工期。由于在方案设计阶段就可以根据建筑施工企业的施工经验、所拥有的施工机械、熟练工人和技术人员等情况考虑结构形式和施工方法，与采用常规发包模式相比，可以使建筑项目提前竣工。

（3）有利于合同管理。建设项目业主只需要签订一个建设项目总承包合同，不需要管理很多合同，因而合同管理工作量比较小。

（4）有利于组织与协调。在所有的实施单位中，建设项目业主只需要与一个项目总承包单位进行联系与协调，从而大大简化了协调工作，也减少了协调费用。

（5）对于质量控制，因具体情况而有差异，关键是看功能描述书的质量。一般情况下，在建设项目总承包模式中，由于实行功能招标方法，不同于一般的构造招标，其招标、评标和项目管理工作都不同于传统模式。因此，业主一般都要委托社会上有经验的项目管理公司协助其起草功能描述书，帮助其招标、评标等。有了强有力的支持，建设项目的质量也就可以得到保障。

总之，对建设项目业主而言，实行建设项目总承包，有利于建设项目的系统管理和综合控制，可大大减轻业主的管理负担，有利于充分利用项目总承包企业的管理资源，最大限度地降低建设项目风险，也符合国际惯例和国际承包市场的运行规则。

对建筑施工企业而言，实行建设项目总承包，企业一开始就参与设计阶段工作，能将其在建筑材料、施工方法、结构形式、价格和市场等方面的丰富知识和经验充分地融于设计中，从而对建设项目的经济性产生积极的影响。另外，采用这种模式还可以促进建筑施工企业自身的生产发展，促进建筑工业化，提高劳动生产率。

对设计单位而言，实行建设项目总承包，设计单位从一开始就与建筑施工企业合作，参加项目总承包的施工企业往往拥有自己的设计力量，能够迅速地编制相应的施工图设计文件，从而使设计单位减少工作量。另外，作为建筑施工企业的伙伴，在建设项目结束后可以参与利润的分配。

3.2.4 设计、采购和施工总承包

设计、采购和施工总承包（EPC）是建设项目总承包的一种方式。"设计采购施工总承包是指工程总承包企业按照合同约定，承担建设项目的设计、采购、施工、试运行服务等工作，并对承包工程的质量、安全、工期、造价全面负责。"EPC 总承包已在我国石油和石化等工业建设项目中得到成功的应用。

设计、采购和施工总承包（EPC）的基本内容是：进行初步设计（视需要）、详细设计，负责设备材料采购、施工安装和试运行指导等。另外，还可以包括许多后续服务。如某建设项目 EPC 总承包招标文件中规定，EPC 总承包的工作范围包括但不限于设计、制造、采购、运输及储存、建设、安装、调试试验及检查、竣工、试运行、消缺、考核验收、技术和售后服务、人员培训等，同时也包括提供所有必要的材料、备品备件、专用工具、消耗品以及相关的技术资料等。

EPC 总承包可以针对一个建设项目的全部功能系统进行总承包，也可以针对其中某个功能系统进行总承包。如，可以针对一个发电厂进行 EPC 总承包，也可以针对一个现有的火力发电厂的脱硫工艺和装置进行 EPC 总承包。

1. EPC 总承包又可分为多种类型：

（1）EPC（maxs/c）是 EPC 总承包商最大限度地采用分包的形式来完成建设项目的施工任务，即采用分包的形式将施工任务分包给各个分包商。

（2）EPC（Self-Perform Construction）是 EPC 总承包商主要靠自己的力量承担工程的设计、采购和施工任务，而只将少量工作由分包商完成。

（3）EPCM（Engineering，Procurement，Construction Management）是指 EPC 总承包商负责建设项目的设计和采购，并负责工程施工的管理。施工承包单位与建设项目业主签订施工承包合同，但接受 EPC 总承包商的管理。EPC 总承包商对工程的造价、进度和质量全面负责。

另外，EPC 总承包还有一些其他的发展和变化，主要是承包和服务内容的变化，如设计、采购和施工咨询服务等。

EPC 总承包单位一般通过公开招投标选择，实行总价承包。

2. 大型建设项目的 EPC 总承包商通常都是国际大型工程公司，其特点有：

（1）以六大控制（质量、进度、费用、材料、文件、风险）为主要内容，采用国际先进的模式和手段对建设项目实行科学的管理；

（2）专业化、集约化和规模化，跨行业、跨国经营，产权结构多元化，营销策略全球化，技术装备现代化，项目管理科学化，低层作业本地化；

（3）拥有人力、物力资源和丰富的工程经验，为工程提供全过程服务，能够高质量、高效率、低成本地完成项目的建设任务，最大限度地满足业主的需求；

（4）建设项目总承包和项目管理的功能齐全，组织管理机构科学、精干、高效；

（5）有较强的融资能力，或以金融机构为后盾；

（6）拥有专利技术，或与专利商有密切的合作关系，能反映当代世界先进技术水平。

3.2.5 施工总承包

1. 施工总承包的含义

施工总承包，是指建设项目业主将全部施工任务发包给一个施工单位或由多个施工单位组成的施工联合体或施工合作体，施工总承包单位主要依靠自己的力量完成施工任务。当然，经建设项目业主同意，施工总承包单位可以根据需要将施工任务的一部分分包给其他符合要求的分包人。施工总承包的合同结构如图3-8所示。

与平行发包相似，施工总承包的一般工作程序为设计→招投标→施工→验收。在通过招标选择承包人时所有的施工图都已经完成，不确定性因素减少，有利于实行总价合同。

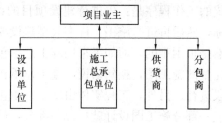

图 3-8 建设项目施工总承包模式的合同结构

2. 施工总承包的特点

（1）投资控制

1) 一般以施工图设计为投标报价的基础，投标人的投标报价较有依据。

2) 在开工前就有较明确的合同价，有利于建设项目业主对总投资的早期控制。

3) 若在施工过程中发生设计变更，则可能发生索赔。

（2）进度控制

一般要等施工图设计全部结束后，才能进行施工总承包的招标，开工日期较迟，建设周期势必较长。这是施工总承包模式的最大缺点，限制了其在建设周期紧迫的建设项目上的应用。

（3）质量控制

建设项目质量的好坏很大程度上取决于施工总承包单位的选择，取决于施工总承包单位的管理水平和技术水平。建设项目业主对施工总承包单位的依赖较大。

（4）合同管理

建设项目业主只需要进行一次招标，与一家承包商签约，招标及合同管理工作量大大减小，对建设项目业主有利。

在很多工程实践中，采用的并不是总价合同的施工总承包，而用所谓的"费率招标"，实质上是开口合同，对建设项目业主方的合同管理和投资控制十分不利。

(5) 组织与协调

建设项目业主只负责对施工总承包单位的管理及组织协调，工作量大大减小，对建设项目业主比较有利。

3.2.6 施工总承包管理

1. 施工总承包管理的含义

施工总承包管理模式的英文名称是"Managing Contractor"，简称 MC，意为"管理型承包"。它不同于施工总承包模式。采用该模式时，建设项目业主与某个具有丰富施工管理经验的单位或联合体或合作体签订施工总承包管理协议，负责整个建设项目的施工组织与管理。一般情况下，施工总承包管理单位不参与具体工程的施工，而具体工程施工需要再进行分包的招标与发包，把具体施工任务分包给分包商来完成。但有时也存在另一种情况，即施工总承包管理单位也想承担部分具体工程的施工，这时它也可以参加这一部分工程的投标，通过竞争取得任务。

2. 施工总承包管理与施工总承包模式的比较

（1）工作开展程序不同。施工总承包管理模式与施工总承包模式不同，施工总承包模式的工作程序是：先进行建设项目的设计，待施工图设计结束后再进行施工总承包招投标，然后再进行施工。许多大型建设项目如果要等到施工图全部出齐再进行工程招标，显然是很困难的。而如果采用施工总承包管理模式，施工总承包管理单位的招标可以不依赖完整的施工图，换句话说，施工总承包管理单位的招标可以提前到建设项目尚处于设计阶段进行。另外，工程实体由施工总承包管理单位化整为零，分别进行分包的发包，即每完成一部分施工图设计就招标一部分，从而使该部分工程的施工提前到整个建设项目设计阶段尚未完全结束就可进行。

（2）合同关系不同。施工总承包管理模式的合同关系有两种可能，即建设项目业主与分包单位直接签订合同或者由施工总承包管理单位与分包单位签订合同。其合同结构分别如图 3-9 和图 3-10 所示。

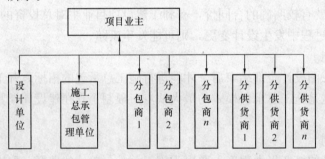

图 3-9 施工总承包管理模式下的合同结构（一）

（3）对分包单位的选择和认可。建设项目业主通常通过招标选择分包单位。一般情况下，分包合同由建设项目业主与分包单位直接签订，但每一个分包人的选择和每一个分包合同的签订都要经过施工总承包管理单位的认可，因为施工总承包管理单位要承担施工总体管理和目标控制的任务和责任。如果施工总承包管理单位认为建设项目业主选定的某个分包人确实没有能力完成分包任务，而建设项目业主执意不肯更换分包人，施工总承包管

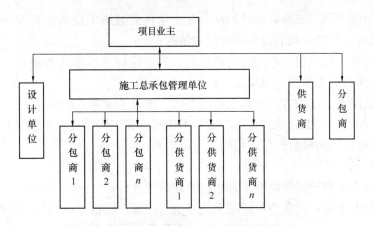

图 3-10 施工总承包管理模式下的合同结构（二）

理单位也可以拒绝认可该分包合同，并且不承担该分包人所负责工程的管理责任。

（4）对分包单位的管理和服务。施工总承包管理单位既要负责对现场施工的总体管理和协调，也要负责向分包人提供相应的服务。当然，对于施工总承包管理单位提供的某些设施和条件，如搭设的脚手架、临时用房等，如果分包人需要使用，应该支付一定的费用。

（5）对分包单位的付款。对各个分包单位的各种款项可以通过施工总承包管理单位支付，也可以由建设项目业主直接支付。如果由建设项目业主直接支付，需要经过施工总承包管理单位的认可。

（6）施工总承包管理的合同价格。施工总承包管理合同中一般只确定施工总承包管理费（通常是按工程建安造价的一定百分比计取），而不需要事先确定建安工程造价，这也是施工总承包管理模式的招标可以不依赖于设计图纸出齐的原因之一。

分包合同价，由于是在该部分施工图出齐后再进行分包的招标，因此应该采用实价（即单价或总价合同）。由此可以看出，施工总承包管理模式与施工总承包模式相比具有以下优点：

（1）合同总价不是一次确定，某一部分施工图设计完成以后，再进行该部分施工招标，确定该部分合同价，因此整个建设项目的合同总额的确定较有依据；

（2）所有分包合同和分供货合同的发包，都通过招标获得有竞争力的投标报价，对建设项目业主方节约投资有利；

（3）施工总承包管理单位只收取总包管理费，不赚总包与分包之间的差价。

在国内，普遍对施工总承包管理模式存在误解，认为施工总承包管理单位仅仅做管理与协调工作，而对建设项目目标控制不承担责任。实际上，每一个分包合同都要经过施工总承包管理单位的确认，施工总承包管理单位有责任对分包人的质量、进度进行控制，并负责审核和控制分包合同的费用支付，负责协调各个分包的关系，负责各个分包合同的管理。因此，在组织结构和人员配备上，施工总承包管理单位仍然要有费用控制、进度控制、质量控制、合同管理、信息管理、组织与协调的机构和人员。

3. 施工总承包管理模式的特点

（1）投资控制

1) 某部分施工图完成后，由建设项目业主单独或与施工总承包管理单位共同进行该部分工程的招标，分包合同的投标报价较有依据；

2) 在进行施工总承包管理单位的招标时，只确定施工总承包管理费，没有合同总造价，这是建设项目业主承担的风险之一；

3) 多数情况下由业主方与分包人直接签约，加大了业主方的风险。

(2) 进度控制。施工总承包管理的招标不依赖于施工图设计，可以提前。分包合同的招标也得到提前，从而提前开工，可缩短建设周期。

(3) 质量控制

1) 对分包人的质量控制由施工总承包管理单位进行；

2) 对分包人来说，符合质量控制上的"他人控制"原则，对质量控制有利；

3) 各分包合同交界面的定义由施工总承包管理单位负责，减轻了业主方的工作量。

(4) 合同管理。一般情况下，所有分包合同的招投标、合同谈判、签约工作由业主负责，业主方的招标及合同管理工作量大，对业主不利。

对分包人工程款支付又可分为总承包管理单位支付和业主直接支付，前者有利于加强总承包管理单位对分包人的管理。

(5) 组织与协调。由施工总承包管理单位负责对所有分包人的管理及组织协调，大大减轻了业主的工作。这是施工总承包管理模式的基本出发点。

与分包人的合同一般由业主签订，一定程度上削弱了施工总承包管理单位对分包人管理的力度。

3.3 特许经营项目常用模式

特许经营制是政府为招商引资，促进城市基础设施建设，由当地政府作为招标人，管理、规范某些城市基础设施建设和经营活动而设立的一种制度。特许经营权是根据特许经营制度授予某些经济实体的一种经营权利，通常是经特定程序许可而获得的对有限自然资源开发利用、公共资源配置以及直接关系公共利益的特定行业的市场准入权。特许经营权由政府控制，政府可根据需要将特许经营权在一定期限内授予经营者。

特许经营项目一般由当地政府确定，并由当地政府将特许经营权进行转让。关于特许经营的管理法规主要包括《行政许可法》（规定了特许经营法律制度），对外贸易经济合作部在1995年发布的《关于BOT方式吸收外商投资的有关问题的通知》，原国家计委、电力工业部、交通部同年联合下发的《关于试办外商投资特许权项目审批管理有关问题的通知》[（1995）1208号]，以及建设部于2004年初颁布的《市政公用事业特许经营管理办法》等，许多地方政府也制定了地方性法规或规章。2001年12月，原国家计委《关于印发促进和引导民间投资的若干意见的通知》，鼓励民间投资以独资、联营、参股、特许经营等方式，参与经营型基础设施和公益事业项目建设。2002年3月，公布的《外商投资产业指导目录》中，原禁止外商投资的电信和燃气、热力、供排水等城市管网被列为对外开放领域。2002年10月，原国家计委、建设部、环保总局等部门出台《关于推进城市污水、垃圾处理产业化发展的意见》，鼓励各类所有制经济主体积极参与这些行业的投资和经营，逐步建立与社会主义市场经济体制相适应的投融资及运营管理体制,实现投资主体多元化、运营主体企业化、运行管理市场化,形成开放式、竞争性的建设运营格局。

在特许经营项目中引进外资和民间投资的模式很多,其中比较常见的有 BOT、PPP、TOT 等。

3.3.1 BOT 及 BOOT 的概念

1. BOT 的概念

BOT(Build-Operate-Transfer),即建设—经营—转让,既是一种融资方式,也是一种投资建设方式。BOT 投融资方式在我国称作"特许权投融资方式",其含义是指国家或地方政府部门通过特许权协议,授予签约方的企业(包括国内企业、外商企业)承担公共性基础设施(基础产业)建设项目的融资、建造、经营和维护;在协议规定的特许期限内,项目公司拥有投资建造设施的经营权和管理权(这个管理权不是完整意义上的所有权),允许向设施使用者收取适当费用,由此回收建设项目投资以及经营、维护成本,并获得合理的投资利润;特许期满,项目公司将特许经营设施无偿地移交给签约方的政府部门或其指定的接收单位。对那些拟吸引投资的地方政府来说,BOT 就是一种融资方式,而对那些拟投资于特许经营项目的投资者来说,BOT 则是一种投资建设方式。

BOT 模式的主要内容包括:

(1) 按照特许经营的要求成立项目公司;

(2) 项目公司与政府签订的"特许权协议",并作为项目建设开发和开展项目融资的平台;

(3) 项目公司将特许权协议等权益转让给贷款银团作为抵押,并提供其他财产或信用担保,安排项目融资;

(4) 工程承包商与项目公司签订承包合同进行项目建设,并提供完工担保;

(5) 经营公司根据特许经营协议负责项目运营、维护,获得投资收益并支付贷款本息;

(6) 特许经营期结束时将项目移交给政府或其指定的接收单位。

2. BOT 项目的设立程序

根据原国家计委、电力工业部和交通部于 1995 年 8 月 21 日发布的《关于试办外商投资特许权项目审批管理有关问题的通知》[(1995)1208 号] 的有关规定,BOT 项目的设立程序包括以下几个方面:

(1) 由项目发起人负责编制项目建议书(预可行性研究报告),按规定的建设项目审批程序进行报批;

(2) 建设项目批准后,由项目发起的政府机构负责组织或委托咨询单位编制招标文件(含特许权协议),并进行公开招投标活动,选择最终的中标人;

(3) 中标人根据批复的《项目建议书》编制《项目可行性研究报告》,经项目发起的政府机构批准和确认的特许权协议(附中标者编制的项目可行性研究报告和评标委员会的评审报告),按规定的项目审批程序报批;

(4) 项目可行性研究报告和特许权协议得到批准后,中标者必须按规定的期限,按法

定程序设立项目公司;政府部门与项目公司正式签订特许权协议;

(5) 项目公司再具体负责组织建设项目的融资,组织工程设计、物资采购和施工建设,负责设施的运营和维护等等。

BOT模式的基本流程如图3-11所示。BOT项目基本的合同结构如图3-12所示。

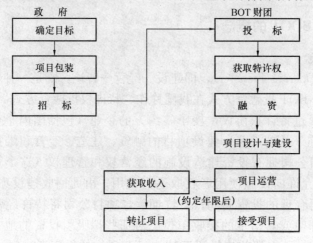

图3-11　BOT模式的基本流程

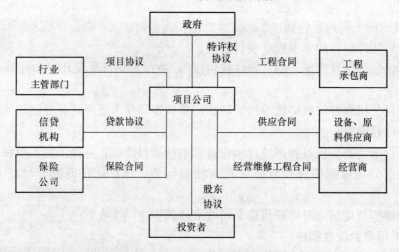

图3-12　BOT项目基本的合同结构

3. 政府与项目公司的关系

在BOT项目中,政府与项目公司是经济合同关系,在法律上是平等的经济主体。

政府在BOT项目实施过程中具有一定的主导作用。政府只出让特许项目经营权,不干涉项目公司正常的具体经营活动,但要参与项目实施过程的组织协调,并对项目服务质量和收费进行监督。

在我国,为保证特许经营权项目的顺利实施,在特许经营期内,如因我国政府政策调整因素影响使项目公司受到重大损失的,一般允许项目公司合理提高经营收费或延长项目公司特许经营期;对于项目公司偿还贷款本金、支付利息或红利所需要的外汇,国家保证兑换和允许外汇出境。但是,项目公司也要承担投融资以及建设、采购设备、维护等方面的风险，政府一般不提供固定投资回报率的保证，国内金融机构和非金融机构也不为其融资提供担保。

项目特许经营权通常通过规范的竞争性招标来授予，一旦项目建议书得到批准，即进入到招标程序。

4. BOT 与 BOOT、BOO

BOT 是一种基本模式，BOO 和 BOOT 属于基本模式的变化与发展模式。世界银行在《1994年世界发展报告》中指出，BOT 有三种具体形式，即 BOT、BOOT 和 BOO。除此之外，还有一些其他变通形式。

BOO（Build-Own-Operate），即建设—拥有—经营，项目公司根据政府授予的特许权，建设并经营某项产业项目，但是并不将此项基础产业项目移交给公共部门。

BOO 与 BOT 最大的不同是，在 BOT 项目中，项目公司在特许经营期结束后必须将项目设施交还给政府或其指定的接收单位，而在 BOO 项目中，项目公司有权不受任何时间限制地拥有并经营项目设施。BOT 模式是政府给予投资者在一定期限内的特许经营权，但该基础设施的所有权并没有转移，而 BOO 项目的所有权不再交还给政府。

BOOT（Build-Own-Operate-Transfer），即建设—拥有—经营—转让，由投资者或银行财团融资建设基础产业项目，项目建成后，在规定的期限内拥有所有权并进行经营，期满后将项目移交给政府或其指定的接收单位。

BOOT 与 BOT 的区别有二。一是所有权的区别。采取 BOT 方式，项目建成后，项目公司只拥有项目的经营权；而采取 BOOT 方式，项目建成后，在规定的期限内，项目公司既有经营权，也有所有权。二是时间上的差别。采取 BOT 方式，从项目建成到移交给政府或其指定的接收单位这一段时间一般比采取 BOOT 方式短一些。

各种 BOT 形式都体现了部分政府对于基础设施所愿意接受的民营化程度。BOT 意味着一种很低的民营化程度，因为项目设施的所有权并不转移给项目公司。BOOT 代表了一种居中的民营化程度，因为设施的所有权在一定的、有限的时间内转给项目公司。BOO 代表的是一种最彻底的民营化，项目设施没有任何时间限制地被转移给项目公司。

一国政府所采纳的建设基础设施的不同模式，反映出其所愿意接受的使某一行业民营化程度。由于基础设施建设项目通常对社会产生直接影响，并且要使用到诸如土地、公路、铁路、管道、广播电视网等公共资源。因此，基础设施的民营化是一个特别重要的问题。

对于交通建设项目（如收费公路、收费桥梁等）都可以采用 BOT 方式，因为政府通常不愿将运输网的所有权转交给民营企业。在动力生产建设项目方面，通常会采用 BOT、BOOT 或 BOO 方式。一些国家很重视发电，因此，只会和民营企业签署 BOT 或是 BOOT 特许协议。而在电力资源充足的国家和地区，其政府并不如此重视发电建设项目，一般会签署一些 BOO 许可证或特许协议。最后，对于电力的分配和输送，天然气以及石油开采来说，这类行业通常被认为关系到一个国家的国计民生，因此，建设这类设施一般都采用 BOT 或 BOOT 方式。

5. BOT 项目实例介绍

20 世纪 70 年代后，无论是发展中国家还是发达国家，政府的财政预算越来越紧张，而基础设施的需求量越来越大，由政府充当基础设施投资主体越来越困难。BOT 方式作为一种新的投融资方式在发展中国家和发达国家满足了普遍性的内在需求。BOT 方式在发展中国家与发达国家之间是有区别的。主要表现在发展中国家由于本国的民营单位投资和经营能力低下，因此 BOT 方式的民营单位通常是外国公司或财团，即国际 BOT 方式。前面所提到的 BOT、BOO 和 BOOT 及其变通形式在发展中国家得到广泛应用。从我国的现实经济情况看，BOT 方式的民营单位还是以外商为主，但也要积极吸引本国民营单位参与 BOT 建设。而发达国家则由于本国民营单位的投资能力较强，因此 BOT 项目可以由本国的民营单位承担。

实例一：英法海峡隧道

英国的很多铁路建设项目、香港东区海底隧道等都是采用这类融资模式建成的。其中最有名的 BOOT 项目就是英法海峡隧道。英法海峡隧道包括两条直径 7.3 米的铁路隧道和一条直径 4.5 米的服务隧道，长 50 公里。项目公司 Eurotunnel 由英国的海峡隧道集团、英国银行财团、英国承包商以及法国的 France-Manehe 公司、法国银行财团、法国承包商等 10 个单位组成。特许权协议于 1987 年签订，该项目于 1993 年建成。政府授予 Eurotunnel 公司 55 年的特许期（1987~2042 年，含建设期 7 年）建设、拥有并经营隧道，55 年之后隧道由政府收回。

建设项目总投资 103 亿美元。在特许权协议中，政府对项目公司提出了三项要求：

- 政府不对贷款作担保；
- 本项目由私人投资，用项目建成后的收入来支付项目公司的费用和债务；
- 项目公司必须持有 20% 的股票。项目资金来源依靠股票和贷款筹集。其中，股票 20 亿美元，在 1986~1989 年间分 4 次发行，由银行和承包商持有 2.80 亿美元，由私有机构持有 3.70 亿美元，由公共投资者持有 13.50 亿美元。贷款为 83 亿美元，由 209 家国际商业银行提供，其中 68 亿美元用于主要设施，15 亿美元用于备用设施。

政府允许项目公司自由确定通行费，其收入的一半是通过与国家铁路部门签订的铁路协议取得的，用隧道把伦敦与欧洲的高速铁路网相连接；其他收入来自通过隧道的商业车辆的高速火车收费。政府保证，在 30 年内不允许建设第二个跨越海峡的连接通道。

实例二：我国第一个国家正式批准的 BOT 试点项目——广西来宾电厂 B 厂

BOT 方式在中国出现已有 20 多年。1984 年香港合和实业公司和中国发展投资公司等作为承包商和广东省政府合作在深圳投资建设的沙角 B 电厂建设项目，是我国首个 BOT 基础设施建设项目，但在具体做法上并不规范。1995 年广西来宾电厂二期工程是我国引进 BOT 方式的一个里程碑，为我国利用 BOT 方式提供了宝贵的经验。

广西来宾电厂 B 厂位于广西壮族自治区的来宾县。装机规模为 72 万千瓦，安装两台 36 万千瓦的进口燃煤机组。该建设项目总投资为 6.16 亿美元，其中总投资的 25% 即 1.54 亿美元为股东投资，两个发起人按照 60：40 的比例向项目公司出资，具体出资比例为法国电力国际占 60%，通用电气阿尔斯通公司占 40%，出资额作为项目公司的注册资本，其余的 75% 通过有限追索的项目融资方式筹措。我国各级政府、金融机构和非金融机构不为该项目融资提供任何形式的担保。项目融资贷款由法国东方汇理银行、英国汇丰投资银行及英国巴克莱银行组成的财团联合承销，贷款中 3.12 亿美元由法国出口信贷机构——法国对外贸易保险公司提供出口信贷保险。项目特许期为 18 年，其中建设期为 2 年 9 个月，运营期为 15 年 3 个月。特许期满后项目公司将电厂无偿移交给广西壮族自治区政府。在建设期和运营期内，项目公司将向广西壮族自治区政府分别提交履约保证金3000万美元，同时项目公司还将承担特许期满电厂移交给政府后12个月的质量保证义务。广西电力公司每年负责向项目公司购买35亿千瓦时（5000小时）的最低输出电量（超发电量只付燃料电费），并送入广西电网。同时，由广西建设燃料有限责任公司负责向项目公司供应发电所需燃煤。

3.3.2 PPP的含义

1. PPP的概念

PPP的概念最早由英国提出，从20世纪90年代开始在西方流行，目前已经在全球范围内被广泛应用，并日益成为各国政府实现其经济目标及提升公共服务水平的核心理念和措施。在英国，PPP被认为是政府提供现代、优质的公共服务以及提升国家竞争力战略的关键因素，被广泛应用到通信、交通、能源以及垃圾回收、学校、医院等领域。

PPP是英文Public-Private Partnerships的简写，一般译为公私伙伴关系。它是指公共部门与私人部门为提供公共服务而建立起来的一种长期合作关系，这种合作关系通常需要通过正式的协议来确定。

2. PPP模式的主要目的及优点

（1）PPP模式是政府提高公共服务质量的重要途径

提供公共服务是政府的重要职能之一。政府提供公共服务的传统方式是政府直接投资运营和管理，由此产生的种种问题最终导致公共服务的质量下降。PPP模式实质上就是对政府传统投资模式的变革和创新，通过政府职能转变和机制创新，充分发挥私人部门和公共部门各自的优势，使公共服务质量得到提高。在英国，PPP被认为是政府提供现代、优质的公共服务以及提升国家竞争力战略的关键因素。

（2）PPP模式是实现资金的最佳价值（best value for money）的有效做法

在PPP模式下，通常由私人部门来管理服务设施的融资、设计、建造、交付使用全过程的风险。在项目交付并全面运作之前，承包商得不到付款。在项目的整个寿命期（通常是25年左右）按照现有的或更严格的标准对资产或设施进行维护。如果承包商达不到这些标准，则要对照合同中规定的服务层级接受经济惩罚。由于PPP模式能够在项目的设计、建造、运营、维护各阶段体现资金的最佳价值，从而使PPP项目在整个寿命期内节省政府开支。同时，合同中约定私人部门的资本与其承担的建设与维护等风险挂钩，而非仅仅与利润挂钩。这都将有助于实现资金的最佳价值。

（3）PPP模式在一定程度上缓解了政府投资压力

新建或更新维护基础设施及社会事业项目的需求与政府资金供给不足的矛盾是世界各国面临的普遍问题，PPP为公共服务的融资提供了新的选择。通过私人部门的投资和融资，可在一定程度上缓解当期政府资金的压力，能够尽快满足公众对公共服务的需求。1998~2004年期间，英国PPP项目占整个公共投资的11%。

（4）PPP模式取得了项目按期交付和有效控制项目成本的良好效果

PPP在英国的发展取得了良好的效果，无论是在项目交付时间还是成本的控制方面都得到极大地改善。一项调查表明，英国2001年以传统方式建设的项目中的73%超过合同价格，70%延期。推行PPP后，这种状况得到极大改观。2003年PPP项目只有22%超过合同价格，24%延期，超过2个月的延期只有8%。同时，受PPP模式的影响，2005年，即使是传统方式建设的项目的结果也有了改善，只有45%的项目超过合同价格，37%的项目延期。

(5) PPP模式使风险在公共部门和私人部门之间得到合理分担

借助PPP模式，公共部门与私人部门分担公共服务的生产与服务中存在的风险，从而改变了传统模式下风险集中在公共部门的问题。风险分担的原则就是将特定的风险交予最适合控制和管理该风险的部门承担。可以移交给私人部门承担的风险包括成本超支、达不到所要求的标准、不能按计划时间提供服务、资金不足以支付运营和资本成本、市场风险等。私人部门在全面考虑风险的基础上与公共部门签订合同并履行合同，将风险计价纳入所收取的费用中。合理的风险分担不仅可以发挥私人部门的优势，也可以使公共部门能够有精力更加专注于执行那些基本的职能，比如采购公共服务、制定服务的标准并确保标准的执行与保护公共利益等。

3. PPP项目的阶段划分

通常PPP项目的阶段划分为五个阶段。

(1) 需求分析和方案评估

在项目形成的最初阶段，由政府或由项目执行机构确定对某项特定基础设施的需求。需求评估通常以成本—效益分析的形式进行，然后再考虑设施的可选融资方式和是否负担得起。作为方案评估工作，先进行初步定性PPP检验，以确定项目发包方式，然后用"不宜准则"定性的检验、评估、考察其是否符合法律、政治、组织或技术特性，评估该项目是否适合采用PPP模式。

(2) 准备和概念化

一旦项目最初的可行性研究认为PPP方式可行，准备工作就按照详细的PPP方式进行，以便与传统方式进行比较。目前，政府根据私人部门与传统公共采购方式相比所能提高的效率来决定是否采用PPP模式。

(3) 投标和合同授予

政府一旦决定采用PPP模式，就将按照法律的要求确定招标过程。通常政府会采用竞争性招标。它包括了对基础设施产生的详细规定，以及给投标人的招标书中PPP协议的期限和条件。因此，潜在的投标人，通常会组成联合体，完成他们自己的可行性研究并准备投标。政府评标后会确定1～3名中标候选人进行谈判，讨论和调整项目的条件。最后，将合同授予给最符合中标条件的投标人。

(4) 实施和合同管理

合同的执行从项目实施建设开始，设施通过竣工验收后，将被政府认可投入商业运营。在用户支付融资方式中，项目公司将使用项目运营收入运作和维护设施、偿还贷款和为投资者提供合理的回报。

(5) 合同终止，项目移交

合约期满，功能性PPP模式下的项目设施，通常是免费或以象征性价格移交给政府，而且设施必须符合PPP协议中规定的标准和条件。

4. 2008年北京奥运会国家体育场项目PPP案例

为了履行与国际奥林匹克委员会（IOC）签订的2008年第29届奥林匹克运动会主办

城市合同款项下的义务，北京市政府决定建设国家体育场。奥运会期间，国家体育场可容纳观众 9.1 万人，承担开幕式、闭幕式和田径比赛、足球比赛决赛等主要赛事功能。奥运会后，国家体育场可容纳观众 8 万人，可承担特殊重大比赛、各类常规赛事以及非竞赛项目等。本项目采用 PPP 模式建设，北京市政府授权北京市国有资产经营有限责任公司作为项目公司的一方发起人，履行总投资 58% 的出资责任，其余的 42% 由私营部门即中国中信集团联合体（简称"中信联合体"）进行融资。公共部门和私营部门共同组建项目公司负责本项目的融资、建造、运营、维护，并在 30 年特许权期满后，把国家体育场移交给北京市政府。

2002 年 10 月，经北京市政府授权，北京市发改委采用国际公开招标方式，邀请有兴趣的投标人提交资格预审文件和投标文件，2003 年 7 月通过评标确定中信联合体中标，来负责项目的融资、设计、建造和运营。

北京市政府的职责和给予一系列优惠政策：

（1）北京市政府土地管理部门将项目设施场地的土地使用权以划拨方式无偿提供给项目公司，项目公司不需要缴纳土地出让金、基础设施配套建设费，但项目公司需承担项目设施场地的土地一级开发费每平方米 1040 元。

（2）北京市政府提供 18.154 亿元人民币，占总投资的 58%，并且不要求分红。

（3）提供与施工场地相连的必要基础设施（水、电、路）以及其他可方便体育场建设和运营的帮助。

（4）在特许经营期内，北京市政府对于新的竞争性场馆的开发项目或对某一现有竞争性的场馆进行扩建的项目，原则上将不予审批。

项目公司的职责：项目公司对体育场进行投资、融资、设计、建设，并在特许经营期内，按照特许权协议的条款对体育场进行运营、维护和修理。同时，项目公司将按照体育场协议的规定，将体育场提供给北京奥组委用于举办测试赛、进行测试活动和举办奥运会。在特许经营期届满之时，项目公司按照特许权协议的规定免费将体育场移交给北京市政府或其指定的接收人。

3.3.3 TOT 的含义

TOT 是在 BOT 模式的基础上发展演变而来的一种融资模式。

TOT（transfer-operate-transfer），即"转让—经营—转让"模式。其操作方法是政府把已经建好的基础设施建设项目转让给经济实力雄厚的企业组织经营，政府从接受转让的企业手中一次性获得一笔资金，再用于兴建其他基础设施建设项目。而接受转让的企业可以利用获取的经营权，在一定期限内获得稳定的收入和利润，转让期满后，再将项目无偿地转让给政府。国务院 2004 年 7 月 16 日颁布实施的《关于投资体制改革的决定》规定："已经建成的政府投资项目，具备条件的经过批准可以依法转让产权或经营权，以回收的资金滚动投资于社会公益等各类基础设施建设。"

复习思考题：

1. 熟悉业主方自行项目管理和业主方委托项目管理的优缺点。
2. 了解业主方和工程咨询单位合作进行项目管理的模式有哪几种？

3. 了解建设项目工程任务实施模式有哪几种?
4. 了解设计和施工总承包(D+B)模式的特点及使用范围。
5. 了解施工总承包和施工总承包管理的含义。论述两者之间的区别。
6. 什么是特许经营?
7. 了解特许经营的模式有哪几种形式?

第4章 建设项目工程监理

建设项目工程监理制是我国建设项目管理的一项重要制度。工程监理的核心任务是对建设项目进行投资、质量、进度、安全、合同和信息管理，并协调参与项目建设各有关方面的关系。本章着重介绍建设工程监理的概念、内容、监理相关规定、监理委托模式、监理工作文件、监理单位选取和工程实施阶段监理工作等内容。

4.1 建设工程监理的概念和内容

4.1.1 工程监理的概念和内容

1. 工程监理的概念

建设项目工程监理，是指具有相应资质的监理单位，受项目建设单位（业主）的委托，依据国家有关法律、法规及有关的技术标准、设计文件和建筑工程承包合同、工程监理委托合同及其他建设工程合同，代表项目建设单位（业主）对设计单位、承包单位的建设行为进行监督管理的专业化服务活动。

2. 工程监理的内容

建设项目工程监理的内容，一般主要包括从工程勘察设计、施工、设备采购及安装调试、竣工验收直至保修期，对项目建设全过程进行监督和管理，对建设工程的各个阶段进行质量、投资、工期控制和合同、信息、安全管理，并协调参与项目建设有关单位之间的关系。鉴于目前我国尚未开展项目决策阶段的监理，对勘察设计阶段的监理工作也未形成系统成功的经验，所以，国家发布的建设工程监理规范只涉及施工阶段的监理。

3. 工程监理的性质

（1）独立性

《中华人民共和国建筑法》明确指出，工程监理单位应当根据项目建设单位的委托，客观、公正地执行监理任务。《工程建设监理规定》和《建设工程监理规范》要求工程监理单位按照"公正、独立、自主"的原则开展监理工作。

（2）公正性

公正性是社会公认的职业道德准则，是监理行业能够长期生存和发展的基本职业道德准则。在开展建设工程监理过程中，工程监理单位应当排除各种干扰，客观、公正地对待监理的委托单位和承包单位。特别是当两方发生利益冲突或者存在分歧时，工程监理单位应以事实为依据，以法律和有关合同为准绳。在维护建设单位的合法权益时，不得损害承包单位的合法权益。

（3）科学性

科学性是由建设工程监理要达到的目的所决定的。工程监理单位要由组织管理能力强、工程建设经验丰富的人员担任领导；应当有足够数量的、有丰富的管理经验和应变能力的监理工程师组成的骨干队伍；要有一套健全的监理管理制度，运用现代化的管理手段，掌握先进的管理理论、方法和手段；要积累足够的技术、经济资料和数据；要有科学的工作态度和严谨的工作作风，要实事求是、创造性地开展工作。

（4）服务性

建设工程监理具有服务性，是从监理的业务性质方面定性的，建设工程监理运用规划、控制、协调的方法，控制建设工程的投资、进度和质量，最终达到的目的是协助建设单位在计划的目标内将建设工程建成投入使用。这就是建设工程监理的管理服务的内涵。

4.1.2 建设项目工程监理单位与有关单位之间的关系

1. 建设项目业主与监理单位之间的关系是平等主体之间的委托代理关系

建设项目业主委托监理单位监理服务的内容和授予的权利是通过双方平等协商，并以监理委托合同的形式予以确立的，是委托与被委托、授权与被授权的关系。同时，对与建设项目相关的设计合同、施工合同、设备材料购销合同进行管理。

应当指出的是，虽然国家推行的监理制度对监理内容、范围有明确的规定，但是，不同的建设项目业主向监理委托的内容和授权是有所不同的。

2. 监理单位与承包单位是两个平等独立的企业，业主授权监理单位监理承包单位的施工

监理单位与承包单位之间没有合同或协议关系，但在项目建设过程中是监理与被监理的关系。因为监理单位受建设项目业主的委托和授权，同时国家有关建设监理的法律、法规也赋予监理单位实施监理的职责。监理单位在行使监理职责时，不能超越监理委托合同、施工合同所确定的权限，也不能超越国家的有关法律、法规和规范行使权力。

总之，监理单位应公正、独立、自主地开展监理工作。在直接对建设项目业主负责的同时，也要维护建设项目业主和承包单位双方的合法权益。

3. 工程监理与政府质量监督的区别

建设工程监理与政府工程质量监督都属于工程建设的监督管理质量活动，但有明显的区别。

（1）建设工程监理的实施单位是社会化、专业化的监理单位；政府工程质量监督的执行者是政府行政主管部门的专业执行机构。前者为社会监理行为，后者为政府监督行为。

（2）建设工程监理是由建设项目业主委托进行的；政府工程质量监督则是依法进行，并具有强制性的。

（3）监理单位和被监理单位是平等主体之间的监督管理；政府质量监督是一种行政管理。

（4）建设工程监理工作范围是由委托监理合同决定的，其活动可以贯穿项目建设的全过程、全方位。现行政府工程质量监督，一般只限于施工阶段的质量监督。

4.2 建设项目施行工程监理的有关规定

4.2.1 必须实施工程监理的建设项目

根据国家有关法规规定必须实施工程监理的建设工程范围如下：

（1）国家重点建设工程

是指依据《国家重点建设项目管理办法》所确定的，对国民经济和社会发展有重大影响的骨干项目。

（2）大型公用事业工程

是指项目投资总额在 3000 万元以上的供水、供电、供气、供热等市政工程项目；科技、教育、文化项目；体育、旅游、商业项目；卫生、社会福利项目及其他公用事业项目。

（3）关系社会公众利益、公众安全的基础设施项目

项目总投资在 3000 万元以上，关系社会公众利益、公众安全的下列基础设施项目：

1）煤炭、石油、化工、天然气、电力、新能源等项目；

2）铁路、公路、管道、水运、民航以及其他交通运输业项目；

3）邮政、电信枢纽、通信、信息网络等项目；

4）道路、桥梁、地铁、轻轨交通、污水排放及处理、垃圾处理、地下管道、公共停车场等城市基础设施项目；

5）防洪、灌溉、排涝、发电、引（洪）水、滩涂治理、水资源保护、水土保持等水利建设项目；

6）生态环境保护项目；

7）其他基础设施项目。

（4）成片开发建设的住宅小区

建筑面积在 5 万平方米以上的住宅建设工程必须实行监理；高层住宅及地基复杂的多层住宅应当实行监理。

（5）全部或部分使用国有资金或国家融资的项目。

（6）使用国外资金的建设项目，利用世界银行、亚洲开发银行等国际金融组织贷款的建设项目；利用外国政府及其机构贷款的建设项目；使用国际组织或外国政府援助资金的建设项目。

（7）地方政府可以根据本地区情况，对地方强制监理工程项目做出相应的规定。

4.2.2 工程监理单位和监理工程师的资质管理

1. 工程监理单位资质和业务范围

根据《工程监理单位资质管理规定》，工程监理企业资质分为综合资质、专业资质和事务所资质。综合资质、事务所资质不分级别。专业资质分为甲级、乙级；其中，房屋建筑、水利水电、公路和市政公用专业资质可设立丙级。按照工程性质和技术特点划分为一级、二级、三级工程。工程监理单位资质条件与其相应工程监理业务范围划分如下：

(1) 综合资质监理单位标准

1) 资质条件：企业技术负责人应为注册监理工程师，并具有15年以上从事工程建设工作的经历或者具有工程类高级职称；具有5个以上工程类别的专业甲级工程监理资质；注册监理工程师不少于60人，注册造价工程师不少于5人，一级注册建造、一级注册建筑师、一级注册结构工程师或者其他勘察设计注册工程师合计不少于15人次；具有独立法人资格且注册资本不少于600万元。

2) 工程监理范围：可以承担所有专业工程类别建设工程项目的工程监理业务。

(2) 甲级工程监理单位标准

1) 资质条件：企业负责人和技术负责人应当具有15年以上从事工程建设的经历，企业技术负责人应当取得注册监理工程师证书；取得注册监理工程师证书的人员不少于25人；企业近2年内独立监理过3个以上相应专业的二级工程项目；注册资本不少于300万元。

2) 工程监理范围：可以监理经核定的工程类别中一、二、三级工程。

(3) 乙级工程监理单位

1) 资质条件：企业负责人和技术负责人应当具有10年以上从事工程建设的经历，企业技术负责人应当取得注册监理工程师证书；取得注册监理工程师证书的人员不少于15人；注册资本不少于100万元。

2) 工程监理范围：可以监理经核定的工程类别中二、三级工程。

(4) 丙级工程监理单位

1) 资质条件：企业负责人和技术负责人应当具有8年以上从事工程建设的经历，企业技术负责人应当取得注册监理工程师证书；取得注册监理工程师证书的人员不少于5人；注册资本不少于50万元。

2) 工程监理范围：可以监理经核定的工程类别中三级工程。

2. 监理工程师的资质管理

(1) 监理工程师资格证书。具有高级专业技术职称或取得中级专业技术职称后具有3年以上工程设计或施工管理实践经验；在全国监理工程师注册管理机关认定的培训单位经过业务培训并取得结业证书，并经过监理工程师资格考试合格者，方能取得由监理工程师注册管理机关核发的监理工程师资格证书。

(2) 监理工程师岗位证书。已取得监理工程师资格证书，遵纪守法，遵守监理工程师职业道德，身体健康，胜任工程现场监理工作的监理人员，可由所在监理单位统一向本地区或本部门监理工程师注册管理机关提出申请，经批准后，核发监理工程师岗位证书。

4.3 建设项目监理委托模式和监理工作文件

4.3.1 建设项目工程监理委托模式

建设工程监理委托模式的选择与建设工程组织管理模式密切相关，监理委托模式对建设工程的规划、控制、协调起着重要作用。

1. 平行承发包模式条件下的监理委托模式

与建设工程平行承发包模式相适应的监理委托模式有以下 2 种主要形式：

(1) 业主委托一家监理单位监理

这种监理委托模式是指项目业主只委托一家监理单位为其提供监理服务。如图 4-1 所示。这种委托模式要求被委托的监理单位应该具有较强的合同管理与组织协调能力，并能做好全面监理规划工作。监理单位的项目监理机构可以组建多个监理分支机构对各承建单位分别实施监理。在具体的监理过程中，项目总监理工程师应重点做好总体协调工作，加强横向联系，保证建设工程监理工作的有效运行。

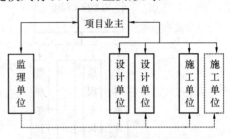

图 4-1 业主委托一家监理单位进行监理的模式

(2) 业主委托多家监理单位监理

这种监理委托模式是指项目业主委托多家监理单位为其提供监理服务。如图 4-2 所示。采用这种委托模式，建设单位分别委托几家监理单位针对不同的承建单位实施监理。由于项目业主分别与多个监理单位签订委托监理合同，所以每个监理单位之间的相互协作与配合需要项目业主进行协调。采用这种监理委托模式，监理单位的监理对象相对单一，便于管理。但整个工程的建设监理工作被肢解，各监理单位各负其责，缺少一个对建设工程进行总体规划与协调控制的监理单位。

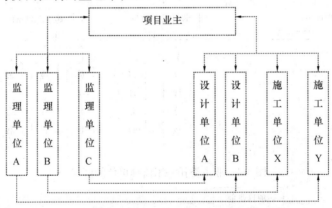

图 4-2 业主委托多家监理单位进行监理的模式

为了克服上述不足，在某些大、中型项目的监理实践中，建设单位首先委托一个"总监理工程师单位"总体负责建设工程的总规划和协调控制，再由项目业主和"总监理工程师单位"共同选择几家监理单位分别承担不同合同段的监理任务。在监理工作中，由"总监理工程师单位"负责协调、管理各监理单位的工作，大大减轻了项目业主的管理工作，形成如图 4-3 所示的模式。

2. 设计或施工总承包模式条件下的监理委托模式

对设计或施工总承包模式，项目单位可以委托一家监理单位提供实施阶段全过程的监理服务，如图 4-4 所示，也可以分别按照设计阶段和施工阶段分别委托监理单位，如图 4-5 所示。前者的优点是监理单位可以对设计阶段和施工阶段的工程投资、进度、质量控制

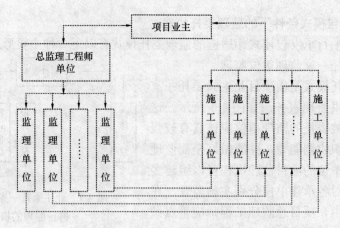

图 4-3 业主委托"总监理工程师单位"进行监理的模式

统筹考虑，合理进行总体规划协调，更可使监理工程师掌握设计思路与实际意图，有利于施工阶段的监理工作。

虽然总承包单位对承包合同承担乙方的最终责任，但分包单位的资质、能力直接影响着工程质量、进度等目标的实现，所以在这种模式条件下，监理工程师必须做好对分包单位资质的审查、确认工作。

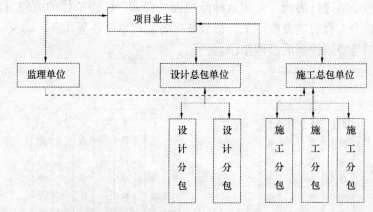

图 4-4 业主委托一家监理单位的模式

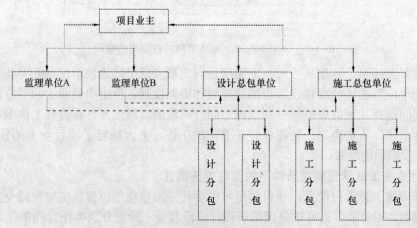

图 4-5 按阶段划分的监理委托模式

3. 项目总承包模式条件下的监理委托模式

在项目总承包模式下，由于项目业主和总承包单位签订的是总承包合同，项目业主应委托一家监理单位提供监理服务，如图4-6所示。在这种模式条件下，监理工作时间跨度大，监理工程师应具备较全面的知识，重点做好合同管理工作。

4. 项目总承包管理模式条件下的监理委托模式

在项目总承包管理模式下，项目业主应委托一家监理单位提供监理服务，这样可明确管理责任，便于监理工程师对项目总承包管理合同和项目总承包管理单位进行分包等活动的监理。

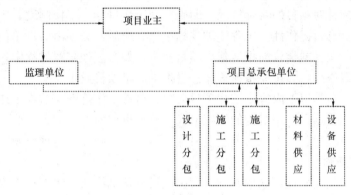

图4-6 项目总承包模式条件下的监理委托模式

4.3.2 建设项目工程监理工作文件

建设工程工作文件是指监理单位投标时编制的监理大纲、监理合同签订以后编制的监理规划和专业监理工程师编制的监理实施细则。

1. 监理大纲

监理大纲又称监理方案，它是监理单位在项目业主开始委托监理的过程中，特别是在业主进行监理招标工程中，为承揽到监理业务而编写的监理方案性文件。

监理单位编制监理大纲有以下两方面作用：一是使项目业主认可监理大纲的监理方案，从而承揽到监理业务；二是为项目监理机构今后开展监理工作制定基本的方案。监理大纲的内容应当根据项目业主所发布的监理招标文件的要求而制定，一般应包括以下主要内容：

（1）拟派往项目监理机构的监理人员情况介绍

在监理大纲中，监理单位需要介绍拟派往所承揽或投标工程的项目监理机构的主要监理人员，并对监理人员的资格情况进行说明。其中，应该重点介绍拟派往投标工程的项目总监理工程师的情况，这往往决定承揽监理业务的成败。

（2）拟采用的监理方案

监理单位应该根据项目业主所提供的工程信息，并结合自己为投标所初步掌握的工程资料，制定出拟采用的监理方案。监理方案的具体内容包括：项目监理机构的方案、建设工程三大目标的具体控制方案、工程建设各种合同的管理方案、项目监理机构在监理过程中进行组织协调的方案等。

(3) 提供给项目业主的阶段性监理文件

在监理大纲中，监理单位还应该明确未来工程监理工作中向项目业主提供的阶段性的监理文件，这将有助于满足项目业主掌握建设过程的需要，有利于监理单位顺利承揽到该建设工程的监理业务。

2. 监理规划

监理规划是工程监理单位接受项目业主委托并签订监理合同之后，在项目总监理工程师的主持下，根据委托工程监理合同，在监理大纲的基础上，结合工程的具体情况，广泛收集工程信息和资料的情况下制定的，用来指导项目监理机构全面开展监理工作的指导性文件。监理规划应针对项目的实际情况，明确监理工作目标、工作制度、工作程序、监理方法和措施，并具有可操作性。工程监理规划编制完成后，必须由监理单位技术负责人审核批准后，在第一次工地会议前报送建设项目业主。如在监理实践过程中，实际情况或条件发生变化，可以修改，并按原报审程序经过批准后报项目业主。

监理规划应该包括以下内容：工程项目概况、监理工作范围、监理工作内容、监理工作目标、监理工作依据、监理机构的组织形式、监理机构的人员配备、监理机构的人员岗位职责、监理工作程序、监理工作方法及措施、监理工作制度、监理设施。

3. 监理实施细则

监理实施细则是在监理规划的基础上，由项目监理机构的专业监理工程师针对建设工程中某一专业或某一方面的监理工作编写，并经总监理工程师批准实施的操作性文件。监理实施细则的作用是指导本专业或本项目具体监理业务的开展。

监理大纲、监理规划和监理实施细则三者之间的关系是相互关联的，都是建设工程监理工作的组成部分，它们之间存在着明显的依据性关系：在编写监理规划时，一定要严格根据监理大纲的有关内容编写；在制定监理实施细则时，一定要在监理规划的指导下进行。

4.4 建设项目实施阶段的监理工作

4.4.1 建设项目工程勘察设计阶段的监理工作

1. 工程勘察阶段的监理工作

工程勘察是专业性很强的工作，委托监理单位对工程勘察工作进行监理，对勘察任务书、勘察纲要、勘察过程及勘察成果的质量进行鉴别十分必要。

(1) 勘察监理的依据

1) 国家和有关部委有关工程建设的法律、法规、政策和规定；

2) 国家和地方有关工程勘察的规范、规程、标准和定额；

3) 国家和地方发改委经批准的可行性研究报告；

4) 依法签订的勘察合同和监理委托合同。

(2) 勘察阶段监理工作的主要内容

1) 审查勘察单位的资质、信誉、设计人员技术水平、业绩、设备条件等，为项目建设单位选择勘察单位提供依据；

2）协助项目建设单位编制勘察任务书；

3）审查勘察单位提出的勘察方案，主要审查其方案的创新性、合理性、可行性、手段的有效性、设备的适用性、试验的必要性以及勘察进度安排是否能实现合同要求；

4）勘察过程的监理，主要任务是勘察过程的进度控制和质量控制；

勘察过程的进度控制：主要检查人员、设备是否按计划进场，实际勘察进度和计划进度是否一致，必要时可直接通知勘察单位予以调整；

勘察过程的质量控制：主要检查勘察方案的执行情况，如勘察项目是否安全，勘察点线有无偏、错、漏，操作是否符合规范，钻探深度、取样位置及样品保护是否得当等；

5）勘察成果的审核。对勘察单位提出的最终成果进行审核，勘察成果必须真实、准确、可靠，并符合合同的要求；

6）编写勘察阶段监理工作总结报告，并报送项目建设单位；

7）勘察合同的管理，主要是监督勘察单位履约，同时根据合同的约定签发勘察费用支付凭证，并根据公正合理原则处理勘察过程中的索赔及工程变更和洽商等有关事项。

2. 工程设计阶段的监理工作

工程设计阶段的监理工作，从设计任务书编制开始直到完成施工图设计、竣工图编制等全过程的监理。

（1）工程设计阶段监理工作的主要依据

1）国家和建设主管部门现行的有关工程设计、工程建设的法律、法规、规程和规范及相关政策；

2）城市规划管理部门及有关主管部门对本工程项目的批文；

3）已批准的建设项目可行性研究报告；

4）已批准的选址报告；

5）项目建设单位提供的有关工程设计阶段的工程地质、水文地质勘察报告，1/5000～1/10000地形测量图；

6）项目所在地区气象、地震等自然条件资料；

7）设计需要的其他资料及技术标准、规范、定额；

8）本建设项目的工程设计合同和监理委托合同。

（2）工程设计阶段监理工程的主要内容

1）根据已批准的建设项目可行性研究报告、当地规划部门批准的规划要求和当地与建设有关的主管部门（如国土、环保、交通、消防、电力、通信、市政、水务、园林、人防、文物等）的要求，编制"设计要求"文件或"方案设计竞赛"文件；

2）协助项目建设单位组织方案设计竞赛或招标，参与设计单位的招标或评标；

3）协助项目建设单位与选定的工程设计单位签订设计委托合同；

4）监理工程设计单位进行初步设计，协助建设单位组织审查初步设计文件和设计概算；

5）根据已审查通过并经上级主管部门批准的初步设计文件，监理设计单位按委托设计合同的规定，保质、保量、按时完成施工图设计；

6）协助建设单位组织并参与审查施工图和概（预）算，使其满足"设计要求"文件的规定；

7) 签发设计费用支付凭证；

8) 编写设计阶段监理工作总结报告，并报送项目建设单位。

4.4.2 建设项目施工阶段的监理工作

1. 施工准备阶段的监理工作

（1）工程设计交底前，监理人员应熟悉工程设计文件，并对设计图纸中存在的问题，向工程设计单位提出书面意见和建议。

（2）监理人员参加由项目建设单位组织的工程设计交底会。

（3）组织审查施工组织设计，总监理工程师签认后报送项目建设单位。

（4）审查工程承包单位现场管理机构的质量管理体系、技术管理体系和质量保证体系，并由总监理工程师组织专业监理工程师审查确认。

（5）审查工程分包单位的资质、业绩及特殊工种的合格证、上岗证。

（6）专业监理工程师应检查承包单位专职测量人员的岗位证书及测量设备鉴定书，并对其报送的测量放线控制成果及保护措施进行检查，符合要求的，由专业监理工程师签字确认。

（7）专业监理工程师应审查承包单位报送的工程开工报审表及相关资料，具备以下开工条件时，由总监理工程师签发并报项目建设单位。

1) 施工许可证已获政府部门批准；

2) 征地拆迁工作能满足工程进度需要；

3) 施工组织设计已获总监理工程师批准；

4) 承包单位现场管理人员已到位，施工人员已进场，机具和主要工程材料已经落实；

5) 进场道路及水、电、通信等已满足开工要求。

（8）工程开工前的第一次工地会议由项目建设单位主持，承包单位、监理单位、设计单位参加，主要内容包括：

1) 项目建设单位、设计单位、承包单位和监理单位分别介绍各自派驻现场的组织机构、人员及其分工；

2) 项目建设单位根据委托监理合同宣布对监理方的授权；

3) 项目建设单位介绍工程开工准备情况；

4) 设计单位介绍施工图交底情况；

5) 承包单位介绍施工准备情况；

6) 总监理工程师介绍监理规划的主要内容；

7) 研究确定施工过程中参加工地例会的主要人员、周期及地点；

8) 第一次工地会议纪要由监理方起草，经与会各方代表签字确认。

2. 施工阶段的质量控制

（1）工程质量控制原则

1) 以工程设计、施工及验收规范、工程质量验评标准等为依据，督促工程承包单位全面实现承包合同约定的质量目标；

2) 严格要求承包单位执行有关材料试验制度和设备检验制度；

3) 对建设项目工程施工全过程实施质量控制,并以事前控制为重点;
4) 坚持不合格的建筑材料、构配件和设备不准在工程上使用;
5) 对工程项目的人、机、料、方法、环境等因素进行全面的质量控制,督促承办单位的质量保证体系落实到位;
6) 坚持本工序质量不合格或未进行验收下一道工序不得施工。
(2) 工程质量控制方法
1) 质量控制应以事前(预防)控制为主;
2) 应采用必要的检查、测量和试验手段,以验证施工质量;
3) 应按监理规划和实施细则的要求对施工过程进行检查,及时纠正违规操作,消除质量隐患,跟踪质量问题,验证纠正效果;
4) 严格执行现场见证取样和送检制度;
5) 对关键工序和重点部位施工过程进行旁站监理;
6) 应建议撤换承包单位不合格人员及不合格的分包单位。

3. 工程造价控制

(1) 工程造价控制的依据
1) 国家和地方有关法规和规定;
2) 建设工程施工合同或协议条款;
3) 工程设计图纸、设计说明及设计变更洽商;
4) 工程相关取费定额、项目定额;
5) 市场价格信息;
6) 工程变更、洽商或合同补充协议;
7) 分项、分部工程质量报验认可单。
(2) 工程计量和支付监理基本程序
1) 工程承包单位统计经专业监理工程师质量验收合格的工程量,按施工合同的约定填报工程量清单和工程款支付申请表;
2) 专业监理工程师进行现场计量,按施工合同的约定审核工程量清单和工程款支付申请表,并报总监理工程师审定;
3) 总监理工程师签署支付证书,并报项目建设单位。
(3) 工程款竣工结算监理基本程序
1) 工程承包单位按施工合同规定填报竣工结算报表和编制结算报告;
2) 监理工程师进行审核,并提出审核意见;
3) 工程承包单位按审核意见提交修改后的竣工结算报表和编制结算报告;
4) 总监理工程师与项目建设单位、工程承包单位协商一致后,审定竣工结算报表和编制结算报告,签发竣工结算文件和最终的工程款支付证书,报项目建设单位;
5) 项目建设单位审核后向承包单位支付工程款。
(4) 工程造价控制的其他工作
1) 总监理工程师应从造价、项目功能、质量和工期等方面审查工程变更方案,并宜在工程变更实施前与项目建设单位、工程承包单位协商确定工程变更的价款;
2) 专业监理工程师应及时收集整理有关工程施工和监理的资料,为处理费用、索赔提供证据；

3) 对未经监理人员质量验收合格的工程量或不符合施工合同规定的工程量，监理人员应拒绝计量和该部分工程款的支付申请。

4. 工程进度控制

（1）总监理工程师审批承包单位报送的施工总计划进度；

（2）总监理工程师审批承包单位编制的年、季、月施工进度计划；

（3）监理工程师对月进度计划的实施情况进行检查分析；

（4）当实际进度符合进度计划时，工程承包单位编制下一期进度计划；当实际进度滞后于计划进度时，总监理工程师应书面通知工程承包单位采取纠偏措施并监督实施。

5. 安全管理

安全管理的主要工作：

（1）审核施工组织设计和施工方案、施工技术措施时，同时审查施工安全措施；

（2）检查承包单位的安全生产责任制度、安全生产管理制度和相应的组织保证；

（3）审核工程施工采用新技术、新工艺、新结构、新材料、新设备时，同时要审核有无安全技术操作规程；

（4）监理过程中发现安全隐患应及时指出、限期解决，对违章操作应立即制止；

（5）现场使用的机电设备，特别是起重设备，应保持良好的技术状态，严禁带病运转。

6. 竣工验收的监理

（1）依据国家和建设主管部门有关法律、法规、工程建设强制性标准、设计文件及施工合同，对工程承包单位报送的竣工资料进行审查，并对工程质量进行竣工预验收。工程质量验收报告应经总监理工程师和监理单位技术负责人审核签字；

（2）参加由建设项目业主组织的竣工验收，并提供相关工程监理资料。对验收中提出的整改问题，项目监理单位应要求工程承包单位进行及时整改。工程质量符合要求，由总监理工程师会同参加验收的各方签署竣工验收报告。

7. 工程质量保修期的监理

（1）依据委托监理合同约定的工程质量保修期的监理工作的时间、范围和内容开展工作；

（2）依据施工合同中质量保修的有关条款开展监理工作，一是监理人员对项目建设单位提出的工程质量缺陷进行检查和记录；二是对承包单位修复的工程质量进行验收，合格后予以签认；三是对工程质量缺陷原因进行调查分析，并确定责任归属；四是对非工程承包单位原因造成的工程质量缺陷，应该核实修复工程的费用和签署工程款支付证书，并报项目建设单位。

8. 施工合同管理的其他工作

（1）工程变更管理的监理；

（2）工程暂停和复工的监理；

（3）工程延期及工程延误的监理；

（4）合同争议的调解；

（5）费用索赔处理的监理；

(6) 合同的解除监理。

4.4.3 设备监理

1. 设备监理的含义和范围

(1) 设备监理的含义。设备监理是指依法设立的设备监理单位受项目建设单位委托，根据供货合同和设备监理合同的约定，按照有关法律、法规、技术标准，对重要设备的设计、制造、检验、储运、安装、调试等过程的质量、进度和投资等实施监督管理。

重要设备是指国家大中型基本建设项目，限额以上技术改造项目等所需的主要设备，国家重点信息系统的重要硬件及相配套的应用软件。

(2) 设备监理范围

1) 使用国家财政性资金的大中型基本建设项目和限额以上的技术改造项目；

2) 国家政策性银行或国有商业银行规定使用贷款需要实施监理的项目；

3) 涉及国内生产安全及国家法律、法规要求实施监理的特殊项目。

2. 设备监理活动的主要内容

(1) 项目建设单位应该依据国家有关法律、法规，通过招标择优选择设备监理单位，并与其签订委托监理合同。合同中应当明确监理的范围、内容和标准、合同双方的权利和义务，监理费的计取与支付，违约责任及其争议处理方式等。

(2) 项目建设单位在与设备监理单位签订监理合同后，书面通知设备制造企业等被监理单位，说明有关设备监理活动的范围和内容，监理单位的名称，主要监理人员等。被监理单位应当按与项目建设单位的合同约定及书面通知接受监理。

(3) 设备监理单位应当在实施监理前，编制设备监理计划，并经项目建设单位确认后实施。设备制造企业等被监理单位应当适时通知设备监理人员参加有关监理活动。

(4) 设备监理单位应当将设备形成过程的监理活动情况，按计划、分阶段或者定期向委托人提交监理报告，重大情况应及时报告。按合同完成监理工作后应向委托人提交监理报告和监理资料。

3. 设备监理单位

(1) 设备监理单位是指具有企业法人资格并取得"设备监理单位资格证书"的从事重要设备监理业务的组织。

(2) 按国家有关规定，设备监理单位的资质分为甲、乙两级，分别承担不同范围的监理业务。

1) 甲级设备监理单位，要求其技术负责人必须持有《注册设备监理师执业资格证书》，注册设备监理师不少于 30 名，且专业配套，具有与所承担的设备监理业务相适应的必要的设施和设备，有完善的设备监理质量管理体系，注册资本不少于 500 万元人民币，有固定的工作场所，有监理同类设备工程的相关业绩。甲级单位可监理《设备监理单位资格证书》中规定的工程专业中一、二类设备工程。

2) 乙级设备监理单位，要求其技术负责人必须持有《注册设备监理师执业资格证书》，注册设备监理师不少于 10 名，且专业配套，具有与所承担的设备监理业务相适应的必要的设施和设备，有完善的设备监理质量管理体系，注册资本不少于 300 万元人民币，有固定的工作场所，有监理同类设备工程的相关业绩。乙级单位可监理《设备监理单位资格证书》中规定的工程专业中二类设备工程，或一类设备工程中的专项设备工程。

4. 注册设备监理师

（1）注册设备监理师是指通过全国统一考试，取得《中华人民共和国注册设备监理师执业资格证书》，并经注册后从事设备工程监理业务的专业技术人员。

（2）注册设备监理师在受聘的设备监理单位中享有以下权利：

1）代表设备监理单位独立执行本专业设备工程监理任务，参与重要设备形成的各阶段管理；

2）对项目承包合同，技术方案、法规与标准、重要和关键的工艺规程、组装与测试规程等技术文件与资料进行审核并提出修改意见；

3）对选择的设备工程设计、采购、制造、储运、组装、测试、检验等过程提出合理化建议；

4）对项目执行中的费用拨付、追加、扣减提出建议，并对项目进度情况进行监督；

5）对设备形成重要过程、关键部件等质量控制进行见证、检验和审核；

6）在项目执行中，对违反承包合同或国家有关法律法规要求的行为提出劝告并向有关方面和部门报告。

（3）注册设备监理师的义务

1）在合同期内，公正、客观地履行职责，根据所在设备监理机构赋予的职责，承担相应的责任；

2）不得参与对设备监理项目有影响的经济技术活动；

3）为建设项目业主提供合同约定的监理服务，维护项目建设单位的合法权益；

4）只在一个设备监理单位执业；

5）严格保守各有关方的技术秘密和商业秘密。

复习思考题：

1. 熟悉工程监理的定义、内容和性质。
2. 简述工程监理单位与相关单位的关系。
3. 熟悉必须实施工程监理的建设项目有哪些。
4. 了解工程监理企业资质分类与业务范围。
5. 了解工程监理委托模式包括哪几种。
6. 了解建设项目施工阶段的监理工作。

第 5 章 建设项目勘察设计

本章节阐述了建设项目勘察设计的基本概念、工作内容、勘察设计资质划分和管理等内容。建设项目勘察设计工作是建设项目实施准备阶段的工作，是建设项目管理工作中重要环节，勘察设计工作质量直接影响着建设项目的质量、费用和周期。通过学习本章节内容，可以初步掌握勘察设计工作的基本概念、工作内容、勘察设计资质划分和管理等知识。

5.1 建设项目勘察设计概述

5.1.1 建设项目勘察设计的概念

1. 建设项目勘察的概念

建设项目勘察是指根据建设工程的要求，查明、分析、评价建设场地的地质地理环境特征和岩土工程条件，编制建设项目勘察文件的活动。建设项目勘察包括工程测量、水文地质勘察和岩土工程勘察，其主要工作是为查明拟建项目地点的地形地貌，地层地基的土性、岩性、地质构造、水文地质状况、各种自然地质现象和特殊地质条件而进行的以测量、测绘、测试、观察、地质调查、勘探、试验、分析、研究、鉴定和评价等为内容的各项工作。建设项目勘察的主要任务是按勘察阶段的要求，正确反映工程地质条件，提出岩土工程评价，为规划、设计、施工提供依据。

2. 建设项目设计的概念

建设项目设计是一门涉及科技、经济和方针政策等各个方面的综合性的应用技术科学。建设项目设计是指根据建设工程的要求，对建设项目所需的技术、经济、资源、环境等条件进行综合分析、论证，编制建设工程设计文件的活动。建设项目设计是对拟建工程在技术和经济上进行全面的安排，是建设规划的具体化，也是组织施工的依据，其主要工作是根据建设项目的总体需求和地质勘察报告，对建设工程的外形和内在的实体进行筹划、研究、构思、设计和描绘，形成设计说明书和设计施工图等相关文件，使得建设工程的质量目标和水平具体化。

5.1.2 勘察设计的依据与阶段划分

1. 勘察设计的依据

建设项目勘察设计管理不单是对勘察设计报告和成果的质量进行管理，而是要从社会发展和环境建设的需要出发，对勘察设计的整个过程进行全方位管理，包括它的工作程序、工作进度、费用及成果文件所包含的功能和使用价值，其中也涉及法律、法规、合同等应遵循的规定，因此，建设项目勘察设计依据应包括：

(1) 现行的工程建设及质量管理方面的法律、法规、城市规划,国家和有关部门规定的勘察、设计深度要求。

(2) 现行的有关工程建设的技术标准,如勘察和设计的工程建设强制性标准规范及规程、设计参数、定额、指标等。

(3) 建设项目批准文件,如建设项目可行性研究报告、建设项目评估报告及选址报告等。

(4) 表达建设项目建设意图的勘察、设计规划大纲、纲要和合同文件。

(5) 建设项目实施过程中所需要的有关技术、资源、经济、社会协作等方面的协议、数据和资料。

(6) 其他特殊要求。如环保、规划、节能等部门的要求,建设项目所在地区周围的机场、港口、码头、文物以及其他军事设施对建设项目的要求、限制或影响等方面的文件。

2. 勘察设计的阶段划分

(1) 建设项目勘察阶段的划分

建设项目勘察应结合建设项目的特点,一般与设计阶段划分相适应分为三个阶段,即:选址勘察、初步勘察和详细勘察。此外,对建设项目地质条件复杂或有特殊要求的重大建筑工程地基,尚应进行施工勘察,但施工勘察通常不作为一个固定阶段。

选址勘察(或称可行性研究勘察)主要是对拟选场址在地质上的稳定性和适宜性做出岩土工程评价,进行技术经济论证和方案比较,推荐一个经济、合理和稳定的场址。其目的是要通过搜集、分析已有资料,进行现场踏勘,必要时,进行地质测绘和少量勘探工作。

初步勘察是指在选址勘察的基础上,对场地内建筑地段的稳定性做出岩土工程评价,并为确定建筑总平面布置、主要建筑物地基基础方案及对不良地质现象的防治工作方案进行论证,满足初步设计或扩大初步设计的要求。初步勘察阶段提出初步勘察报告是初步设计或扩大初步设计和编制工程概算的依据。

详细勘察是对具体建筑物、构筑物地基基础处理与加固、不良地质现象的防治工程进行岩土工程计算与评价,满足施工图设计的要求,是具体工程地质问题的勘察。

施工勘察是根据特殊需要所进行的勘察工作,其目的是配合设计、施工单位解决与施工有关的工程地质问题,它不仅是在施工阶段对与施工有关的工程地质问题进行勘察、提出相应的工程地质资料以制定施工方案,还对工程竣工后做一些必要的勘察监测工作。

(2) 建设项目设计的阶段划分

在建设项目决策后,设计阶段划分是依据不同类型工程设计的工作特征、控制目标、工作进程和内容深度不同,划分相应的设计阶段,通常建设项目设计阶段是按照民用建筑和工业建筑工程设计分类划分。

1) 民用建筑工程设计,一般划分为方案设计(主要是指实施性方案设计,而概念性方案设计属于建设项目可行性研究)、初步设计、施工图设计三阶段。对于一些技术要求简单的民用建筑工程经有关主管部门同意且合同中约定不做初步设计时,设计工作可以按照方案设计、施工图设计两阶段进行。

2) 工业建筑工程设计,如交通、电力、水利、市政等建设项目设计,一般划分为初步设计、技术设计、施工图设计三阶段。对于一些技术简单且规模不大的建设项目,为简化设计步骤，缩短设计周期，设计工作可以将初步设计和技术设计合并为扩大初步设计，按照扩大初步设计（即扩初设计）、施工图设计两个阶段进行。此外，对于一些牵涉面广的大型矿区、水利水电枢纽、油田、林区、垦区和联合企业等建设项目，可以在初步设计阶段增加总体规划设计（即总体设计）步骤，但总体规划设计不形成单独的设计阶段。

针对民用建筑工程设计或工业建筑工程设计，划分两阶段设计和三阶段设计，是我国建设项目设计长期形成的基本工作模式，其目的在于通过不同阶段设计内容和深度的控制来保证设计质量。

不同设计阶段的主要设计工作概念有：

总体规划设计（即总体设计），是对一个大型联合企业、矿区、林区或一个小区内若干建设项目中的每个单项工程的设计而言的，是与这些单项设计相对应而存在的，它本身并不代表一个单独的设计阶段。

方案设计，根据设计条件和设计深度的不同可分为建设项目可行性研究阶段的概念性方案设计和建设项目可行性研究阶段后的实施性方案设计。其中概念性方案设计是建设项目可行性研究报告的组成部分，为研究确定建设项目功能布局、规模、标准、建筑艺术造型、交通、环境、总体规划、投资估算指标等技术方案和满足城市规划要求所必须的决策工作程序；实施性方案设计是依据建设项目可行性研究报告确定的技术方案框架范围，为确定和细化建设项目功能布局、规划、结构造型、材料设备、制作建筑造型、技术经济指标等主要功能特征和实施技术特征的设计程序。实施性方案设计应依据选址及环境评价报告、地形图、项目可行性研究报告、立项报告的批文、设计任务书或协议书等，编制拟建项目的建设方案图纸、设计说明及投资估算。在民用建筑工程设计中，方案设计也是作为初步设计或施工图设计的依据。

初步设计，是指编制拟建工程的方案图、说明书和总概算，实质上是一项带有规划性质的"轮廓"设计。它解决建设项目的技术可靠性和经济合理性问题，它应根据批准的建设项目可行性研究报告、设计任务书、地质勘察等可靠的设计基础资料，通过系统、深入地研究论证，决定和细化建设项目功能、规模、标准和实施技术方案的设计程序，包括总体规划、功能布局（生产工艺流程）、平面和竖向布置、建筑、结构、交通、绿化、消防、人防、抗震、给排水、电气、暖通、节能环保等专项主要设计及主要材料设备标准规格，以及工程设计概算与技术经济指标。在民用建筑工程设计中，初步设计作为施工图设计的依据。在工业建筑工程设计中，初步设计作为技术设计或施工图设计的依据。

技术设计，是根据批准的初步设计文件进行编制，对一些技术复杂或有特殊要求的项目，为进一步解决某些具体技术问题或某些技术方案而进行的设计，是协调编制建设项目的各有关工种施工图、说明书和修正总概算的依据，是初步设计的深化，使工程设计工作更具体、更完善，对初步设计所采用的工艺流程和建筑结构中的重大问题做出进一步的确定，或校正设备选型与数量。在工业建筑工程设计中，技术设计是作为施工图设计的依据。

施工图设计，是根据批准的初步设计文件（或技术设计文件）和主要设备订货情况绘制建筑安装工程和非标准设备需要的施工图，完整地表现建（构）筑物外型、内部空间的分割、结构体系、构造状况以及建筑群的组成和周围环境的配合。具有详细的构造与尺寸，它还包括各种运输、通信、管道系统、建筑设备的设计。在工艺方面，应具体确定各种设备的型号、规格及各种非标准设备的施工图。在施工图设计阶段应编制施工图预算，经审定后，作为预算包干、工程结算的依据。

5.2 建设项目勘察设计文件的内容和深度要求

5.2.1 建设项目勘察文件的内容与深度要求

建设项目勘察应按照有关建设项目工程质量的法律、法规、工程建设强制性标准和勘察合同进行勘察工作，勘察文件应当符合国家规定的勘察内容和深度要求，必须真实、准确。现行的《建筑工程勘察文件编制深度规定》对建设项目详细勘察阶段勘察文件的内容和深度要求做出了具体规定，其他阶段的勘察文件可参照执行。下面主要以建筑工程详细勘察阶段岩土工程勘察报告为例阐述勘察文件的内容和深度要求。

岩土工程勘察应正确反映场地工程地质条件、查明不良地质作用和地质灾害，并通过对原始资料的整理、检查和分析，提出资料完整、评价正确、建议合理的勘察报告。勘察报告应有明确的针对性。详勘阶段报告应满足施工图设计的要求。勘察报告一般由文字部分和图表构成。

1. 岩土工程勘察报告文字部分应包括下列内容：
（1）拟建工程概况；
（2）勘察目的、任务要求和依据的技术标准；
（3）勘察方法和勘察工作布置及其完成情况；
（4）场地地形、地貌和地质构造；
（5）场地各层岩土的类型、分布、工程特性，岩石的产状、结构和风化情况；
（6）埋藏的河道、浜沟、墓穴、防空洞、孤石等对工程不利的埋藏物；
（7）场地地下水埋藏情况，类型、水位及其变化；判定水和土对建筑材料的腐蚀性；
（8）岩土参数的统计、分析和选用；
（9）分析和评价场地和地基的稳定性；
（10）分析和评价采用天然地基的可行性，建议天然地基持力层，并提出承载力等参数；
（11）选用桩基础时，应提出适宜的桩型及桩端持力层建议，提供桩基设计所需的岩土参数，必要时估算单桩承载力；
（12）需进行地基变形计算时，应提供变形计算参数，必要时预测建筑物的变形特征；
（13）需进行地基处理时，应提出地基处理方案建议，并提供相应的岩土参数；
（14）存在特殊土的场地，应满足相关专门规范的要求，提供相关参数，分析、论证及评价工程建设适宜性，提出治理措施的建议；
（15）存在可能影响工程稳定的不良地质作用的场地，应对其进行描述、分析，评价对工程的危害及工程建设适宜性，提出防治建议；
（16）当场地抗震设防烈度等于或大于6度时，应对场地和地基的地震效应进行评价；
（17）边坡工程应提供边坡稳定计算参数，评价边坡稳定性，提出潜在的不稳定边坡的整治措施的建议；

(18) 基坑工程应提供边坡稳定分析及支护设计、施工所需岩土参数，提出支护措施、环境保护和监测工作的建议；

(19) 有季节性冻土的地区，提供场地土的标准冻结深度；

(20) 必要时，预测地基土和地下水在建筑施工和使用期间可能产生的变化及其对工程和环境的影响，提出防治方案的建议；

(21) 规范或任务要求的其他内容。

2. 勘察报告图表部分，应附建筑物与勘探点平面位置图、工程地质剖面图、原位测试成果图表、室内试验成果图表。

勘察报告可以根据需要附加图表，如工程地质分区图、地下水等水位线图、综合柱状图、勘探点主要数据一览表等图表。也可以根据需要附加附件，如区域稳定性调查与评价专题报告、专门性试验或专题报告、重要函电等。

除上述主要文字和图表外，勘察报告在叙述拟建工程概况时，还要写明工程名称、委托单位、勘察阶段、位置、层数（地上和地下）或高度，拟采用的结构类型、基础型式和埋置深度；当设计条件已经明确时，应写明地坪高程、荷载条件、拟采用的地基和基础方案及沉降缝设置情况、大面积地面荷载、沉降及差异沉降的限制、振动荷载及振幅的限制等。对拟建工程位置图或位置示意图要求：拟建工程位置应以醒目的图例表示，城市中的拟建工程应标出邻近街道和特征性的地物名称，不在城市中的拟建工程应标出邻近村镇、山岭、水系及其他重要地物的名称，规模较大或较重要的拟建工程宜标出经纬度或大地坐标。

在实际工作中，勘察报告文件的内容和深度应该遵循《建筑工程勘察文件编制深度规定》有关具体条款。《建筑工程勘察文件编制深度规定》的基本规定阐述了勘察文件应具备的基本内容，是所有勘察文件必须具备的内容即最低要求，必要时勘察单位可根据各地条件和任务需要适当增加勘察文件的深度。勘察文件的编制除应符合《建筑工程勘察文件编制深度规定》外，还应符合现行《岩土工程勘察规范》及其他有关规范、标准的规定，特别应当严格执行《工程建设标准强制性条文》的规定。

5.2.2 建设项目设计文件的内容与深度要求

建设项目设计文件的编制，必须符合国家有关法律、法规和现行工程建设标准规范的规定，必须严格执行工程建设强制性标准，并遵守设计工作程序。各阶段设计文件要求完整，内容和深度要符合规定，文字说明、图纸要准确清晰，整个文件经过严格校审，避免"错、漏、碰、缺"。现行的《建筑工程设计文件编制深度规定》规定了相应设计文件的内容及要求。

建设项目根据不同类型建筑工程设计各阶段的划分，其主要设计工作涉及总体规划设计、方案设计、初步设计、技术设计、施工图设计文件的编制内容和深度有不同的要求。

1. 总体规划设计（即总体设计）文件的内容和深度要求

总体规划设计应根据已批准的设计任务书、厂址选择报告在单项工程设计以前编制。

（1）总体规划设计文件的内容一般应包括文字说明、必要的设计图和工程投资估算等。

1) 文字说明内容包括：设计依据说明，工艺设计说明，总图设计说明，建筑设计构思造型及立面处理、建筑消防安全措施、建筑物技术经济指标及建筑设计特点等说明，电力、热力、给排水、动力资源需求，"三废"治理和环境保护方案，结构设计的依据条件、风荷载、地震基本烈度，工程地质报告、结构类型及体系的简要说明，建设总进度及各项工程进度配合要求，基地布置和地方材料来源。

2) 总体设计图纸内容包括：总平面图，厂区红线位置、建筑物位置、道路、绿化、厂区出入口、停车场布置、总平面设计技术经济指标，主要生产用房的建筑平面图、立面图、剖面图，其中图纸标注轴线尺寸、总尺寸、门窗、楼电梯、室内外标高、楼层标高等。

3) 工程投资估算内容包括编制说明和投资估算表等。

（2）总体设计文件编制深度要求是总体设计深度应能满足初步设计的展开，主要大型设备、材料的预安排，土地征用谈判的需要。

2. 方案设计文件的内容和深度要求

方案设计是依据建设项目的环境评价报告、用地红线图、可行性研究报告、立项报告和设计任务书编制。

（1）方案设计文件的内容包括：

1) 设计说明书，即各专业（如总图、建筑、结构、建筑电气、给水排水、采暖通风与空气调节、热能动力等）设计说明以及投资估算等内容。对于涉及建筑节能设计的专业，其设计说明应有建筑节能设计的专门内容；

2) 总平面图以及建筑设计图纸（若为城市区域供热或区域煤气调压站，应提供热能动力专业的设计图纸）；

3) 设计委托或设计合同中规定的透视图、鸟瞰图、模型等。

方案设计文件的编排顺序一般为：

封面：项目名称、编制单位、编制年月；

扉页：编制单位法定代表人、技术总负责人、项目总负责人的姓名，并经上述人员签署或授权盖章；

设计文件目录；

设计说明书；

设计图纸。

（2）方案设计文件的深度要求是方案设计文件应满足编制初步设计文件的需要，并适用于报批方案设计文件编制深度（对于投标方案设计文件的编制深度，应执行住房城乡建设部颁发的相关规定）。

3. 初步设计文件的内容和深度要求

初步设计的内容是根据选定的总体设计方案进行更具体、更深入地设计，并可据此编制工程建设项目的总概算。初步设计文件，应满足编制施工图设计文件的需要。

（1）初步设计文件的内容

初步设计文件根据设计任务书或批准的可行性研究报告进行编制。初步设计文件内容一般包括：

1) 设计说明书，包括设计总说明、各专业设计说明。对于涉及建筑节能设计的专业，其设计说明应有建筑节能设计的专项内容；

2) 有关专业的设计图纸;

3) 主要设备或材料表;

4) 工程概算书;

5) 有关专业计算书(计算书不属于必须交付的设计文件,但应按照相关规定的要求编制)。

初步设计文件的编排顺序一般为:

封面:项目名称、编制单位、编制年月;

扉页:编制单位法定代表人、技术总负责人、项目总负责人和各专业负责人的姓名,并经上述人员签署或授权盖章;

设计文件目录;

设计说明书;

设计图纸;

概算书。

(2) 初步设计文件的深度要求是初步设计文件应满足审批的要求,即:应符合已审定的设计方案,能据以确定土地征用范围,能据以准备主要设备材料表,应提供工程设计概算作为审批确定项目投资的依据,能据以进行施工图设计,能据以进行施工准备。

4. 技术设计文件的内容和深度要求

技术设计根据批准的初步设计进行,其具体内容要依据建设项目的具体情况、特点和要求按照建设项目相关行业规定的技术设计文件内容和深度要求确定(一般建设项目所属行业都有相应的要求)。技术设计阶段应在初步设计总概算的基础上编制出修正总概算。技术设计文件要上报主管部门审批,技术设计文件经批准后,是编制施工图设计文件的依据。技术设计主要内容和深度要求包括:

(1) 各项工艺方案逐项落实,所提供的工艺技术参数及设备的规格、型号、数量,满足关键生产工艺设备订货的要求;

(2) 对建筑安装和有关土建、公用工程提供必要的技术数据,据此可以编制施工组织总设计;

(3) 修正总概算,并提出符合建设总进度的分年所需资金的数额,据此作为投资造价的依据;

(4) 列举配套工程项目、内容、规模和要求配合建成的期限;

(5) 为使工程项目能顺利建成投产,做好各项组织准备和技术准备而提供必要的数据;

(6) 以能够指导施工图设计为原则。

5. 施工图设计文件的内容和深度要求

施工图设计文件的编制目的是指导建筑安装的施工,设备、构配件、材料的采购和非标准设备的加工制造,并明确工程项目的合理使用年限。施工图设计文件,应满足设备材料采购、非标准设备制作和施工的需要。对于将项目分别发包给几个设计单位或实施设计分包的情况,设计文件相互关联处的深度应满足各承包或分包单位设计的需要。

(1) 施工图设计文件的内容

施工图设计是在初步设计、技术设计或直接在方案设计的基础上进行详细具体的设计，并根据要求编制施工图预算。

施工图设计文件的内容主要包括：

1) 合同要求所涉及的所有专业的设计图纸（含图纸目录、说明和必要的设备、材料表）以及图纸总封面，对于涉及建筑节能设计的专业，其设计说明应有建筑节能设计的专项内容；

2) 合同要求的工程预算书（对于方案设计后直接进入施工图设计的项目，若合同未要求编制工程预算书，施工图设计文件应包括工程概算书）；

3) 各专业计算书。虽然计算书不属于必须交付的设计文件，但一般要求归档保存。

施工图设计文件总封面标识的内容一般包括项目名称、设计单位名称、项目的设计编号、设计阶段、编制单位法定代表人、技术总负责人和项目总负责人的姓名及其签字或授权盖章、设计日期（即设计文件交付日期）等。

(2) 施工图设计文件的深度要求是施工图设计文件应满足能据以编制施工图预算，能据以安排材料、设备订货和非标准设备的制作，能据以进行施工和安装，能据以进行工程验收。

5.3 建设项目勘察设计资质管理

勘察设计单位是指依照国家规定经批准成立，持有国家建设行政主管部门颁发的勘察、设计资格证书，从事建设项目勘察设计活动的单位。国家对从事建设项目勘察设计活动的单位，实行资质管理制度，对从事建设项目勘察设计活动的专业技术人员，实行执业资格注册管理制度。建设项目勘察设计资质分为工程勘察资质和工程设计资质两大类。

5.3.1 工程勘察资质分类和分级

1. 资质等级的设立

工程勘察资质范围包括建设项目的岩土工程、水文地质勘察、工程测量等专业，其中岩土工程的内容包括：岩土工程勘察（工程地质勘察）、岩土工程设计、岩土工程物探测试检测监测、岩土工程咨询、岩土工程治理。工程勘察资质分为工程勘察综合资质、工程勘察专业资质、工程勘察劳务资质三个类别。

工程勘察综合资质指包括全部工程勘察专业资质的工程勘察资质。工程勘察专业资质包括岩土工程专业资质、水文地质勘察专业资质和工程测量专业资质；其中，岩土工程专业资质包括岩土工程勘察、岩土工程设计、岩土工程物探测试检测监测和岩土工程咨询等岩土工程（分项）专业资质。工程勘察劳务资质包括工程钻探、凿井和岩土工程治理。

工程勘察综合资质只设甲级。工程勘察专业资质设甲、乙两个级别。根据工程性质和实际需要，岩土工程咨询专业资质只设甲级，岩土工程勘察、水文地质勘察、工程测量专业资质设丙级。工程勘察劳务资质不分等级。

2. 资质标准

工程勘察资质标准是核定工程勘察单位工程勘察资质等级的依据。

(1) 工程勘察综合资质的标准为：

1) 资历和信誉。具有独立企业法人资格；有良好的社会信誉，注册资本不少于1500

万元人民币；具有岩土工程专业甲级资质和水文地质勘察、工程测量两个专业甲级资质中任意一项；企业近5年内独立完成过的工程勘察项目应满足岩土工程勘察甲级项目不少于5项、岩土工程设计甲级项目不少于2项、岩土工程物探测试检测监测甲级项目不少于2项、水文地质勘察甲级项目不少于5项（或工程测量甲级项目不少于5项）且质量合格。

2）技术条件。专业配备齐全、合理。主要专业技术人员数量不少于工程勘察行业主要专业技术人员配备规定的人数；企业主要技术负责人或总工程师应当具有大学本科以上学历、10年以上工程勘察经历，作为项目负责人主持过本专业工程勘察甲级项目不少于2项，具备注册土木工程师（岩土）执业资格或本专业高级专业技术职称；主导专业非注册人员作为专业技术负责人主持过相应类型的工程勘察甲级项目不少于2项；获得过不少于2项全国优秀工程勘察奖、国家科技进步奖或4项省部级（行业）优秀工程勘察奖、科技进步奖；主编过1项或参编过2项以上国家、行业、地方工程建设（或工程勘察）技术规程、规范，或者主编过2项或参编过3项国家、行业、地方工程建设（或工程勘察）定额、手册等。

3）技术装备及管理水平。企业拥有完善的技术装备，满足工程勘察主要技术装备配备规定的要求；企业具有数字化成图的能力；有满足工作需要的固定工作场所及室内试验场所，主要固定场所建筑面积不少于3000平方米；有完善的质量、安全管理体系和技术、经营、设备物资、人事、财务、档案等管理制度。

(2) 工程勘察专业资质的分级标准为：

甲级：

1）资历和信誉。具有独立企业法人资格；有良好的社会信誉，注册资本不少于300万元人民币；企业近5年内独立完成过的工程勘察项目应满足的要求是：对于岩土工程专业资质的，岩土工程勘察甲级项目不少于3项或乙级项目不少于5项、岩土工程设计甲级项目不少于2项或乙级项目不少于4项、岩土工程物探测试检测监测甲级项目不少于2项或乙级项目不少于4项且质量合格；对于岩土工程（分项）资质、水文地质勘察资质、工程测量专业资质的，完成过所申请工程勘察专业类型甲级项目不少于3项或乙级项目不少于5项且质量合格。

2）技术条件。专业配备齐全、合理。主要专业技术人员数量不少于工程勘察行业主要专业技术人员配备规定的人数；企业主要技术负责人或总工程师应当具有大学本科以上学历、10年以上工程勘察经历，作为项目负责人主持过本专业工程勘察甲级项目不少于2项，具备注册土木工程师（岩土）执业资格或本专业高级专业技术职称；主导专业非注册人员作为专业技术负责人主持过所申请工程勘察类型乙级以上项目不少于2项；其中，每个主导专业至少有1名专业技术人员作为专业技术负责人主持过所申请工程勘察类型甲级项目不少于2项。

3）技术装备及管理水平。企业拥有完善的技术装备，满足工程勘察主要技术装备配备规定的要求；企业具有数字化成图的能力；有满足工作需要的固定工作场所及室内试验场所；有完善的质量、安全管理体系和技术、经营、设备物资、人事、财务、档案等管理制度。

乙级：

1）资历和信誉。具有独立企业法人资格；有良好的社会信誉，注册资本不少于150

万元人民币。

2）技术条件。专业配备齐全、合理。主要专业技术人员数量不少于工程勘察行业主要专业技术人员配备规定的人数；企业主要技术负责人或总工程师应当具有大学本科以上学历、10年以上工程勘察经历，作为项目负责人主持过本专业工程勘察乙级项目不少于2项或甲级项目不少于1项，具备注册土木工程师（岩土）执业资格或本专业高级专业技术职称；主导专业非注册人员作为专业技术负责人主持过所申请工程勘察类型乙级以上项目不少于2项，或甲级项目不少于1项。

3）技术装备及管理水平。有与工程勘察项目相应的能满足要求的技术装备，满足工程勘察主要技术装备配备规定的要求；有满足工作需要的固定工作场所；企业的质量、安全管理体系和技术、经营、设备物资、人事、财务、档案等管理制度健全。

丙级：

1）资历和信誉。具有独立企业法人资格；有良好的社会信誉，注册资本不少于80万元人民币。

2）技术条件。专业配备齐全、合理。主要专业技术人员数量不少于所申请工程勘察专业丙级资质标准中工程勘察行业主要专业技术人员配备规定的人数；企业主要技术负责人或总工程师应当具有大专以上学历、10年以上工程勘察经历，作为项目负责人主持过本专业工程勘察乙级项目不少于2项，具备注册土木工程师（岩土）执业资格或中级以上专业技术职称；主导专业非注册人员作为专业技术负责人主持过所申请工程勘察类型的项目不少于2项。

3）技术装备及管理水平。有与工程勘察项目相应的能满足要求的技术装备，满足工程勘察主要技术装备配备规定的要求。有满足工作需要的固定工作场所；有较完善的质量、安全管理体系和技术、经营、设备物资、人事、财务、档案等管理制度。

（3）工程勘察劳务资质的标准为：

工程钻探：

1）资历和信誉。符合企业工商登记注册条件；社会信誉良好，企业注册资本不少于50万元人民币。

2）技术条件。企业经理具有5年以上从事工程管理工作经历，并具有中级以上技术或技师职称；企业具有经考核或培训合格的钻工、描述员、测量员、安全员等技术工人，工种齐全且不少于12人。

3）技术装备及管理水平。企业具有与作业分包范围相适应的机具，钻机不少于5台（标准贯入、动力触探设备相应配套）；有固定工作场所；企业的质量、安全管理体系和技术、经营、设备物资、人事、财务、档案等管理制度健全。

凿井：

1）资历和信誉。符合企业工商登记注册条件；社会信誉良好，企业注册资本不少于50万元人民币。

2）技术条件。企业经理具有5年以上从事工程管理工作经历，并具有中级技术职称或高级技师以上职称；企业具有经考核或培训合格的钻工、电焊工、电工、安全员等技术工人，工种齐全且不少于13人。

3）技术装备及管理水平。企业具有与作业分包范围相适应的机具，钻机不少于5台、抽水试验设备不少于 2 套（空压机、深井泵等）；有固定工作场所；企业的质量、安全管理体系和技术、经营、设备物资、人事、财务、档案等管理制度健全。

岩土工程治理：

1）资历和信誉。符合企业工商登记注册条件；社会信誉良好，企业注册资本不少于 100 万元人民币。

2）技术条件。企业经理具有 5 年以上从事工程管理工作经历，并具有中级技术职称或高级技师以上职称；企业具有经考核或培训合格的钻工、电焊工、电工、测量员、安全员、质检员等技术工人，工种齐全且不少于 25 人。

3）技术装备及管理水平。企业具有与作业分包范围相适应的机具不少于 10 台（套）；有固定工作场所；企业的质量、安全管理体系和技术、经营、设备物资、人事、财务、档案等管理制度健全。

3. 承担业务范围

（1）工程勘察综合甲级资质承担各类建设工程项目甲、乙级规模的岩土工程、水文地质勘察、工程测量业务（海洋工程勘察除外）。

（2）工程勘察专业资质甲级承担资质证书许可范围内各类建设工程项目的工程勘察业务，其规模不受限制；乙级承担资质证书许可范围内各类建设工程项目乙级及以下规模的工程勘察业务；丙级承担资质证书许可范围内各类建设工程项目丙级规模的工程勘察业务。

（3）工程勘察劳务资质承担资质证书许可范围内的工程钻探、凿井、岩土工程治理等工程勘察劳务业务。

5.3.2 工程设计资质分类和分级

1. 资质等级的设立

工程设计资质标准包括煤炭、电力、冶金、海洋、建筑等 21 个行业的相应工程设计类型、主要专业技术人员配备及规模划分等内容。国家颁布的现行《工程设计资质标准》规定了工程设计行业划分、各行业工程设计主要专业技术人员配备、各行业建设项目设计规模划分等内容。工程设计资质分为工程设计综合资质、工程设计行业资质、工程设计专业资质、工程设计专项资质四个类别。

工程设计综合资质是指涵盖 21 个行业的设计资质；工程设计行业资质是指涵盖某个行业资质标准中的全部设计类型的设计资质；工程设计专业资质是指某个行业资质标准中的某一个专业的设计资质；工程设计专项资质是指为适应和满足行业发展的需求，对已形成产业的专项技术独立进行设计以及对设计、施工一体化而设立的资质。

工程设计综合资质只设甲级。工程设计行业资质、工程设计专业、工程设计专项资质设甲、乙两个级别；根据行业需要，建筑、市政公用、水利、电力（限送变电）、农林和公路行业设立工程设计丙级资质，建筑工程设计专业资质设丁级。建筑行业根据需要设立建筑工程设计事务所资质。工程设计专项资质根据需要设置等级。

工程设计范围包括本行业建设工程项目的主体工程和配套工程（含厂/矿区内的自备电站、道路、专用铁路、通信、各种管网管线和配套的建筑物等全部配套工程）以及与主体工程、配套工程相关的工艺、土木、建筑、环境保护、水土保持、消防、安全、卫生、节能、防雷、抗震、照明工程等。

建筑工程设计范围包括建设用地规划许可证范围内的建筑物构筑物设计、室外工程设计、民用建筑修建的地下工程设计及住宅小区、工厂厂前区、工厂生活区、小区规划设计及单体设计等，以及所包含的相关专业的设计内容（总平面布置、竖向设计、各类管网管线设计、景观设计、室内外环境设计及建筑装饰、道路、消防、智能、安保、通信、防雷、人防、供配电、照明、废水治理、空调设施、抗震加固等）。

2. 资质标准

工程设计资质标准是核定工程设计单位工程设计资质等级的依据

（1）工程设计综合资质的标准为：

1）资历和信誉。具有独立企业法人资格；注册资本不少于6000万元人民币；近3年年平均工程勘察设计营业收入不少于10000万元人民币，且近5年内2次工程勘察设计营业收入在全国勘察设计企业排名列前50名以内；或近5年内2次企业营业税金及附加在全国勘察设计企业排名列前50名以内；具有2个工程设计行业甲级资质，且近10年内独立承担大型建设项目工程设计每行业不少于3项并已建成投产；或同时具有某1个工程设计行业甲级资质和其他3个不同行业甲级工程设计的专业资质，且近10年内独立承担大型建设项目工程设计不少于4项。其中，工程设计行业甲级相应业绩不少于1项，工程设计专业甲级相应业绩各不少于1项并已建成投产。

2）技术条件。技术力量雄厚，专业配备合理；企业具有初级以上专业技术职称且从事工程勘察设计的人员不少于500人，其中具备注册执业资格或高级专业技术职称的不少于200人，且注册专业不少于5个，5个专业的注册人员总数不低于40人；企业从事工程项目管理且具备建造师或监理工程师注册执业资格的人员不少于10人；企业主要技术负责人或总工程师应当具有大学本科以上学历、15年以上设计经历，主持过大型项目工程设计不少于2项，具备注册执业资格或高级专业技术职称；拥有与工程设计有关的专利、专有技术、工艺包（软件包）不少于3项；近10年获得过全国优秀工程设计奖、全国优秀工程勘察奖、国家级科技进步奖的奖项不少于5项，或省部级（行业）优秀工程设计一等奖（金奖）、省部级（行业）科技进步一等奖的奖项不少于5项；近10年主编2项或参编过5项以上国家、行业工程建设标准、规范。

3）技术装备及管理水平。有完善的技术装备及固定工作场所，且主要固定工作场所建筑面积不少于10000平方米；有完善的企业技术、质量、安全和档案管理，通过ISO 9000标准质量体系认证；具有与承担建设项目工程总承包或工程项目管理相适应的组织机构或管理体系。

（2）工程设计行业资质的分级标准：

甲级：

1）资历和信誉。具有独立企业法人资格；社会信誉良好，注册资本不少于600万元人民币；企业完成过的工程设计项目应满足所申请行业主要专业技术人员配备中对工程设计类型业绩考核的要求，且要求考核业绩的每个设计类型的大型项目工程设计不少于1项或中型项目工程设计不少于2项，并已建成投产。

2）技术条件。专业配备齐全、合理，主要专业技术人员数量不少于所申请行业资质标准中主要专业技术人员配备规定的人数；企业主要技术负责人或总工程师应当具有大学本科以上学历、10年以上设计经历，主持过所申请行业大型项目工程设计不少于2项，具备注册执业资格或高级专业技术职称；在主要专业技术人员配备规定的人员中，主导专业的非注册人员应当作为专业技术负责人主持过所申请行业中型以上的项目不少于3项，其中大型项目不少于1项。

3）技术装备及管理水平。有必要的技术装备及固定的工作场所；企业管理组织结构、标准体系、质量体系、档案管理体系健全。

具有施工总承包特级资质的企业，可以取得相应行业的设计甲级资质。

乙级：

1）资历和信誉。具有独立企业法人资格；社会信誉良好，注册资本不少于300万元人民币。

2）技术条件。专业配备齐全、合理，主要专业技术人员数量不少于所申请行业资质标准中主要专业技术人员配备规定的人数；企业的主要技术负责人或总工程师应当具有大学本科以上学历、10年以上设计经历，主持过所申请行业大型项目工程设计不少于1项，或中型项目工程设计不少于3项，具备注册执业资格或高级专业技术职称；在主要专业技术人员配备规定的人员中，主导专业的非注册人员应当作为专业技术负责人主持过所申请行业中型项目不少于2项，或大型项目不少于1项。

3）技术装备及管理水平。有必要的技术装备及固定的工作场所；有完善的质量体系和技术、经营、人事、财务、档案管理制度。

丙级：

1）资历和信誉。具有独立企业法人资格；社会信誉良好，注册资本不少于100万元人民币。

2）技术条件。专业配备齐全、合理，主要专业技术人员数量不少于所申请行业资质标准中主要专业技术人员配备规定的人数；企业的主要技术负责人或总工程师应当具有大专以上学历、10年以上设计经历，且主持过所申请行业项目工程设计不少于2项，具有中级以上专业技术职称；在主要专业技术人员配备规定的人员中，主导专业的非注册人员应当作为专业技术负责人主持过所申请行业项目工程设计不少于2项。

3）技术装备及管理水平。有必要的技术装备及固定的工作场所；有较完善的质量体系和技术、经营、人事、财务、档案管理制度。

(3) 工程设计专业资质的分级标准：

甲级：

1）资历和信誉。具有独立企业法人资格；社会信誉良好，注册资本不少于300万元人民币；企业完成过所申请行业相应专业设计类型大型项目工程设计不少于1项，或中型项目工程设计不少于2项，并已建成投产。

2）技术条件。专业配备齐全、合理，主要专业技术人员数量不少于所申请专业资质标准中主要专业技术人员配备规定的人数；企业主要技术负责人或总工程师应当具有大学本科以上学历、10年以上设计经历，且主持过所申请行业相应专业设计类型的大型项目工程设计不少于2项，具备注册执业资格或高级专业技术职称；在主要专业技术人员配备规定的人员中，主导专业的非注册人员应当作为专业技术负责人主持过所申请行业相应专业设计类型的中型以上项目工程设计不少于3项，其中大型项目不少于

1项。

3）技术装备及管理水平。有必要的技术装备及固定的工程场所；企业管理组织结构、标准体系、质量、档案体系健全。

乙级：

1）资历和信誉。具有独立企业法人资格；社会信誉良好，注册资本不少于100万元人民币。

2）技术条件。专业配备齐全、合理，主要专业技术人员数量不少于所申请专业资质标准中主要专业技术人员配备规定的人数；企业的主要技术负责人或总工程师应当具有大学本科以上学历、10年以上设计经历，且主持过所申请行业相应专业设计类型的中型项目工程设计不少于3项，或大型项目工程设计不少于1项，具备注册执业资格或高级专业技术职称；在主要专业技术人员配备规定的人员中，主导专业的非注册人员应当作为专业技术负责人主持过所申请行业相应专业设计类型的中型项目工程设计不少于2项，或大型项目工程设计不少于1项。

3）技术装备及管理水平。有必要的技术装备及固定的工作场所；有较完善的质量体系和技术、经营、人事、财务、档案等管理制度。

丙级：

1）资历和信誉。具有独立企业法人资格；社会信誉良好，注册资本不少于50万元人民币。

2）技术条件。专业配备齐全、合理，主要专业技术人员数量不少于所申请专业资质标准中主要专业技术人员配备规定的人数；企业的主要技术负责人或总工程师应当具有大专以上学历、10年以上设计经历，且主持过所申请行业相应专业设计类型的工程设计不少于2项，具有中级及以上专业技术职称；在主要专业技术人员配备规定的人员中，主导专业的非注册人员应当作为专业技术负责人主持过所申请行业相应专业设计类型的项目工程设计不少于2项。

3）技术装备及管理水平。有必要的技术装备及固定的工作场所；有较完善的质量体系和技术、经营、人事、财务、档案等管理制度。

丁级（限建筑工程设计）：

1）资历和信誉。具有独立企业法人资格；社会信誉良好，注册资本不少于5万元人民币。

2）技术条件。企业专业技术人员总数不少于5人。其中，二级以上注册建筑师或注册结构工程师不少于1人；具有建筑工程类专业学历、2年以上设计经历的专业技术人员不少于2人；具有3年以上设计经历，参与过至少2项工程设计的专业技术人员不少于2人。

3）技术装备及管理水平。有必要的技术装备及固定的工作场所；有较完善的技术、财务、档案等管理制度。

（4）工程设计专项资质的标准：

1）资历和信誉。具有独立企业法人资格；社会信誉良好，注册资本符合相应工程设计专项资质标准的规定。

2）技术条件。专业配备齐全、合理，企业的主要技术负责人或总工程师、主要专业技术人员配备符合相应工程设计专项资质标准的规定。

3) 技术装备及管理水平。有必要的技术装备及固定的工作场所；企业管理的组织结构、标准体系、质量体系、档案管理体系运行有效。

3. 承担业务范围

承担资质证书许可范围内的工程设计业务，承担与资质证书许可范围相应的建设工程总承包、工程项目管理和相关的技术、咨询与管理服务业务。承担业务的地区不受限制。

（1）工程设计综合甲级资质承担各行业建设工程项目的设计业务，其规模不受限制；但在承接工程项目设计时，须满足相应的设计类型对人员配置的要求。承担其取得的施工总承包（施工专业承包）一级资质证书许可范围内的工程施工总承包（施工专业承包）业务。

（2）工程设计行业资质甲级承担本行业建设工程项目主体工程及其配套工程的设计业务，其规模不受限制；乙级承担本行业中、小型建设工程项目的主体工程及其配套工程的设计业务；丙级承担本行业小型建设项目的工程设计业务。

（3）工程设计专业资质甲级承担本专业建设工程项目主体工程及其配套工程的设计业务，其规模不受限制；乙级承担本专业中、小型建设工程项目的主体工程及其配套工程的设计业务；丙级承担本专业小型建设项目的设计业务；丁级（限建筑工程设计）可承担一般公共建筑工程单体建筑面积 2000 平方米及以下、建筑高度 12 米及以下，一般住宅工程单体建筑面积 2000 平方米及以下、建筑层数 4 层及以下的砖混结构，厂房和仓库跨度不超过 12 米且单梁式吊车吨位不超过 5 吨的单层厂房和仓库、跨度不超过 7.5 米且楼盖无动荷载的二层厂房和仓库，构筑物套用标准通用图高度不超过 20 米的烟囱、容量小于 50 立方米的水塔、容量小于 300 立方米的水池，直径小于 6 米的料仓。

（4）工程设计专项资质承担规定的专项工程的设计业务，如国家颁布的建筑智能化系统设计、消防设施工程设计、建筑装饰工程设计、建筑幕墙工程设计、环境工程设计、照明工程设计、轻型钢结构工程设计、风景园林工程设计等专项资质标准。

5.3.3 工程勘察设计资质的管理

为了加强对建设项目勘察设计活动的监督管理，保证建设项目工程勘察设计质量，国务院建设主管部门负责全国建设工程勘察设计资质的统一监督管理。国务院铁路、交通、水利、信息产业、民航等有关部门配合国务院建设主管部门实施相应行业的建设工程勘察工程设计资质管理工作。

1. 资质申请和审批

申请工程勘察甲级资质、工程设计甲级资质，以及涉及铁路、交通、水利、信息产业、民航等方面的工程设计乙级资质的，应当向企业工商注册所在地的省、自治区、直辖市人民政府建设主管部门提出申请。其中，国务院国资委管理的企业应当向国务院建设主管部门提出申请；国务院国资委管理的企业下属一层级的企业申请资质，应当由国务院国资委管理的企业向国务院建设主管部门提出申请。

省、自治区、直辖市人民政府建设主管部门应当自受理申请之日起 20 日内初审完毕，并将初审意见和申请材料报国务院建设主管部门。

国务院建设主管部门应当自省、自治区、直辖市人民政府建设主管部门受理申请材料之日起60日内完成审查，公示审查意见，公示时间为10日。其中，涉及铁路、交通、水利、信息产业、民航等方面的工程设计资质，由国务院建设主管部门送国务院有关部门审核，国务院有关部门在20日内审核完毕，并将审核意见送国务院建设主管部门。

工程勘察乙级及以下资质、劳务资质、工程设计乙级（涉及铁路、交通、水利、信息产业、民航等方面的工程设计乙级资质除外）及以下资质许可由省、自治区、直辖市人民政府建设主管部门实施。具体实施程序由省、自治区、直辖市人民政府建设主管部门依法确定。

省、自治区、直辖市人民政府建设主管部门应当自作出决定之日起30日内，将准予资质许可的决定报国务院建设主管部门备案。资质证书有效期为5年。

2. 资质监督与管理

国务院建设主管部门对全国的建设工程勘察设计资质实施统一的监督管理。国务院铁路、交通、水利、信息产业、民航等有关部门配合国务院建设主管部门对相应的行业资质进行监督管理。

县级以上地方人民政府建设主管部门负责对本行政区域内的建设工程勘察设计资质实施监督管理。县级以上人民政府交通、水利、信息产业等有关部门配合同级建设主管部门对相应的行业资质进行监督管理。

上级建设主管部门应当加强对下级建设主管部门资质管理工作的监督检查，及时纠正资质管理中的违法行为。

建设主管部门、有关部门履行监督检查职责时，有权采取下列措施：

（1）要求被检查单位提供工程勘察设计资质证书、注册执业人员的注册执业证书，有关工程勘察设计业务的文档，有关质量管理、安全生产管理、档案管理、财务管理等企业内部管理制度的文件；

（2）进入被检查单位进行检查，查阅相关资料；

（3）纠正违反有关法律、法规、规定及有关规范和标准的行为。

建设主管部门、有关部门依法对企业从事行政许可事项的活动进行监督检查时，应当将监督检查情况和处理结果予以记录，由监督检查人员签字后归档。

建设主管部门、有关部门在实施监督检查时，应当有两名以上监督检查人员参加，并出示执法证件，不得妨碍企业正常的生产经营活动，不得索取或者收受企业的财物，不得谋取其他利益。

有关单位和个人对依法进行的监督检查应当协助与配合，不得拒绝或者阻挠。

监督检查机关应当将监督检查的处理结果向社会公布。

企业违法从事工程勘察工程设计活动的，其违法行为发生地的建设主管部门应当依法将企业的违法事实、处理结果或处理建议告知该企业的资质许可机关。

企业取得工程勘察设计资质后，不再符合相应资质条件的，建设主管部门、有关部门根据利害关系人的请求或者依据职权，可以责令其限期改正；逾期不改的，资质许可机关可以撤回其资质。

复习思考题：
1. 简述建设项目勘察、设计的概念。
2. 简述建设项目勘察、设计的阶段划分。
3. 岩土工程勘察报告一般由几部分组成？
4. 施工图设计文件的内容包括哪些？
5. 工程勘察资质范围包括哪些专业？
6. 工程设计资质分为哪些类别？

第6章　建设项目招标投标

本章节阐述了建设项目招标投标的基本概念、规定和程序，简述了建设项目监理、勘察设计、施工招标投标的内容和方法。建设项目招标投标工作虽然不是建设项目周期中的独立阶段，但是建设项目管理的重要工作之一，招标投标工作涉及建设项目管理的全过程，也是建设项目实施准备阶段前的主要工作。通过学习本章节内容，可以了解和掌握建设项目招标投标的工作内容、程序和方法等知识。

6.1　建设项目招标投标概述

6.1.1　建设项目招标投标的概念

招标投标是市场经济条件下进行建设项目的发包与承包、大宗货物的买卖以及服务项目的采购与提供时，所采用的一种交易方式。其具体过程是由买方即招标人设定包括功能、质量、期限、价格等为主要标的，约请若干卖方即投标人通过投标竞争，买方从中选择竞争优胜者与其达成交易协议，最终按合同实现设定的标的。

目前建设项目多数以招标投标的方式选择实施单位。所谓招标就是指招标人用招标文件的方式将委托工作的内容和要求告之有兴趣参与竞争的投标人，让他们按规定条件提出实施计划和价格，然后通过评审比较，选出报价合理、技术能力强、管理水平高、信誉好的单位（如建设项目监理、勘察、设计、施工等单位），以合同形式委托其完成。所谓投标就是各投标人依据自己的能力和管理水平，按照招标文件规定的统一要求投标，争取获得实施资格。所谓中标就是获得实施资格者即为中标人，中标人与招标人签订明确双方权利义务的合同。

招标投标活动是一种有序的交易行为，它必须遵循一定的规则，这种规则就是招标投标相关的法律法规政策。《中华人民共和国招标投标法》（以下简称《招标投标法》）对招标与投标的过程规定了严密规范的法律程序，主要内容包括招标投标程序、招标人和投标人应遵循的基本规则、任何违反法律法规应承担的相应法律后果等。

招标投标应当遵循公开、公平、公正和诚实信用的原则。公开原则是指招标项目的要求、投标人资格条件、评标方法和标准、招标程序和时间安排等信息应当按规定公开透明；公平原则是指每个潜在投标人都享有参与平等竞争的机会和权利，不得设置任何条件歧视排斥或偏袒保护潜在投标人；公正原则是指招标人与投标人应当公正交易，且招标人对每个投标人应当公正评价；诚实信用原则是指招标投标活动主体应当遵纪守法、诚实善意，恪守信用，严禁弄虚作假、言而无信。

6.1.2 建设项目招标范围及有关规定

1. 招标范围和规模标准

根据《招标投标法》及相关法规政策规定，在我国境内进行下列工程建设项目，包括建设项目的勘察、设计、施工、监理以及与工程建设有关的重要设备、材料等的采购，必须进行招标。

（1）大型基础设施、公用事业等关系社会公共利益、公众安全的项目；

（2）全部或者部分使用国有资金投资或者国家融资的项目；

（3）使用国际组织或者外国政府贷款、援助资金的项目。

根据《招标投标法》相关规定，国家发改委又颁布了《工程建设项目招标范围和规模标准》，详细规定了必须招标的具体范围：

（1）关系社会公共利益、公众安全的基础设施项目。包括：煤炭、石油、天然气、电力、新能源等能源项目；铁路、公路、管道、水运、航空以及其他交通运输业等交通运输项目；邮政、电信枢纽、通信、信息网络等邮电通信项目；防洪、灌溉、排涝、引（供）水、滩涂治理、水土保持、水利枢纽等水利项目；道路、桥梁、地铁和轻轨交通、污水排放及处理、垃圾处理、地下管道场等城市设施项目；生态环境保护项目；以及其他基础设施项目。

（2）关系社会公共利益、公众安全的公用事业项目。包括：供水、供电、供气、供热等市政工程项目；科技、教育、文化等项目；体育、旅游等项目；卫生、社会福利等项目；商品住宅，包括经济适用住房；以及其他公用事业项目。

（3）使用国有资金投资项目。包括：使用各级财政预算资金的项目；使用纳税人财政管理的各种政府性专项建设基金的项目；使用国有企业、事业单位自有资金，并且国有资产投资者实际拥有控制权的项目。

（4）国家融资项目。包括：使用国家发行债券所筹资金的项目；使用国家对外借款或者担保所筹资金的项目；使用国家政策性贷款的项目；国家授权投资主体融资的项目；国家特许的融资项目。

（5）使用国际组织或者外国政府资金的项目。包括：使用世界银行、亚洲开发银行等国际组织贷款资金的项目；使用外国政府及其机构贷款资金的项目；使用国际组织或者外国政府援助资金的项目。

上述规定范围内的各类工程建设项目，包括项目的勘察、设计、施工、监理等采购，达到下列标准之一的，也必须进行招标：

（1）施工单项合同估算价在 200 万元人民币以上的；

（2）重要设备、材料等货物的采购，单项合同估算价在 100 万元人民币以上的；

（3）勘察、设计、监理等服务的采购，单项合同估算价在 50 万元人民币以上的；

（4）单项合同估算价低于以上三项规定的标准，但项目总投资额在 3000 万元人民币以上的，也必须进行招标。

2. 可以不进行招标的情况，即属于下列情况之一的，建设项目可以不进行招标：

（1）涉及国家安全或者有特殊保密要求的；

（2）建设项目的勘察、设计，采用特定专利或者专有技术的，或者其建筑艺术造型有特殊要求的；

(3) 承包商、供应商或者服务提供者少于三家，不能形成有效竞争的；

(4) 法律规定的其他原因不适宜招标的。

3. 可行性研究报告中应明确的相关招标内容

对于不进行招标的建设项目，在报送可行性研究报告中须提出不招标申请，并说明不招标原因。依法必须进行招标的工程建设项目中，按照工程建设项目审批管理规定，凡应报送项目审批部门审批的，必须在报送的项目可行性研究报告中增加有关招标的内容。在项目可行性研究报告中增加的招标内容包括：

(1) 建设项目的勘察、设计、施工、监理以及重要设备、材料等采购活动的具体招标范围（全部或者部分招标）；

(2) 建设项目的勘察、设计、施工、监理以及重要设备、材料等采购活动拟采用的招标组织形式（委托招标或者自行招标）；拟自行招标的，还应按照有关规定报送书面材料；

(3) 建设项目的勘察、设计、施工、监理以及重要设备、材料等采购活动拟采用的招标方式（公开招标或者邀请招标）；国家相关部门确定的国家重点项目和省、自治区、直辖市人民政府确定的地方重点项目，拟采用邀请招标的，应对采用邀请招标的理由作出说明；

(4) 应明确的其他有关内容。

经建设项目审批部门批准，工程建设项目因特殊情况可以在报送可行性研究报告前先行开展招标活动，但应在报送的可行性研究报告中予以说明。建设项目审批部门认定先行开展的招标活动中有违背法律、法规的情形的，应要求其纠正。在建设项目可行性研究报告中增加的招标内容，作为可行性研究报告附件与可行性研究报告一同报送。建设单位在招标活动中对项目审批部门核准的招标范围、招标组织形式、招标方式等作出改变的，应向原审批部门重新办理有关核准手续。

6.1.3 建设项目招标方式

我国建设项目招标方式主要有公开招标和邀请招标。

1. 公开招标

公开招标属于非限制性竞争招标，是招标人按照法定程序，在指定的报刊、电子网络和其他媒介上发布招标公告，向社会公众明示其招标项目要求，吸引众多潜在投标人参加投标竞争，招标人按事先规定的程序和办法从中择优选择中标人的招标方式。

公开招标的优点是建设单位可以在较广的范围内选择承包单位，投标竞争激烈，有利于建设单位将建设项目的实施任务交予可靠的承包单位实施，并获得有竞争性的商业报价。但其缺点是准备招标、对投标申请单位进行资格审查和评标的工作量大，因此招标时间长、费用高。目前政府投资、国有资金建设项目一般都采用公开招标的方式选择实施单位。

2. 邀请招标

邀请招标属于有限制性竞争招标（或选择性招标），是招标人通过市场调查，根据承包商或供应商的资信、业绩等条件，选择一定数量的法人或其他组织，向其发出投标邀请书，邀请其参加投标竞争，招标人按事先规定的程序和办法从中择优选择中标人的招标方式。

邀请招标的邀请对象一般以 5～10 家为宜，但不应少于 3 家，否则就失去了竞争性。与公开招标比较，其优点是不需要发布招标公告，不进行资格预审，使招标程序得到简化；既可以节约招标费用，又可以缩短招标时间；而且由于对投标单位以往的业绩和履约能力比较了解，从而可以减少合同履行过程中承包商违约的风险。邀请招标的缺点是由于投标竞争的激烈程度较差，有可能提高中标的合同价；也有可能排除某些在技术上或报价上有竞争力的承包商参与投标。

在邀请招标中，虽然不设置资格预审程序，但为了体现公平竞争和便于建设单位根据各投标单位的综合能力进行选择，仍要求投标单位按招标文件中的有关规定，在投标文件内报送有关资质材料，在评标时以资格后审的形式作为评审的内容之一。

6.1.4 自行招标与委托招标

建设单位具备下列条件的，可以自行组织招标：

1. 具有项目法人资格；
2. 具有与招标项目工程规模及复杂程度相适应的工程技术、工程造价、财务和工程管理人员；
3. 有从事同类工程建设项目招标的经验；
4. 熟悉和掌握《招标投标法》及有关法规规章；
5. 具有组织编写招标文件和组织评标能力。

建设单位不具备上述规定条件的，应当委托具有相应资格的招标代理机构进行招标。

6.1.5 招标投标活动的监督

《招标投标法》规定招标投标活动及其当事人应当接受依法实施的监督。目前招标投标相关法律法规对于当事人监督和行政监督明确了具体规定，构成了招标投标活动的监督管理体系。

1. 当事人监督是指招标投标活动当事人的监督。招标投标活动当事人包括招标人、投标人、招标代理机构、评标专家等。由于当事人直接参与、并且与招标投标活动有着直接的利害关系，因此，当事人监督往往最积极，也最有效，是行政监督的重要基础。国家发展改革委等七部委联合制定的《工程建设项目招标投标活动投诉处理办法》具体规定了投标人和其他利害关系人投诉以及有关行政监督部门处理投诉的要求，这种投诉就是当事人监督的重要方式。

2. 行政监督是指行政机关对招标投标活动的监督，是招投标活动监督管理体系的重要组成部分。依法规范和监督市场行为，维护国家利益、社会公共利益和当事人的合法权益，是市场经济条件下政府的一项重要职能。《招标投标法》对有关行政监督部门依法监督招标投标活动、查处招标投标活动中的违法行为作出了具体规定。

6.1.6 建设项目招标投标程序

招标投标活动是一种交易行为，也是某种合同形成的过程，这个过程必须遵循招标投标的程序。建设项目招标投标的一般程序包括以下内容：

1. 招标准备

招标人根据建设项目规模、性质、内容，制订招标工作计划，提出招标内容范围、招标方式和组织形式，编制招标方案，报送建设项目审批部门核准备案；根据建设项目单位自身组织管理能力和经验，选择自行招标或委托具有相应资格条件的招标代理机构组织招标，编制招标工作大纲；依法办理建设项目报建审查登记和招标投标监督管理部门核准备案手续。

2. 编制招标相关文件

招标方案核准后，招标人应组织人员或委托招标代理机构开展招标文件编制工作。依据招标工作大纲，在招标过程中可能涉及的文件有资格预审公告、招标公告、资格预审文件、招标文件以及资格审查和评标的办法等。

3. 发布资格预审公告或招标公告

实行公开招标的，应依法在国家或地方指定的报刊、信息网或其他媒介上发布资格预审公告或招标公告。实行邀请招标的不发布招标公告，而是向3个以上符合资质条件的投标人发送投标邀请书。

招标公告（或资格预审公告）内容一般包括招标条件（项目名称、批准文号、招标人名称、建设资金来源）、项目概况与招标范围、投标人资格要求、招标文件（或资格预审文件）获取方式、投标文件（或资格预审申请文件）递交方式、发布公告媒介、联系方式等有关信息。

4. 组织资格审查

为保证潜在投标人能够公平地获取投标竞争机会，确保投标人满足招标项目的资格条件，组织资格审查的目的就是考察投标人总体能力是否具备完成招标工作所要求的条件。

资格审查分为资格预审和资格后审两种方式。

通过对潜在投标人的资格预审，一是保证参与投标的法人或组织在资质等方面符合法律法规的规定和招标文件的要求；二是通过评审优选出综合实力较强的一批申请投标人，再邀请他们参加投标竞争，从而减少评标的工作量，节省费用和时间，避免招标人与投标人的资源浪费。

资格预审的合格标准有两种，分为限制合格者数量的有限合格制和不限制合格者数量的两种合格制。

5. 发售招标文件

按照招标公告规定的时间、地点发售招标文件。

发售招标文件，一般说来是收取招标文件的一定的工本费。招标文件通常包括：投标须知、合同条件、技术规范、图纸和技术资料、工程量清单等几大部分。招标文件是投标人编制投标文件和报价的依据，投标人必须按照招标文件提出的投标报价要求、质量要求、工期要求和技术要求等进行投标报价，不满足这些要求投标将会形成无效标。

6. 现场踏勘

根据招标项目的特点和招标文件规定，组织投标人对项目现场考察，使投标人对建设项目现场情况、自然条件、实施条件以及周边环境条件踏勘了解，以便于编制投标书。投标人通过自己实地考察确定投标的判断和决策，避免中标后履行合同过程中投标人以不了解现场情况为理由推卸应承担的合同责任。现场考察的费用和可能出现的风险，由潜在投标人自负。

7. 投标预备会

投标预备会是招标人为澄清、解答投标人在阅读招标文件和现场踏勘后提出的疑问，按照招标文件规定的时间组织投标预备会。

投标人研究招标文件和现场考察后可以用书面的形式提出某一投标人的疑问材料，招标人应及时给予书面解答，也可以在标前会议上给予解答。但所有澄清和解答均以书面方式发给所有购买招标文件的投标人。回答的书面材料作为招标文件的组成部分，如果书面解答的问题与招标文件中规定的不一致时，则以书面的解答为准。

8. 编制、递交投标文件

潜在投标人依据招标文件要求的格式和内容，编制、签署、装订、密封、标识投标文件，按照规定的时间、地点、方式递交投标文件，并提供相应方式和金额的投标保证金。

9. 开标

开标应当在招标文件确定的提交投标文件截止时间的同一时间公开进行，开标地点应当为招标文件中预先确定的地点。开标会议由招标人主持，邀请所有投标人参加，并通知相关监督部门。开标时，由投标人或者其推选的代表检查投标文件的密封情况，确认无误后，由工作人员当众拆封，宣读投标人名称、投标报价和投标文件的其他主要内容。所有在投标致函中提出的附加条件、补充声明、优惠条件、替代方案等均应宣读。开标过程应当记录，并存档备案。

10. 评标

评标是对各投标文件相对优劣的比较，以便最终确定中标人。评标工作由依法组成的评标委员会来完成。

（1）评标委员会

评标委员会由招标人的代表和有关技术、经济等方面的专家组成，成员人数为 5 人以上单数，其中技术、经济等方面的专家不得少于成员总数的 2/3。

专家人选应来自国务院有关部门或省、自治区、直辖市政府有关部门提供的专家名册，或从招标代理机构的专家库中以随机抽取方式确定，特殊招标项目可以由招标人直接确定。与投标人有利害关系的人不得进入评标委员会，已经进入的应当更换。

（2）评标工作

评标委员会承担评标工作。评标委员会应当熟悉、掌握招标项目的主要特点和需求，认真阅读研究招标文件及其评标方法、评标因素和标准、主要合同条款、技术规范等。

评标工作通常分为初步评审和详细评审两个阶段进行。

评标委员应根据招标文件规定的评标标准和方法，对投标文件进行评审和比较。招标文件没有规定的标准和方法不得作为评标的依据。

（3）评标报告

评标委员会完成评标后，应向招标人提出书面报告，并抄送有关监督部门。

评标报告是评标委员会对评标情况向招标人提出的结论性报告，作为招标人定标的依据。评标报告内容一般包括：评标情况概况、对各投标文件的评价、推荐中标候选人、需要说明的事项等。

评标报告由评标委员会全体成员签字。

11. 中标

招标人可以授权评标委员会直接确定中标人，也可以在评标委员会推荐的中标候选人中确定中标人。

招标人依法公示中标候选人后确定中标人，并向中标人发出中标通知书，同时将中标结果通知未中标的投标人并退回他们的投标保证金或保函。

招标人确定中标人后 15 天内，应向有关行政监督部门提交招投标情况的书面报告。确定中标人以前，招标人不得与投标人就投标价格、投标方案等实质性内容进行谈判。

12. 签定合同

自发出中标通知书后的 30 天内，招标人和投标人就招标项目签定不得对招投标文件有实质性背离的书面合同。双方签定的合同按照法律法规规定向有关行政监督部门备案登记。

6.2 建设项目监理招标投标

6.2.1 监理招标的概念

建设项目监理招标投标是建设项目招标投标的一个重要组成部分，依法必须招标的建设项目总投资 3000 万元人民币以上的工程，监理合同估算价在 50 万元人民币以上的建设监理服务的标的都要通过招标投标后而取得。

监理招标与建设项目过程中其他各类招标不同，其主要表现在标的的特殊性。监理招标的标的是提供"监理服务"，而非某一种物化劳动，即监理人不在项目建设过程中承担物质生产任务，只是对建设项目实施过程进行监督、管理、协调、咨询等服务。

6.2.2 监理招标的范围

1. 监理招标范围按照监理服务的过程可以划分为：

（1）全过程监理招标，即招标的"监理服务"是从建设项目立项开始到建成交付的全过程监理。

（2）设计监理招标，即招标的"监理服务"仅是建设项目工程设计阶段的监理内容。

（3）施工监理招标，即招标的"监理服务"是建设项目整个施工阶段的监理内容。

目前适用最广的还是建设项目施工阶段的施工监理。

2. 影响监理招标范围划分的因素

监理招标发包的工作内容和范围，可以是整个工程项目的全过程，也可以是建设单位通过监理招标与其他人签订的一个或几个合同的履行。划分监理合同工作范围时应考虑的因素包括：

（1）工程规模。大型或结构复杂的工程，一般按设计、施工等不同阶段分别委托给几个监理单位；中小型工程项目，有条件时可将全部监理工作委托给一个监理单位进行监理。

（2）建设项目工程的专业特点。工程的专业特点不同，就要求监理人员专业知识和技能与其相应，充分考虑专业特点的要求划分监理招标发包的工作内容与范围，如将建设项目的土建和安装工程的监理工作分开进行招标。

（3）便于管理。监理合同划分的数量多，则监理单位就多，应管理的监理合同也就多，增加了管理的工作量。因此，划分监理合同数量时应考虑便于管理，如招标人与第三者签订的合同内容的合同较多时，对于易于履行合同的监理工作可并入相关委托监理内容之中。这样可以减少监理单位，从而减少了建设项目法人的管理工作量。

6.2.3 监理招标的特点

1. 监理招标的宗旨是对监理单位能力的选择。对监理单位能力的选择，实际上就是对监理单位所派到建设项目上服务人员能力的选择。监理任务完成的好坏，主要取决于驻建设项目现场的监理团队的人员素质。监理团队构成应是一些复合性专业人才，知识面广，实践经验丰富，具有判断能力、创新想象力、风险意识以及科学管理的能力，这样监理任务就会完成得很好。监理单位的综合能力体现在他们的资质、资格和业绩上。他们的投标是能力的竞争，并非是价格的竞争。

2. 报价在选择中居于次要地位。监理招标选择中标人的原则，只对能力最优的投标人适当地考虑报价因素。报价过低时监理人常常为了保护自己的利益，采用减少监理人员数量或派出业务水平低、工资低的人员，其后果必然导致对建设项目的损害。如果监理单位选派高素质人员、有高质量监理服务，往往会使项目法人获得节约投资和提前投产的实际利益。因此，选择中标人时往往是把服务能力和服务质量放在重要位置，将报价与服务进行比较均衡考虑。

6.3 建设项目勘察设计招标投标

6.3.1 勘察设计招标的概念

建设项目的立项报告批准后，进入实施阶段的第一项工作就是勘察设计招标。以招标方式委托勘察设计任务，其目的就是建设项目采用招标这种方式，通过竞争，优选勘察设计实施单位，获取理想的勘察设计成果文件，确保工程质量和安全，降低工程造价，缩短建设工期和提高投资效益。

6.3.2 勘察设计招标的范围

建设项目勘察设计招标方式可以选择勘察、设计任务分别招标发包，将勘察任务单独发包给具有相应资质的勘察单位实施；也可以选择勘察、设计任务统一招标发包，将建设项目勘察任务和设计任务交给具有勘察能力的设计单位承担，或交给设计单位总承包后再由总承包单位选择承担勘察任务的分包单位。选择勘察、设计任务统一招标发包方式比建设项目分别招标委托勘察和设计的方式更为有利，一方面，与两个独立合同分别承包相比，总承包在合同履行过程中较易管理，建设项目可以避免两个合同在实施过程可能遇到的协调问题；另一方面，勘察工作可以直接根据设计的要求进行，衔接设计对勘察资料精度、内容和进度的需要，必要时还可以进行补充勘察工作。

在建设项目设计任务招标发包时，为了保证设计指导思想顺利贯彻于建设项目各设计阶段的设计工作，一般是将初步设计（技术设计）和施工图设计一起招标，不单独进行初步设计招标或施工图设计招标，而是由中标的设计单位承担初步设计和施工图设计任务。

6.3.3 勘察设计招标的特点

1. 勘察招标的特点

（1）勘察招标一般选用单价合同。由于建设项目勘察是为建设项目设计提供地质技术资料的，建设项目勘察深度要与建设项目设计相适应，且补勘、增孔的可能性很大，所以通常不选用固定总价合同。

（2）评标重点不是报价。建设项目勘察报告的质量影响建设项目质量，勘察费与建设项目的造价或质量成本相比是很小的。较低的勘察费就可能影响到工程质量、建设项目总造价，影响建设质量，是得不偿失的。因此，勘察评价的重点不是报价。

（3）勘察人员、设备及作业制度很关键。勘察人员主要是采样人员和分析人员，他们的工作经验、工作态度、敬业精神直接影响勘察质量；设备包括室外勘察设备和实验室分析仪器，这是勘察的前提条件；作业制度是勘察质量的有效保证，这些方面应是评标的重点。

2. 设计招标的特点

建设项目设计招标的特点表现为承包任务是投标人通过自己的智力劳动，将招标人对建设项目的设想变为可实施的蓝图，是投标人按设计的明确要求完成规定的物质生产劳动。因此，设计招标文件对投标人所提出的要求不十分明确具体，只是简单介绍建设项目的实施条件，预期达到的技术经济指标、投资限额、进度要求等。投标人按规定分别报出建设项目的设计构思方案、实施计划和报价。招标人通过开标、评标程序对各方案进行比较选择后确定中标人。鉴于设计任务本身的特点，设计招标往往采用设计方案竞选的方式选择设计任务承担单位。设计招标与其他招标在程序上的主要区别有：

（1）招标文件的内容不同。设计招标文件中仅提出设计依据、建设项目应达到的技术经济指标、项目限定的工程范围、项目所在地的基础资料、要求完成的时间等内容，而无具体的工作量要求。

（2）对投标文件的编制要求不同。投标单位的投标报价不是按规定的工程量清单填报单价后算出总价，而是首先提出建设项目设计初步方案、论述该方案的优点和实施计划，在此基础上再进一步提出报价。

（3）开标形式不同。开标时不是由招标单位的主持人宣读投标书并按报价高低排定标价次序，而是由各投标人自己说明投标方案的基本构思和意图，以及其他实质性内容，或开标即对投标的设计文件作保密处理，以供隐名法评标之用，即用对应编号法，用不同的编号表示不同的投标方案，评审只看方案评优劣，而不知方案是谁做的，可以有效保证评标的公平性和公正性。

（4）评标原则不同。评标时不过分追求投标报价的高低，评标委员会更多关注于所提供方案的技术先进性，所达到的技术经济指标、方案的合理性，以及对建设项目投资效益的影响。

6.4 建设项目施工招标投标

6.4.1 施工招标的概念

建设项目设计完成后，建设单位就开始选择施工承包单位，进行施工招标。

施工招标是指招标人通过适当的途径发出确定的施工任务发包的信息，吸引施工企业投标竞争，从中选出技术能力强、管理水平高、信誉可靠且报价合理的承包商，并以签订合同的方式约束双方在施工过程中行为的经济活动。

6.4.2 施工招标的范围

1. 施工招标范围按照施工内容可以划分为：

（1）全部工程招标；

（2）单位工程招标；

（3）特殊专业工程招标。

2. 影响施工招标范围划分的因素

施工招标发包的工作内容和范围，可以按建设项目施工阶段的全部工作内容作为一次总承包招标，也可以分几次招标，每次招标时也可以分几个标段发包。建设项目在确定施工招标范围时一般考虑以下几方面因素：

（1）工程特点。每一个建设项目从其使用功能来看，都有一定的专业要求，但从施工内容来看，又可划分成一般土建工程共性特点部分和有较强专业技术要求部分。如果将这两部分内容分别招标，则有利于建设单位在较广泛的范围内选择技术水平高、管理能力强而报价又低的可靠承包商来实施具有共性特点的工程。

（2）施工现场条件。划分标段时，应充分考虑几个独立承包商在现场施工的情况，尽量避免或减少交叉干扰，以有利于监理单位在合同履行过程中对各标段之间的协调管理。如果施工场地比较集中，工程量不大，且技术上又不复杂时，一般不用分标段；当工作面分散、工程量大或有某些特殊技术要求时，则可以考虑分标段。

（3）工程造价影响。合同数量的多少对工程造价的影响，并不是一个绝对而能一概而论的问题，应根据工程项目的具体条件进行客观分析。如果工程项目实施总承包，则便于承包商的施工管理，人工、机械设备和临时施工设施统一调配使用，单位间的互相干扰少，并有可能获得较低报价。但对于大型复杂工程的施工总承包，由于有能力参与竞争的单位增多，建设单位就能够获得具有竞争性的商业报价。

（4）发挥承包商特长。一个施工单位往往在某一方面有其专长，如果按专业划分标段，可增加对某一专项有特长的承包商的吸引力，既能提高投标的竞争性，又有利于保证工程按期、优质、圆满地完成。甚至有时还可招请到在某一方面有先进专利施工技术的承包商，完成特定工程部位的任务。

（5）合同之间衔接。建设项目是由单项工程、单位工程或专业工程组成，在考虑确定标段的数量时，既要考虑各施工单位之间的交叉干扰，又要注意各标段之间的相互联系。标段之间的联系是指各标段的空间衔接和时间衔接。在空间上，要明确划分每一标段的界限，避免在承包商之间对合同的平面或立面交接工作的责任推诿或扯皮。时间衔接是指工程进度的衔接，特别是"关键线路"上的施工项目，要保证前一标段的工作内容能按期或提前完成，避免影响后续承包商的施工进度，以确保整个工程按计划有序完成。

（6）其他因素影响。影响标段划分的因素有很多，如资金的筹措、设计图纸完成的时间等。有时，为了照顾本地区承包商的利益，也可能将其作为划分标段的考虑因素。

总之，建设单位在划分标段时，应在综合考虑上述各影响因素的基础上，拟订几个方案进行比较，然后再确定施工招标范围。

6.4.3　施工招标的特点

施工招标的最明显的特点是发包工作内容明确具体，各投标人编制的投标书在评标中易于横向对比。虽然投标人是按招标文件的工程量表中既定的工作内容和工程量编制报价，但报价高低一般并不是确定中标单位的惟一条件，投标实际上是各施工单位完成该项目任务的技术、经济、管理等综合能力的竞争。

复习思考题：
1. 简述招标投标应遵循的原则。
2. 简述建设项目按照相关法规规定必须招标的范围。
3. 采用公开招标方式的优缺点有哪些？
4. 建设项目自行组织招标应具备的条件有哪些？
5. 建设项目招标投标的一般程序包括哪些？
6. 施工招标的特点有哪些？

第7章 建设项目合同

本章节阐述了建设项目合同的基本概念，重点讲解了建设项目监理、勘察、设计、施工合同的内容及建设项目合同的管理方法。通过学习本章节内容，可以了解建设项目合同的基本定义和分类，了解建设项目中四种主要合同的内容，并初步掌握建设项目合同管理内容和方法等知识。

7.1 建设项目合同概述

7.1.1 建设项目合同的概念

根据《中华人民共和国合同法》，合同是指"平等主体的自然人、法人、其他组织之间设立、变更、终止民事权利义务的协议"。

按照《中华人民共和国合同法》分类，合同有：买卖合同，供用电、水、气、热合同，赠与合同，借款合同，租赁合同，融资租赁合同，承揽合同，建设工程合同，运输合同，技术合同，保管合同，仓储合同，委托合同，行纪合同，居间合同。

建设项目合同主要是指建设工程合同，建设工程合同通常有狭义、广义之分。

狭义的建设工程合同是承包人进行工程建设，发包人支付相应价款的合同，即《中华人民共和国合同法》第269条列出的建设工程合同有勘察合同、设计合同、施工合同。承包人是指在建设工程合同中负责工程的勘察、设计、施工任务的一方当事人，发包人是指在建设工程合同中委托承包人进行工程的勘察、设计、施工的建设单位（或称业主、项目法人）。

广义的建设工程合同是除狭义的建设工程合同外，还将实践中与建设工程项目密切相关的工程监理合同、工程咨询合同、工程招标代理合同、工程物资合同等包括在建设工程合同之中。

我们这里主要讲建设项目监理、勘察、设计、施工的建设工程合同内容。

7.1.2 建设项目合同的特征

1. 合同主体具有严格性。建设项目合同主体一般只能是法人，即发包人应是能够进行工程建设的法人，必须有国家批准的项目建设文件，并具有相应的组织协调能力；承包人必须具备法人资格，并具有从事相应工程监理、勘察、设计、施工的资质条件。由于建设项目合同所要完成的内容是投资大、周期长、质量要求高的建设项目，公民个人无能力承揽，无营业执照或无承包资质的单位不能作为建设项目的承包人，资质等级低的单位也不能越级承包建设项目。

2. 合同标的具有特殊性。建设项目标的是各类建设工程，属于不动产，其基础部分与大地相连，有的甚至就是大地的一部分，不可移动。这就规定了每个建设项目合同标的都是特殊的，具有不可替代性。

3. 合同履行周期长。由于建设项目投资规模大、构成内容复杂、工程量浩大，使得合同履行周期比较长。合同订立和履行需要较长的准备期，在合同的履行过程中，还可能因为不可抗力、工程变更、材料设备供应不及时等原因，导致合同履行期限延长。

4. 合同管理具有计划性和程序性。在市场经济条件下，基本建设的投资渠道多样化，但国家仍然需要对影响国民经济发展、社会环境资源的投资建设项目实行宏观调控，建设项目合同管理仍然需要科学化管理，按照科学的管理模式和程序实施。

5. 合同形式具有严格的法律要求。合同形式必须为书面，这是国家对基本建设项目进行监督管理的需要，也是由于建设项目合同履行的特点所决定的。不采用书面形式的建设项目合同不能有效成立。

7.1.3 建设项目合同的形式

1. 一般合同与建设项目合同形式的区别

合同的形式是指当事人借以表达双方经协商一致达成协议内容的具体方式，一般合同可以用书面形式、口头形式和其他形式，但建设项目合同在法律、行政法规或当事人约定的情况下，应当采用书面形式。所谓书面形式，是指合同书、信件以及数据电文（包括电报、电传、传真、电子数据交换和电子邮件）等可以有形地表示所载内容的形式。以信件、数据电文形式订立合同的，一方当事人可以要求签订确认书。

2. 合同的格式条款

以合同书形式签订合同的，一方当事人可以提供格式条款。所谓格式条款，是指当事人为了重复使用而预先拟定，并在订立合同前未与对方协商的条款。

采用格式条款订立合同的，提供格式条款的一方应当遵循公平的原则确定当事人之间的权利和义务，并采取合理的方式提请对方注意免除或限制其责任的条款，按照对方的要求，对条款予以说明。提供格式条款的一方未尽到提示义务或拒绝说明的，该条款不发生效力。

对格式条款的理解发生争议的，应当作出不利于提供格式条款一方的解释。格式条款和非格式条款不一致的，应当按照通常理解并予以解释。对格式条款有两种以上解释的，应采用非格式条款。

3. 订立建设项目合同的书面形式

建设项目合同具有标的额大、履行时间长、不能即时清结等特点，订立合同采用书面形式。对有些建设项目合同，国家有关部门制定了统一的示范文本，订立合同时可以参照相应的示范文本。合同的示范文本，实际上就是含有格式条款的合同文本。采用示范文本或其他书面形式订立的建设项目合同，在组成上并不是单一的，凡能体现发包人与承包人协商一致的协议内容的文字材料，包括各种文书、电报、图表等，均为建设项目合同文件。订立建设项目合同时，应当注意明确合同文件的组成及其解释顺序。

7.1.4 建设项目合同的分类

1. 按照建设项目工程实施主体分类

建设项目工程中主要实施内容可分为监理、勘察、设计、施工四个方面。

(1) 建设项目工程监理，是指根据法律、行政法规及有关的技术标准、设计文件和建筑工程承包合同，对承包单位在施工质量、建设工期和建设资金使用等方面，代表建设单位实施监督的活动。

(2) 建设项目工程勘察，是指根据建设项目的要求，查明、分析、评价建设场地的地质地理环境特征和岩土工程条件，编制建设项目工程勘察文件的活动。

(3) 建设项目工程设计，是指根据建设项目要求，对建设项目工程所需的技术、经济、资源、环境等条件进行综合分析、论证，编制建设项目工程设计文件的活动。

(4) 建设项目工程施工，是指根据建设项目设计文件的要求，对建设项目工程进行新建、扩建、改建的活动。

上述四个方面的建设项目工程实施主体虽然有着十分紧密的联系，但仍然有明显的各自独立性，可以单独地存在并订立合同。因此，可以将建设工程合同分为监理合同、勘察合同、设计合同和施工合同。

这四种合同形式是本章讲的主要内容。

2. 按照承包方式分类

依据承包方式的不同，建设工程合同可以分为：

(1) 勘察、设计或施工总承包合同

勘察、设计或施工总承包是指建设单位将全部勘察、设计或施工的任务分别发包给一个勘察、设计单位或一个施工单位作为总承包单位，经发包人同意，总承包单位可以将勘察、设计或施工任务的一部分再分包给其他单位。在这种模式中，发包人与总承包人订立总承包合同，总承包人与分包人订立分包合同，总承包人与分包人就工作成果对发包人承担连接连带责任。这种承发包模式是我国工程建设实践中比较常见的形式。

(2) 单位工程施工承包合同

单位工程施工承包是指在一些大型、复杂的建设项目工程中，发包人可以将专业性很强的单位工程发包给不同的承包商，与承包商分别签订土木工程施工合同，电气与机械工程承包合同，这些承包商之间为平行关系。单位工程施工承包合同常见于大型工业建筑安装工程。

(3) 工程项目总承包合同

工程项目总承包是指建设单位将包括工程设计、施工、材料和设备采购等一系列工作全部发包给一家承包单位，由其进行实质性设计、施工和采购工作，最后向建设单位交付具有使用功能的工程项目。

按这种模式承包的工程主要为"交钥匙工程"，一般适用于简单、明确的常规性工程，如一般性商业用房，标准化建筑等。对一些专业性较强的工业建筑，如钢铁、化工、水利等工程由专业的承包公司进行建设项目总承包也是常见的。

(4) 工程项目总承包管理合同

工程项目总承包管理，即 CM（construction management）承包方式是指建设单位将项目设计和施工的主要部分发包给专门从事设计和施工组织管理工作的单位，再由后者将其分包给若干设计、施工单位，并对它们进行项目管理。

工程项目总承包管理与工程项目总承包不同之处在于：前者不直接进行设计和施工，没有自己的设计和施工力量，而是将承包的设计和施工任务全部分包出去，总承包单位专心致力于工程项目管理,而后者有自己的设计、施工力量,直接进行设计、施工、材料和设备采购等工作。

(5) BOT 承包合同（又称特许权协议书）

BOT 承包模式是指由政府或政府授权的机构授予承包商在一定的期限内,以自筹资金建设项目并自费经营和维护,期满后将项目全部无偿移交政府的工程承包模式。

3. 按照承包工程计价方式分类

(1) 总价合同

所谓总价合同,是指根据合同规定的建设项目工程施工的内容和有关条件,发包人应付各承包人的款项是一个规定的金额,即总价。总价合同也称作总价包干合同,即根据施工招标或直接发包时的要求和条件,当施工内容和有关条件不发生变化时,业主付给承包人的价款总额就不发生变化。

总价合同又分为固定总价合同和变动总价合同两种。

1) 固定总价合同,是以一次包死（包定）的总价委托,价格不因环境的变化和工程量的增减而变化,所以在这类合同中承包人承包了全部的工作量和价格风险。除了设计有重大变更,一般不允许调整合同价格。

2) 变动总价合同又称为可调总价合同。合同价格是以图纸及规定、规范为基础,按照时价进行计算,得到包括全部工程任务和内容的暂定合同价格。它是一种相对固定的价格,在合同执行过程中,由于通货膨胀等原因而使用的工、料成本增加时,可以按照条件变化所引起的费用变化进行调整。

(2) 单价合同

单价合同,即根据计划工程内容和估算工程量,合同中明确每项工程内容的单位价格,实际支付时根据实际完成的工程量乘以合同单价来计算应付工程款的一种合同。

单价合同又分为固定单价合同和可调单价合同形式。

1) 固定单价合同。在这种合同条件下,无论发生哪些影响价格的因素都不对单价进行调整,因而对承包人而言就存在一定的风险。

2) 可调单价合同。在这种合同条件下,合同双方可以约定一个估计的工程量,当实际工程量发生较大变化时单价可以调整。

(3) 成本加酬金合同

成本加酬金合同,即业主向承包商支付实际工程成本中的直接费,按事先协议好的某一种方式支付管理费及利润的一种合同方式。

7.2　监理合同

7.2.1　监理合同的概念

监理合同又称建设工程委托监理合同,它是委托合同的一种,是指建设单位聘请监理单位对工程建设实施监督管理,明确双方权利、义务的协议。建设单位称为委托人,监理单位称为受托人。

我国建筑法规明确规定实行监理的建筑工程,由建设单位委托具有相应资质条件的工程监理单位监理,建设单位与其委托的工程监理单位应签订书面委托监理合同。

7.2.2 监理合同的主要内容

住房和城乡建设部和国家工商行政管理总局参照国际广泛通行的由 FIDIC 编制的《客户/咨询工程师标准服务协议书》合同版本的结构形式和主要内容,颁布了《建设工程委托监理合同(示范文本)》(GF-2000-0202),其合同的主要内容由"建设工程监理委托合同""建设工程委托监理合同标准条件"、"建设工程委托监理合同专用条件"三部分组成。

1. 建设工程委托监理合同是一个总的协议,是纲领性的法律文件,主要内容包括委托人委托监理人监理的工程概况(包括工程名称、工程地点、工程规模、总投资等);本合同中的有关词语含义;合同的组成部分(包括监理投标书或中标通知书、本合同标准条件、本合同专用条件、在实施过程中双方共同签署的补充与修正文件);监理单位(或称监理人)向建设单位(或称委托人)承诺承担本合同专用条件中议定范围内的监理业务;委托人向监理人承诺按照合同注明的期限、方式、币种,向监理人支付报酬;监理业务执行的起止时间;双方当事人的签字盖章和签约时间。

2. 建设工程委托监理合同标准条件是通用性文本,适用于各类建设工程监理。其内容包括合同中词语定义、适用范围和法规;监理人义务;委托人义务;监理人权利;委托人权利;监理人责任;委托人责任;合同生效、变更与终止;监理报酬;争议的解决和其他等。

3. 建设工程委托监理合同的专用条件是对标准条件中的某些条款进行补充、修改。由于标准条件适用于所有建设工程监理,因此其中某些条款规定比较笼统,对于具体实施工程项目而言,还需要在签订监理合同时结合地域特点、专业特点和监理项目的工程特点,专用条件就是在某些标准条件规定的原则下,补充、修改需要进一步明确具体的内容。

7.2.3 监理合同的订立

1. 合同签订前双方的相互考察

签订监理合同是一种法律行为,合同一经签订,意味着委托关系的形成,双方的行为将受到合同的约束。为慎重起见,在签订合同前,签约双方应对对方的资格、资信及履约能力等情况进行充分调查了解。

(1)建设单位对监理单位的资格考察。建设单位主要考察监理单位是否有经建设行政主管部门审查并签发的具有承担监理合同内容规定的建设工程监理资格的资质等级证书;是否是经工商行政管理机关审查注册、取得营业执照、具有独立法人资格的正式企业;是否具有对拟委托的建设项目进行监理的实际能力,包括监理人员的素质和主要检测设备情况;财务情况(包括资金情况及近几年的经营效益)是否满足要求;社会信誉及已承接的监理任务的完成情况;承担类似业务的监理业绩、经历及合同的履行情况是否满足要求等。

(2)监理单位对建设单位的考察。监理单位在决定是否参加某项业务的竞争及签订合同之前,要对建设单位进行考察。首先,考察建设项目是否有签订合同的合法资格。其次，考察建设单位是否具有与签订合同相适应的财产和经费，这是履行合同的基础和承担经济责任的前提。最后，考察监理合同的标的是否符合国家政策，是否违反国家的有关法律法规。

2. 合同的谈判

无论是直接委托还是通过招标选定监理单位，建设单位和监理单位都要对监理合同的主要条款和应负的责任进行谈判，如建设单位对工程的工期、质量的要求必须具体提出。

谈判的顺序通常是先谈工作计划、人员配备、建设单位的投入等问题，这些问题谈完后再进行价格谈判。在谈判时，双方应本着诚实信用、公平等原则，内容要具体，责任要明确，对谈判内容双方应达成一致意见，要有准确的文字记录。

3. 合同的签订

经过谈判，双方就监理合同的各项条款达成一致，即可正式签订合同文件。签订的合同文件参照《建设工程委托监理合同（示范文本）》。

7.2.4 监理合同的履行

1. 委托人的权利和义务

（1）委托人的权利包括授予监理人权限的授予权；对其他承包人的选择权；委托监理工程重大事项的决定权；对监理人履行合同的监督控制权。

（2）委托人的义务包括委托人应当负责建设项目所有外部关系的协调，为监理工作提供外部条件；与监理人做好协调工作，委托人应当授权一名熟悉工程情况、能在规定时间内作出决定的常驻代表，负责与监理人联系，更换常驻代表时要提前通知监理人；为了不耽搁服务，委托人应在合理的时间内，就监理人书面提交并要求作出决定的一切事宜作出书面决定；委托人应为监理人顺利履行合同义务做好相应的协助服务工作；委托人应按时支付监理酬金。

2. 监理人的权利和义务

（1）监理人的权利包括委托监理合同中赋予监理人的权利，如：完成监理任务后获得酬金的权利；获得奖励的权利；终止合同的权利。监理人执行监理业务时可以行使的权利，如：建设工程有关事项和工程设计的建议权；对实施项目的质量、工期和费用的监督控制权；工程建设有关协作单位组织协调的主持权；紧急情况下，为了工程和人身安全，尽管指令已超越了委托人授权而不能事先得到批准时，也有权发布相关措施的指示，随后再尽快通知委托人；审核承包人索赔的权利。

（2）监理人的义务包括按合同约定，派出监理工作需要的监理机构及监理人员，向委托人报送委派的总监理工程师及其监理机构主要成员名单、监理规划，完成监理合同专用条件中约定的监理工作范围内的监理业务，在履行合同义务期间，应按合同约定定期向委托人报告监理工作；监理人在履行合同的义务期间，应认真、勤奋地工作，为委托人提供与其水平相适应的咨询意见，公正维护各方面的合法权益；在监理工作完成或中止时，监理人应将委托人提供的设施和物品按合同约定的时间和方式移交给委托人；在合同期内或合同终止后，未征得有关方面同意，不得泄露与工程、合同业务有关的保密资料；未经委托人书面同意，监理人及其职员不应接受委托监理合同约定以外的报酬，以保证监理的公正性。

7.2.5 监理合同的违约责任

委托人应当履行委托监理合同约定的义务，如有违反则应当承担违约责任，赔偿由违约给监理人造成的经济损失。

监理人在责任期内，应当履行约定的义务，如果因监理人过失而造成了委托人的经济损失，应当向委托人赔偿。累计赔偿总额不应超过监理报酬总额。

7.3 勘察设计合同

7.3.1 勘察设计合同的概念

勘察合同是指根据建设项目的要求，查明、分析、评价建设场地的地质地理环境特征和岩土工程条件，编制建设项目勘察文件的协议。

设计合同是指根据建设项目的需求，对建设项目工程所需的技术、经济、资源、环境等条件进行综合分析、论证、编制建设工程设计文件的协议。

发包人是建设单位或项目管理单位，承包人（或称勘察人、设计人）是持有勘察设计证书的勘察、设计单位。

根据勘察设计合同，承包人完成发包人委托的勘察设计任务，发包人接受符合合同约定要求的勘察设计成果，并向承包人支付报酬。

为了加强工程勘察设计咨询市场管理，规范市场行为，住房和城乡建设部和国家工商行政管理总局颁布了建设工程勘察、设计合同示范文本，用以规范双方订立建设工程勘察、设计合同的内容，以便保证合同的内容完备、责任明确、风险责任分担合理。

勘察合同示范文本按照委托的勘查任务的不同分为两个合同版本：

《建设工程勘察合同（一）（示范文本）》(GF-2000-0203)适用于为设计提供勘察工作的委托任务，包括岩土工程勘察、水文地质勘察（包括凿井）、工程测量、工程物探等勘察；

《建设工程勘察合同（二）（示范文本）》(GF-2000-0204)适用于岩土工程勘察的委托，包括获得并提供岩土工程资料、对岩土工程项目进行设计、治理和监测。

设计合同示范文本按照委托的设计任务的专业类别也分为两个合同版本：

《建设工程设计合同（一）（示范文本）》(GF-2000-0209)适用于为民用建筑工程设计提供的委托设计合同；

《建设工程设计合同（二）（示范文本）》(GF-2000-02010)适用于为专业建设工程设计提供的委托设计合同。

7.3.2 勘察设计合同的主要内容

1. 勘察合同的主要内容

《建设工程勘察合同（一）（示范文本）》的主要合同条款包括建设项目工程概况（工程名称、建设地点、规模、特征、工程勘察任务委托文号和日期、工程勘察内容与技术要求、承接方式、预计勘察工程量内容等）；发包人应提供的资料；勘察成果的提交；勘察费用的支付；发包人、勘察人责任；违约责任；未尽事宜的约定；其他约定事项；合同争议的解决；合同生效。

《建设工程勘察合同（二）（示范文本）》仅涉及岩土工程，包括岩土工程的勘察资料，对项目的岩土工程进行设计、治理和监测工作，因此合同条款的主要内容除了上述勘察合同应具备的条款外，还包括变更及工程费的调整；材料设备的供应；报告、文件、成果检查验收方面的约定条款。

2. 设计合同的主要内容

《建设工程设计合同（一）（示范文本）》的主要合同条款包括订立合同依据的范围和内容（工程名称、规模、阶段、投资及设计收费内容等）；委托设计任务的范围和内容；发包人应提供的有关资料和文件；设计人应交付的资料和文件；设计费用的支付；双方责任；违约责任；未尽事宜的约定；其他约定事项；合同争议的解决；合同生效。

《建设工程设计合同（二）（示范文本）》适用于委托专业工程的设计，除了上述设计合同应包括的条款外，还增加了设计依据，合同文件的组成和优先次序，项目的投资要求、设计阶段和设计内容以及保密等方面的条款约定。

7.3.3 勘察设计合同的订立

建设单位将建设工程勘察设计任务通过招标或直接委托两种方式确定勘察设计单位，并遵循建设项目基本建设程序与勘察设计单位签订建设工程勘察设计合同。

1. 在合同签订前应对合同双方当事人的资格、信誉和履约能力进行审查，这不仅是为了保证合同有效和受法律保护，而且是保证合同得到有效实施的必不可少的工作。

（1）资格审查主要是审查勘察设计单位是否是合法的法人组织、有无营业执照、有无勘察设计证书、其证书批准范围与勘察设计任务是否符合等。

（2）资信审查主要是审查建设单位或勘察设计单位的生产经营状况和银行信用情况等。

（3）履约能力审查主要是审查建设单位建设资金的到位情况和支付能力。审查勘察设计单位的资质等级、业务范围，了解勘察设计单位的以往业绩和专业能力。

2. 勘察设计单位在接受委托勘察设计任务前，必须对建设单位所委托的建设项目的批准文件进行全面审查。这些文件是建设项目实施的前提条件。拟委托勘察设计的建设项目必须具有上级主管部门批准的设计任务书和建设规划管理部门批准的用地范围许可文件。

3. 建设单位应提出勘察设计的具体要求，主要包括勘察设计的期限、进度、质量等方面的要求。

4. 勘察设计单位应根据建设单位的勘察设计任务要求的范围、深度和标准，研究并确定取费标准和金额，提出付费方式和进度。

5. 合同双方当事人，就合同的各项条款协商并取得一致意见，签订的合同文件参照《建设工程勘察合同（示范文本）》或《建设工程设计合同（示范文本）》。

7.3.4 勘察设计合同的履行

1. 勘察合同中双方的义务和责任

（1）发包人的义务和责任

1) 发包人应向勘察人提供开展勘察设计必须的有关资料,并对其准确性、可靠性负责。在勘察工作开展前,需要提交的文件资料有:工程批准文件(复印件),以及用地(附红线范围)、施工、勘察许可等批件(复印件);工程勘察任务委托书、技术要求和工作范围的地形图、建筑总平面布置图;勘察工作范围已有的技术资料及工程所需的坐标与标高资料;勘察工作范围地下已有埋藏物的资料(如电力、电讯电缆、各种管道,人防设施、洞室等)及具体位置分布图。

发包人不能提供上述资料,由勘察人收集的,发包人需向勘察人支付相应费用。

2) 在勘察工作范围内,没有资料、图纸的地区(段),发包人应负责查清地下埋藏物,若因未提供上述资料、图纸,或提供的资料图纸不可靠、地下埋藏物不清,致使勘察人在勘察工作过程中发生人身伤害或造成经济损失时,由发包人承担民事责任。

3) 发包人应及时为勘察人提供并解决勘察现场的工作条件和出现的问题(如:落实土地征用、青苗树木赔偿、拆除地上地下障碍物、处理施工扰民及影响施工正常进行的有关问题、平整施工现场、修好通行道路、接通电源水源、挖好排水沟渠以及水上作业用船等),并承担其费用。

4) 若勘察现场需要看守,特别是在有毒、有害等危险现场作业时,发包人应派人负责安全保卫工作,按国家有关规定,对从事危险作业的现场人员进行保健防护,并承担费用。

5) 工程勘察前,若发包人负责提供材料的,应根据勘察人提出的工程用料计划,按时提供各种材料及其产品合格证明,并承担费用和运到现场,派人与勘察人的人员一起验收。

6) 勘察过程中的任何变更,经办理正式变更手续后,发包人应按实际发生的工作量支付勘察费。

7) 为勘察人的工作人员提供必要的生产、生活条件,并承担费用;如不能提供时,应一次性付给勘察人临时设施费用。

8) 由于发包人原因造成勘察人停工、窝工,除工期顺延外,发包人应支付停工、窝工费;发包人若要求在合同规定时间内提前完工(或提交勘察成果资料)时,发包人应向勘察人支付加班费。

9) 发包人应保护勘察人的投标书、勘察方案、报告书、文件、资料图纸、数据、特殊工艺(方法)、专利技术和合理化建议。未经勘察人同意,发包人不得复制、不得泄露、不得擅自修改、传送或向第三人转让或用于本合同外的项目。

(2) 承包人的义务和责任

1) 勘察人应按国家技术规范、标准、规程和发包人的任务委托书技术要求进行工程勘察,按本合同规定的时间提交质量合格的勘察成果资料,并对其负责。

2) 如果勘察人提供的勘察成果资料质量不合格,勘察人应负责无偿给予补充完善使其达到质量合格;若勘察人无力补充完善,需另委托其他单位时,勘察人应承担全部勘察费用;或因勘察质量造成重大经济损失或工程事故时,勘察人除应负法律责任和免收直接受损失部分的勘察费外,并根据损失程度向发包人支付赔偿金。

3) 在工程勘察前,提出勘察纲要或勘察组织设计,派人与发包人的人员一起验收发包人提供的材料。

4）勘察过程中，根据工程的岩土工程条件（或工作现场地形地貌、地质和水文地质条件）及技术规范要求，向发包人提出增减工作量或修改勘察工作的意见，并办理正式变更手续。

5）在现场工作的勘察人的人员，应遵守发包人的安全保卫及其他有关的规章制度，承担其有关资料保密义务。

2. 设计合同中双方的义务和责任

（1）发包人的义务和责任

1）发包人按合同规定的内容，在规定的时间内向设计人提交满足设计要求的资料及文件（如：经批准的建设项目可行性研究报告或项目建议书、城市规划许可文件、工程勘察资料等），并对其完整性、正确性及时限负责，发包人不得要求设计人违反国家有关标准进行设计。

2）发包人变更委托设计项目、规模、条件或因提交的资料错误，或对所提交资料作较大修改，以致造成设计人设计需返工时，双方除需另行协商签订补充协议（或另订合同）、重新明确有关条款外，发包人应按设计人所耗工作量向设计人增付设计费。在未签合同前经发包人同意，设计人为发包人所做的各项设计工作，应按收费标准，相应支付设计费。

3）发包人要求设计人比合同时间提前交付设计资料及文件时，如果设计人能够做到，发包人应根据设计人提前投入的工作量，向设计人支付赶工费。

4）发包人应为派赴现场处理有关设计问题的工作人员，提供必要的工作生活及交通等方便条件。

5）发包人应保护设计人的投标书、设计方案、文件、资料图纸、数据、计算软件和专利技术。未经设计人同意，发包人对设计人交付的设计资料及文件不得擅自修改、复制或向第三人转让或用于本合同外的项目。

（2）承包人的义务和责任

1）设计人应按国家技术规范、标准、规程及发包人提出的设计要求，进行工程设计，按合同规定的进度要求提交质量合格的设计资料，并对其负责。

2）设计人交付设计资料及文件，按规定参加有关的设计审查，并根据审查结论负责对不超出原定范围的内容做必要的调整补充。设计人按合同规定时限交付设计资料及文件，本年内项目开始施工，负责向发包人及施工单位进行设计交底、处理有关设计问题和参加竣工验收。在一年内项目尚未开始施工，设计人仍负责上述工作。

3）设计人应保护发包人的知识产权，不得向第三人泄露、转让发包人提交的产品图纸等技术经济资料。

7.3.5 勘察设计合同的违约责任

1. 勘察合同的违约责任

（1）由于发包人未给勘察人提供必要的工作生活条件而造成停工、窝工或来回进出场地，发包人除应付给勘察人停工、窝工费（金额按预算的平均工日产值计算），工期按实际工日顺延外，还应付给勘察人来回进出场费和调遣费。

（2）由于勘察人原因造成勘察成果资料质量不合格，不满足技术要求时，其返工勘察费用由勘察人承担。

(3) 合同履行期间,由于工程停建而终止合同或发包人要求解除合同时,勘察人未进行勘察工作的,不退还发包人已付定金;已进行勘察工作的,完成的工作量在50%以内时,发包人应向勘察人支付预算额50%的勘察费;完成的工作量超过50%时,则应向勘察人支付预算额100%的勘察费。

(4) 发包人未按合同规定时间(日期)拨付勘察费,每超过一日,应偿付未支付勘察费的千分之一作为逾期违约金。

(5) 由于勘察人原因未按合同规定时间(日期)提交勘察成果资料,每超过一日,应减收勘察费千分之一。

(6) 本合同签订后,发包人不履行合同时,无权要求返还定金;勘察人不履行合同时,双倍返还定金。

2. 设计合同的违约责任

(1) 在合同履行期间,发包人要求终止或解除合同,设计人未开始设计工作的,不退还发包人已付的定金;已开始设计工作的,发包人应根据设计人已进行的实际工作量,不足一半时,按该阶段设计费的一半支付;超过一半时,按该阶段设计费的全部支付。

(2) 发包人应按照合同规定的金额和时间向设计人支付设计费,每逾期支付一天,应承担支付金额千分之二的逾期违约金。逾期超过30天以上时,设计人有权暂停履行下阶段工作,并书面通知发包人。发包人的上级或设计审批部门对设计文件不审批或本合同项目停缓建,发包人均按有关规定支付设计费。

(3) 设计人对设计资料及文件出现的遗漏或错误负责修改或补充。由于设计人员的错误造成工程质量事故和损失,设计人除负责采取补救措施外,应免收直接受损失部分的设计费。损失严重的根据损失的程度和设计人责任大小向发包人支付赔偿金,赔偿金由双方商定为实际损失的一定比例。

(4) 由于设计人自身原因,延误了按照合同规定的设计资料及设计文件的交付时间,每延误一天,应减收该项目应收设计费的千分之二。

(5) 合同生效后,设计人要求终止或解除合同,设计人应双倍返还定金。

7.4 施工合同

7.4.1 施工合同的概念

施工合同是建设项目的主要合同,是由具有法人资格的发包人(或称建设单位、总承包单位)和承包人(或称施工单位、分包单位)为完成商定的建设项目施工任务,明确双方权利、义务关系的合同。施工合同是控制建设项目进度、投资、质量的主要凭据。因此,要求承发包双方签订施工合同,须具备相应的资质条件和履行合同的能力。发包人对合同范围内的工程建设必须具备组织协调能力;承包人必须具备有关部门核定的资质等级并持有营业执照,有能力完成所承包的工程建设任务。

由于施工合同具有合同标的特殊性、合同履行期限的长期性、合同内容的多样性与复杂性、合同管理的严格性等特点,因此,对施工合同的签订、履行与管理,应更为谨慎、严格与负责。

为了规范和指导合同当事人双方的行为，完善合同管理制度，解决施工合同中存在的合同文本不规范、条款不完备、合同纠纷多等问题，国家发展改革委员会等9部委以及住房和城乡建设部和国家工商行政管理总局结合我国建设项目工程施工的实际情况，借鉴国际上通用的土木工程施工合同的成熟经验和有效作法先后颁布了《标准施工招标文件（合同条款及格式）》（2007年版）、《建设工程施工合同（示范文本）》（GF-99-0201），这些示范文本一般都适用于土木工程，包括各类公用建筑、民用住宅、工业厂房、交通设施及线路、管道的施工和设备安装。

7.4.2 施工合同的主要内容

现行的建设项目施工合同范本一般由"合同协议书"、"通用条款"、"专用条款"三部分组成。

1. 合同协议书一般都作为施工合同的总纲性文件，其主要内容包括建设项目工程概况（工程名称，工程地点，工程内容，工程立项批准文号，资金来源等）；工程承包范围；合同工期；质量标准（工程质量标准达到国家质量验收规范合格标准）；合同价款（合同价款应该填写双方确定的合同金额）；组成合同的文件（包括中标通知书，投标书及其附件，专用条款，通用条款，图纸，工程量清单，技术标准和文件等）；协议书中有关词语含意；承包人向发包人承诺按照合同约定进行施工、竣工并在质量保修期内承担工程质量保修责任；发包人向承包人承诺按照合同约定的期限和方式支付合同价款及其他应当支付的款项；合同的生效等。

2. 通用条款一般作为规范承发包双方履行合同义务的标准化条款，其主要内容包括词语定义及合同文件（词语定义和合同文件及解释顺序）；双方一般权利和义务；施工组织设计和工期；质量与检验；安全施工；合同价款与支付；材料设备供应；工程变更；竣工验收与结算；违约、索赔和争议；其他等。

3. 专用条款一般作为对通用条款规定内容的确认和具体化。是合同双方根据其企业实际情况和建设项目的具体特点，考虑到建设工程的内容不同，工期、造价、承发包各自能力、施工现场的环境和条件不同，经过承发包双方协商达成一致对通用条款作出必要的修改和补充的条款。

7.4.3 施工合同的订立

施工合同按其所涉及的施工内容不同，可分为土木工程施工合同、设备安装施工合同、管道线路敷设施工合同等，无论施工合同的种类如何，签订施工合同的条件和程序基本相同。

1. 签订施工合同应具备的条件

（1）建设项目按照国家有关规定需要履行项目审批手续的，已经履行审批手续；
（2）建设资金和主要建筑材料设备来源已经落实；
（3）有能够满足施工需要的设计文件及有关技术资料；
（4）建筑场地、水源、电源、气源及运输道路已具备或在开工前完成等；
（5）法律、法规、规章规定的其他条件。

2. 签订施工合同的程序

施工合同作为建设工程合同的一种，其签订也应经过要约和承诺两个阶段。依法必须进行招标的项目，发包人应通过招标方式选择施工承包人。

在发包人具备与承包人签订施工合同的条件下，发包人或委托的监理工程师，可以对承包人的资格、资信和履行能力进行预审。对承包人的预审，招标工程可以通过招标预审进行，非招标工程可以通过社会调查进行。

发包人和监理工程师还应做好施工合同的谈判、签订和管理工作。使用《标准施工招标文件（合同条款及格式）》、《建设工程施工合同（示范文本）》时，要依据相应的合同条件，逐条与承包人进行谈判。经过谈判后，双方对施工合同内容取得完全一致意见后，即正式签订施工合同文件，经双方签字、盖章后，施工合同生效。

7.4.4 施工合同的履行

施工合同属于双务合同，合同双方在合同中都享有权利，也都承担相应的义务。发包人的权利就是承包人的义务，发包人的义务也是承包人的权利。

1. 发包人主要工作内容

发包人按合同条款约定的内容和时间完成以下工作：

（1）办理土地征用、拆迁补偿、平整施工场地等工作，使施工场地具备施工条件，在开工后继续负责解决以上事项的遗留问题；

（2）将施工所需水、电、电讯线路从施工场地外部接至专用条款约定地点，保证施工期间的需要；

（3）开通施工场地与城乡公共道路的通道，以及专用条款约定的施工场地内的主要道路，满足施工运输的需要，保证施工期间的畅通；

（4）向承包人提供施工场地的工程地质和地下管线资料，对资料的真实准确性负责；

（5）办理施工许可证及其他施工所需证件、批件和临时用地、停水、停电、中断道路交通、爆破作业等的申请批准手续；

（6）确定水准点与坐标控制点，以书面形式交给承包人，进行现场交验；

（7）组织承包人和设计单位进行图纸会审和设计交底；

（8）协调处理施工场地周围地下管线和邻近建筑物、构筑物（包括文物保护建筑）、古树名木的保护工作，承担有关费用；

（9）发包人应做的其他工作。

发包人可以将上述部分工作委托承包人办理，双方在合同条款内约定，其费用由发包人承担。

发包人未能履行上述各项义务，导致工期延误或给承包人造成损失的，发包人赔偿承包人有关损失，顺延延误的工期。

2. 承包人主要工作内容

承包人按合同条款约定的内容和时间完成以下工作：

（1）根据发包人委托，在其设计资质等级和业务允许的范围内，完成施工图设计或与工程配套的设计，经工程师确认后使用，发包人承担由此发生的费用；

(2) 向工程师提供年、季、月度工程进度计划及相应进度统计报表；

(3) 根据工程需要，提供和维修非夜间施工使用的照明、围栏设施，并负责安全保卫；

(4) 按合同条款约定的数量和要求，向发包人提供施工场地办公和生活的房屋及设施，发包人承担由此发生的费用；

(5) 遵守政府有关主管部门对施工场地交通、施工噪声以及环境保护和安全生产等的管理规定，按规定办理有关手续，并以书面形式通知发包人，发包人承担由此发生的费用，因承包人责任造成的罚款除外；

(6) 已竣工工程未交付发包人之前，承包人按合同条款约定负责已完工程的保护工作，保护期间发生损坏，承包人自费予以修复；发包人要求承包人采取特殊措施保护的工程部位和相应的追加合同价款，双方在合同条款内约定；

(7) 按合同条款约定做好施工场地地下管线和邻近建筑物、构筑物（包括文物保护建筑）、古树名木的保护工作；

(8) 保证施工场地清洁符合环境卫生管理的有关规定，交工前清理现场达到专用条款约定的要求，承担因自身原因违反有关规定造成的损失和罚款；

(9) 承包人应做的其他工作。

承包人未能履行上述各项义务，造成发包人损失的，承包人赔偿发包人有关损失。

7.4.5 施工合同的违约责任

1. 发包人主要违约责任

施工合同履行过程中，当发生下列情况时属于发包人的违约，应承担违约责任。

(1) 发包人不按合同约定按时支付工程预付款；

(2) 发包人不按合同约定支付工程款，导致施工无法进行；

(3) 发包人无正当理由不支付工程竣工结算价款；

(4) 发包人不履行合同义务或不按合同约定履行义务的其他情况。

发包人承担违约责任，赔偿因其违约给承包人造成的经济损失，顺延延误的工期。双方在合同条款内约定发包人赔偿承包人损失的计算方法或者发包人应当支付违约金的数额或计算方法。

2. 承包人主要违约责任

施工合同履行过程中，当发生下列情况时属于承包人的违约，应承担违约责任。

(1) 因承包人原因不能按照协议书约定的竣工日期或工程师同意顺延的工期竣工；

(2) 因承包人原因工程质量达不到协议书约定的质量标准；

(3) 承包人不履行合同义务或不按合同约定履行义务的其他情况。

承包人承担违约责任，赔偿因其违约给发包人造成的损失。双方在合同条款内约定承包人赔偿发包人损失的计算方法或者承包人应当支付违约金的数额或计算方法。

一方违约后，另一方要求违约方继续履行合同时，违约方承担上述违约责任后仍应继续履行合同。

7.5 建设项目合同的管理

7.5.1 建设项目合同管理的概述

1. 建设项目合同管理的概念

建设项目合同管理的目的是建设单位、发包方通过自身在建设项目合同的订立和履行过程中所进行的计划、组织、指挥、监督和协调等工作，促使项目内部各部门、建设项目各参与方、各环节相互衔接、密切配合，以确保项目各项最终得以实现。建设项目合同管理的过程是一个动态过程，是合同管理机构和管理人员为实现预期的管理目标，运用管理职能和管理方法对合同的订立和履行行为进行管理活动的全过程。

2. 建设项目合同的全过程管理

在建设项目合同管理的工作程序中需要全过程管理，全过程管理的主要工作有：

（1）合同订立前的管理。合同订立意味着合同生效和全面履行，所以，应采取谨慎、严肃、认真的态度，做好签订前的准备工作。

（2）合同订立中的管理。合同订立阶段，意味着当事人双方经过招标投标活动或直接发包，充分酝酿、协商一致，从而建立起建设工程合同法律关系。

（3）合同履行中的管理。合同依法订立后，当事人应认真做好履行过程中的组织和管理工作，严格按照合同条款，享有权利和履行义务。

（4）合同发生纠纷时的管理。在合同履行中，当事人之间有可能发生纠纷，当争议纠纷出现时，有关双方首先应从整体、全局利益的目标出发，做好有关的合同管理工作。

（5）合同实施过程的索赔管理。在建设工程合同履行过程中，合同当事人一方不履行或未正确履行其义务，而使另一方受到损失，受损失的一方通过一定的合法程序向违约方提出经济或时间补偿的要求。

3. 建设项目合同全过程管理的依据和基本原则

（1）建设项目合同全过程管理的主要依据是合同、工作结果、变更申请。其中工作结果是指已经完成的交付物（产品），未完成的产品，已发生的费用和将要发生的成本等；变更申请包括对合同条款的修改和对将被提供的产品或服务说明书的修改等。

（2）建设项目合同全过程管理的基本原则有全面管理原则、预防为主原则、分类管理原则、流程管理原则。这些基本原则是保证当事人双方履行合同的基础。

7.5.2 合同订立前的管理

1. 建立合同管理制度

（1）建立合同责任制。建设项目合同责任制是以部门、单位、岗位为主体制定的，规定每个人应该承担的责任，强调创造性地完成各项任务。

（2）建立合同管理规程。建设项目合同管理规程是以各种活动、行为为主体，明确规定人们行为和活动不得逾越的规范和准则，一般包括合同管理工作流程图、融资合同管理办法、分包项目招标（或直接发包）规程和操作办法、合同评审办法、合同文档管理办法、合同变更管理办法、合同结算管理办法、合同纠纷管理办法、项目索赔管理办法、项目运营和维护管理办法、项目保险管理办法、合同实施（成本、进度、质量）控制规程。

（3）建立合同文档系统。建设项目合同文档系统是合同履行的重要保证，其作用主要有两个方面：一是有利于搜集工期延长和费用索赔的证据；二是有利于搞好工程进度控制，建立和完善工程项目的报告制度。建立和保管合同文档过程中，对来往信函（包括信件、传真、图像等资料）的管理应注意函件的实效和经济关系；对建设项目实施内容的变更、洽商应做好记录；对建设项目工作日志应准确反映真实情况；对补充协议（包括建设工程图纸变动）应注意和原合同、原条款内容、原工程图纸有无矛盾。

2. 做好建设项目的合同分析

建设项目合同分析是指在合同确定前，从履行合同的角度对合同文件进行全面的审查分析。如发现问题应及时予以纠正，使合同目标能落实到履行合同的具体事件和工作上，最终形成一个符合要求的合同。合同订立前的合同分析工作主要包括：

（1）合同合法性分析。主要包括签订合同各方主体资格，建设项目具备招标（或直接发包）和签订合同的全部条件，合同内容及其所指行为符合法律要求。有些需经公证或主管部门批准方可生效的合同，是否已办妥了这方面手续，获得了证明或批准。

（2）合同完备性分析。主要是看合同协议书、中标函、投标书、工程图纸、技术规范、工程量清单和合同条款等是否齐全。

（3）合同公平性分析。主要是指合同所规定的双方权利和义务的对等、平衡和制约问题。

（4）合同整体性分析。主要是考虑到合同条款是一个整体，各条款之间有着一定的内在联系和逻辑关系。在合同订立前应认真细致地分析这些条款在时间上和空间上、技术上和管理上、权利义务的平衡和制约上的顺序关系和相互依赖关系，避免各条款间出现缺陷、矛盾或逻辑上的不足。

（5）合同条款的选用分析。主要是考虑到合同条款和合同协议书作为合同文件最重要的部分，发包人应在保证履行招标承诺的基础上，根据需要选择拟订合同条款，可以选用标准的合同条款，也可以根据需要对标准的文本作出修改限定或补充。

（6）合同间的协调分析。主要是考虑建设项目一般要签订若干合同，如勘察设计合同、施工合同、供应合同、贷款合同等。在合同体系中，相关的同级合同之间，主合同与分合同之间关系复杂，必须对此作出周密分析和协调，其中既有整体的合同策划，又有具体的合同管理问题。

（7）合同应变性分析。主要是考虑合同价格、合同条件、合同实施方案和建设项目环境等要素的综合分析。在合同履行过程中，其合同状态经常会出现变化。一旦合同状态的某一方面发生变化，即打破了合同状态的"平衡"。合同应事先规定对这些变化的处理原则和措施，并以此来调整合同状态，这就是合同的应变性。

（8）合同文字惟一性和准确性分析。主要是指合同文件解释的基本原则是"诚实信用"，所有合同都应按其文字所表达的意思准确而正当地予以履行。

7.5.3 合同订立中的管理

1. 合同的缔约谈判

合同谈判是指合同双方在合同签订前进行认真仔细地会谈和商讨，双方在招投标过程中达成的协议具体化或做某些增补与删改，对价格和所有合同条款进行法律认证，最终订立一份对双方都有法律约束力的合同文件的过程。其缔约谈判的主要内容有：

（1）谈判准备。合同谈判的结果直接关系到合同条款的订立是否于己方有利。在合同正式谈判开始前，合同各方应深入细致地做好充分的思想准备、组织准备、资料准备等，为合同谈判最后的成功奠定基础。

（2）缔约谈判。在初步洽谈中做好市场调查、签约资格审查、信用审查等工作。

在实质性谈判中双方通过初步洽谈并取得了广泛相互了解后可以进入实质性谈判阶段，实质性谈判主要包括合同的标的物、数量和质量、价款或酬金、时间、履行、验收方法、违约责任等条款。在签约前必须就双方一致同意的条件拟订明确、具体的书面协议，以明确双方的权利和义务。具体形式可由一方起草并经商讨由另一方确认后形成；或者由双方各起草一份协议，经双方综合讨论，逐条商定，最后形成双方一致同意的合同。

（3）缔约过失责任。缔约过失责任是指合同当事人在订立合同的过程中，因违反法律规定、违背诚实信用原则，致使合同未能成立，并给对方造成损失而应承担的损失赔偿责任。

与违约责任不同的是，缔约过失责任发生在合同成立之前，适用于合同未成立、合同未生效、合同无效等情况下对过失方的追究。

2. 合同的订立程序

与一般合同的订立过程一样，建设项目合同双方当事人也采取要约、承诺的方式达成一致意见，订立合同。当事人双方意思表示真实一致时，合同即可成立。

在合同订立过程中应该注意的几个基本概念：

（1）要约。在建设项目招投标活动中，招标人发布的招标公告或招标邀请只是一种要约邀请，而不是要约，因为它不是向特定的主体发出的，也没有规定价格。投标人进行投标报价的行为则是要约，是当事人一方向另一方提出订立合同的愿望。

（2）承诺。对于建设项目合同，由于涉及的标的物比较特殊且金额巨大，所以承诺要以书面的形式作出。在招投标活动中，招标人发出中标通知书即为承诺。

（3）合同的生效与成立。已经成立的合同产生当事人所预期的结果，则称为合同的生效。承诺生效时合同成立，也就是说承诺生效的时间即为合同成立的时间。

（4）无效合同与可撤销合同。

无效合同是指合同在欠缺某生效条件的情况下或者合同适用法律中规定的合同无效情形时，合同当然不产生效力，且绝对无效，自始无效。《合同法》对无效合同认定条件作出了具体规定。

可撤销合同是指合同欠缺一定生效要件，其有效与否，取决于有撤销权的一方当事人是否行使撤销权的合同。如：合同的内容对当事人一方显失公平或当事人一方对合同内容有重大误解时，可以依法变更或撤销合同。

（5）部分无效合同。无论是无效合同还是可撤销合同，如果其无效或者被撤销而宣告无效只涉及合同的部分内容，不影响其他部分效力的，则其他部分仍然有效。部分无效的合同应具备两个条件，即合同内容是可分的；合同无效或者被撤销部分不影响其他部分的效力。

（6）合同履行的担保方式。为了促使合同全面履行，保证权利人的权利得以实现，维护合同的严肃性，保障市场经济有序运行，可对合同实行担保制度。合同的担保是指合同当事人根据法律规定或双方约定，为确保合同的切实履行而设定的一种权利、义务关系。具体实施依据为《中华人民共和国担保法》。

7.5.4 合同履行中的管理

1. 合同履行的具体形式

合同履行是指合同依法成立以后，当事人按照约定的内容和约定的履行期限、地点和方式，全面完成各自所承担的合同义务，从而使该合同所产生的合同法律关系得以全部实现，当事人的经济目的得以达到的整个行为过程。合同履行在概念上包含实际履行和全面履行两层要求。

2. 违约责任

违反合同的法律责任可分为当事人责任和直接责任人责任。不履行经济合同的行为是由于当事人的过错所引起的，则当事人的行为是一种违约行为，应承担法律责任，简称违约责任。

(1) 违约责任的形式。当事人违反合同时应承担违约责任，其形式有：支付违约金、支付赔偿金、采取补救措施、继续履行合同、解除合同。

(2) 承担违约责任的原则和条件。承担违反经济合同责任的原则与条件主要是有不履行合同的行为和行为人有过错。

(3) 违约责任的减免。当事人一方由于不可抗力的原因不能履行合同时，可以根据情况部分或全部免予承担违约的责任。

3. 合同的履行中止

合同的履行中止是指合同当事人双方在履行合同过程中，由于当事人一方不能履行合同规定的义务时，另一方当事人为了避免因合同的不履行所造成的损失而暂时停止履行合同中规定的双方权利义务关系的一种法律行为。

(1) 合同履行中止的法定条件是指中止合同的法律规定和合同约定条件，具体内容有：

当事人一方必须有另一方不能履行或不履行合同的确切证据，证明对方存在以下情况：经营状况严重恶化；转移财产、抽逃资金，以逃避债务；丧失商业信誉；丧失或者可能丧失履行债务能力的其他情形。

签订合同一方暂时中止合同履行后，如果另一方对履行合同提供了充分的担保后应当解除中止合同的行为，继续履行合同。

(2) 合同履行中止的法律后果是承担赔偿责任，继续履行合同，承担违约责任。

4. 合同的变更、转让、解除与终止

(1) 合同的变更

合同变更的原因和依据应在合同变更指令中详细说明。

合同变更的范围主要包括建设项目的工程数量、技术规范、合同条件、图纸文件、项目进度等。

合同变更的程序是：提出合同变更，审查建设项目工程变更，编制工程变更文件。

(2) 合同的转让

合同转让的概念是指合同间主体的变更，它是合同变更的一种特殊形式。合同转让后，原合同主体之间的权利义务关系随之全部消失或部分消失。合同转让包括合同权利的转让（债权的转让）、合同义务的转让（债务的转让）以及合同权利、义务的一并转让三种情况。

法律法规对建设项目合同的转让作出的限制有：禁止承包人将其承包的建设项目工程全部转包给第三人；禁止承包人将其承包的全部工程肢解以后以分包的名义分别转包给第三人。

（3）合同的解除与终止

合同的解除是指消灭合同效力的法律行为，即消灭原合同关系，不再建立新的法律关系。对于合同的解除，合同当事人必须协商一致。

要求解除合同的一方应及时通知对方。由于合同的解除使一方遭受损失时，应由责任方负责赔偿损失。

合同终止是指合同签订以后因一方的法律事实的出现而终止合同关系。合同自正式签订以后，是不允许随意终止的，但是如果发生某种特定情况，合同的法律关系可以终止。

7.5.5 合同发生争议与纠纷的管理

1. 合同争议与纠纷产生的原因

合同的争议和纠纷是不可避免的，引起合同纠纷的因素很多，通常有以下几方面：

(1) 合同本身存在缺陷的原因；

(2) 不可预见的原因；

(3) 在执行合同过程中发生的人为原因。

2. 合同争议与纠纷的处理方法

合同争议和纠纷的发生比较常见，发生合同争议和纠纷时如何处置对双方当事人来说都极为重要。处置合同争议和纠纷的主要方式有：友好协商、调解、仲裁和诉讼。

(1) 友好协商是指双方当事人愿意就发生的纠纷进行友好磋商，愿意做出一些有利于纠纷实际解决的有原则的让步，并在彼此都认为可以接受、继续合作的基础上达成和解协议，以使合同能够得到正常履行。

(2) 调解是指当纠纷发生时由第三者从中调解，促使双方当事人和解。调解的过程是查清事实、分清是非的过程，也是协调双方关系、更好地履行合同的过程。调解可以在交付仲裁和诉讼前进行，也可以在仲裁和诉讼过程中进行。

(3) 仲裁。对于通过友好协商与调解不能有效解决的纠纷可求助于仲裁来解决。

所谓仲裁是指双方当事人根据合同中的仲裁条款或者事后双方达成的书面协议，自愿把争议提交由双方同意的第三者（各类仲裁机构）依照一定的程序进行裁决，仲裁机构做出裁决后，由仲裁机构制作仲裁裁决书。

(4) 诉讼是指司法机关和当事人在其他诉讼参与人的配合下，为解决合同争议或纠纷依法定诉讼程序所进行的全部活动。

7.5.6 合同的索赔管理

1. 索赔的特点

索赔是指在合同履行过程中，合同当事人一方不履行或未正确履行其义务，而使另一方受到损失，受损失的一方通过一定的合法程序向违约方提出经济或时间补偿的要求。

（1）索赔作为一种合同赋予双方的具有法律意义的权利主张，其主体是双向的。在合同的实施过程中，不仅承包商可以向建设单位索赔，建设单位也同样可以向承包商索赔。

（2）索赔必须以法律或合同为依据。只有一方有违约或违法事实，受损方才能向违约方提出索赔。

（3）索赔必须建立在损害后果已客观存在的基础上，不论是经济损失或权利损害，没有损失的事实而提出索赔是不能成立的。经济损失是指因对方因素造成合同外的额外支出，如人工费、机械费、材料费、管理费等额外开支；权利损害是指虽然没有经济上的损失，但造成了一方权利上的损害，如由于恶劣气候条件对工程进度的不利影响，承包商有权要求工期延长等。

（4）索赔应采用明示的方式，即索赔应该有书面文件，索赔的内容和要求应该明确而肯定。

（5）索赔是一种单方行为。

2. 索赔的原因

通常造成索赔的原因很多也很复杂，常见的几种索赔原因有：

（1）建设项目设计方面。建设项目设计与实际间的差异等原因导致的建设项目在工期、人工、材料等方面的索赔。

（2）建设项目合同方面。在合同实施过程中双方在签订合同时未能充分考虑和明确各种因素对建设项目的影响，致使合同在履行中出现这样那样的矛盾，从而引起实施过程中的索赔。

（3）意外风险和不可预见因素。在合同实施过程中，发生了如地震、台风、流沙泥、地质断层、天然溶洞、沉陷和不明地下构筑物等引起的实施过程中的索赔。

（4）不依法履行合同。承发包双方在履行合同的过程中往往因一些意见分歧和经济利益驱动等人为因素，不严格执行合同文件而引起的实施过程中的索赔。

（5）建设项目承发包管理原因。当前建筑市场中建设项目的承发包包括总包、分包、劳务承包、设备材料供应承包等多种方式，使得承发包工作变得复杂和管理难度增大，任何一个承包合同不能顺利履行或管理不善，都会引发其他承包合同在工期、质量、数量和经济等方面的索赔。

（6）价格调控引起的索赔和法规变化引起的索赔。

3. 索赔的分类

索赔可以从不同的角度、按不同的标准进行以下分类：

（1）按索赔发生的原因分类。如施工准备、进度控制、质量控制、费用控制及管理等原因引起的索赔。

（2）按索赔的目的分类。可分为工期索赔和费用索赔。

（3）按索赔的依据分类。可分为合同规定的索赔、非合同规定的索赔。

（4）按索赔的有关当事人分类。可分为承包商同建设单位之间的索赔，总承包商同分包商之间的索赔，承包商同供应商之间的索赔，承包商向保险公司、运输公司的索赔等。

（5）按索赔的业务性质分类。可分为工程索赔和商务索赔。

（6）按索赔的处理方式分类。可分为单项索赔和总索赔。

复习思考题：
1. 简述建设项目合同狭义、广义之分内容。
2. 简述建设项目合同的特征。
3. 建设项目监理合同中委托人与监理人的各自义务有哪些？
4. 签订建设项目施工合同应具备的条件有哪些？
5. 建设项目合同的全过程管理内容包括哪些？
6. 合同订立前合同分析工作主要包括哪些？

第8章 建设项目施工管理

本章节阐述了建设项目施工准备管理、施工质量管理、进度管理、成本管理、安全生产与环境管理、文档管理等的含义、依据、内容和措施。通过对建设项目施工管理的学习，可以进一步了解建设项目施工管理的方法和内涵。

8.1 施工准备管理

在建设项目可行性研究报告、勘察、设计等一系列前期审查报批工作完成后，建设项目就进入了具体实施阶段。为保证建设项目能够正常顺利地开工，施工单位要充分做好施工前的各项准备工作。施工准备的任务，主要是为建设项目的施工提供必要的技术和物质条件，统筹安排施工力量和施工现场，保证工程建设项目具备开工和连续施工的基本条件。实践证明，凡是重视施工前期准备工作，积极为建设项目创造一切施工条件，项目的施工就会顺利进行；反之，会给项目施工带来麻烦。

8.1.1 施工图纸会审和设计技术交底

施工图纸会审是施工前的一项重要准备工作。在施工图纸会审之前，建设单位应将施工图纸发送到相关单位，并要求参加施工图纸会审的各单位认真准备，充分理解设计意图及技术要求，从中发现问题，提出建议与意见。对于大型复杂的工程，建设单位应先组织技术部门的各专业技术人员进行预审，将发现的问题进行汇总，并提出初步处理意见，做到在会审前对设计心中有数。

1. 施工图纸会审的基本内容及要求

施工图纸是对建设项目的建（构）筑物、设备、管线等工程对象的尺寸、外形、布置、选用设备材料、相互关系、施工及安装质量要求的详细说明，是指导施工的直接依据，也是施工阶段质量控制的一个重点。施工图会审的目的是为了让施工、监理等相关单位熟悉设计图纸，了解建设项目特点，理解设计意图和建设单位对工程建设的要求，找出需要解决的技术问题和施工工艺问题。同时，集思广益，解决施工图纸中存在的问题，减少图纸的差错，避免施工返工。

施工图纸会审一般由建设单位主持，监理单位组织，设计单位、施工单位等有关人员参加。施工图纸会审时要有专人做好记录，并在会后形成会审纪要。对于会审中提出的问题，要着重说明处理意见和解决办法，以及相应的责任单位。会审纪要是处理施工过程中相关问题的重要依据，也是竣工验收的重要依据文件。会审纪要经参加会审的单位签字确认后，分别送交各单位执行并存档。

2. 设计技术交底的目的及要求

设计技术交底是指设计图纸经国家有关部门审查批准后，在设计文件交付施工使用前，由设计单位就设计意图、图纸要求、技术性能、施工要求及关键部位的特殊要求等向各参建单位进行交底。设计技术交底可与施工图纸会审一并进行。设计技术交底的主要目的是：

(1) 使各参建单位正确理解设计意图；

(2) 通过前期各参建单位对设计图纸的掌握，加深对设计文件特点、难点、疑点的理解；

(3) 对于一些关键部位应重点进行说明、讲解，确保施工时的质量管理；

(4) 把设计要求、施工技术要求和质量标准贯彻到基层直至现场工作人员；

(5) 对于施工难度大、技术要求高以及首次采用新技术、新工艺、新材料的工程，通过设计技术交底，要求施工单位制定相应的技术保障措施，做好技术培训工作，必要时应先行试点，取得经验并经监理单位批准后推广。

在设计技术交底前，各单位要先熟悉施工图纸和设计文件（包括说明）所采用的规范、工艺标准、质量标准等。对关键工程部位、特殊和隐蔽工程的质量要求，在进行交底时，要求设计单位专门做出详细的设计方案阐述，将设计要求交代清楚；对容易发生工程质量事故与工伤事故的特殊工种和建设项目，在技术交底时，要着重强调，让施工单位心中有数，预防施工时发生事故。

在施工图纸会审和设计技术交底的基础上，施工单位应按施工技术管理程序，在单位工程、分部分项工程施工前逐级向下进行技术交底，如对施工组织设计中涉及的工艺要求、质量标准、技术安全措施、规范要求和施工方法、施工图纸会审中涉及的要求及变更等内容，应向有关施工人员进行交底。

8.1.2 施工组织设计审查

施工组织设计是建设项目施工组织的总体性规划，是施工单位组织施工的指导性文件，是建设单位、监理单位和有关部门督促检查施工单位合理组织施工，科学进行管理，有效使用人力、物力，有序安排时间和空间，确保工程施工能够顺利进行的重要依据。施工组织设计根据建设项目的规模、特点、技术难易程度、施工条件的差异和所处阶段的不同可分为：施工组织总设计、单位工程施工组织设计和分部分项工程施工组织设计。

1. 施工组织设计的主要内容

施工组织设计一般包括以下主要内容：

(1) 编制依据。包括国家和地方技术标准、规范、规程、定额，设计文件、各类合同，以及企业内部的各项规章制度、管理体系文件等。

(2) 工程概况。主要包括建设项目的性质、规模，建筑、结构专业特点，水文地质条件，建筑所处地区的特殊条件，建设单位、质量监督单位、监理单位、设计单位等。

(3) 施工部署。包括施工要求、施工任务分工安排、施工组织管理体制的设置、施工顺序或分期分阶段施工计划安排；现场障碍物的清除、场地平整、道路围墙、排水系统的位置及走向；施工临时用电、用水管网线路的铺设、架设；现场各种临时房屋的搭设数量、位置；现场测量平面控制网及水准高程点的设立；拟进设备、材料的报监（理）、送检（验）有关技术准备、岗位培训工作；采用新技术、新工艺、新材料、新设备等项目的科研、试验、应用计划。

(4) 主要施工方法。包括：

1）重点单位工程的基础结构、主体结构、装饰装修施工方案的选择；

2）主要分部分项工程施工方法。如土方开挖、施工降水、边坡支护型式、钢筋工程、模板工程、混凝土工程、脚手架工程等施工方法。

（5）施工总进度计划（施工总控制网络计划）。

（6）各项资源需用量计划。主要内容包括材料、劳动力、施工机具、构件、加工半成品等需用量和需用时间计划，其中特殊材料应单独列报。

（7）施工总平面图。由技术部门会同工程部门组织相关人员共同绘制。

（8）主要施工技术管理措施。主要内容包括质量、安全、消防保卫、环保、计量、技术资料等措施，冬季、雨期施工技术措施及现场文明施工措施等。

2. 施工组织设计审查的内容

在项目施工前，施工单位应按要求向监理单位报送项目施工组织设计，在监理单位审查后，报建设单位审批。

施工组织设计审查的内容主要包括施工方案、施工进度计划、施工平面图、资源计划等。

（1）施工方案的审查

施工方案是施工组织设计的核心，方案确定的优劣直接影响到现场的施工组织及工期。施工方案的审查重点包括以下内容：

1）施工方法和施工机械的确定。对主要施工过程选择施工方法和施工机械时，应考虑工程特点、结构性质、工程量和施工要求，气候与地形、地貌、地质、现场及周围的施工环境、工期、施工单位的技术装备和管理水平等；

2）施工流向的确定。施工流向是指在工程立体空间及平面位置施工开始的部位及其流动方向。施工流向的确定应满足施工组织及工程分期分批竣工投产的要求；

3）施工顺序的确定。施工顺序应符合施工技术和施工工艺的要求，应与所选择的施工方法和施工机械相适应，应满足施工组织与施工进度的要求，应符合施工质量和安全施工的要求，应考虑现场不利条件造成的影响；

4）各项施工技术组织措施的确定。应重点审查施工方案中为保证工程质量和工期、降低成本、现场安全施工与文明施工所采取的技术组织措施。

（2）施工进度计划的审查

施工进度计划中的工期安排应当符合施工合同中对工期的要求，施工进度计划必须具有可行性和科学性。可行性要求施工单位应根据现场施工条件和自身组织管理能力编制计划，真实反映其按进度计划组织施工的可能性；科学性要求施工进度计划安排得既合理、又符合施工合同的要求，确保建设项目质量。为此，项目监理单位应认真、细致地审查施工单位提交的施工进度计划。施工进度计划审查要点包括：

1）工期。总工期和阶段工期目标是否符合合同规定的要求；计划工期完成的可能性，计划是否留有余地；

2）施工顺序。各个施工过程的施工顺序是否符合施工技术与组织的要求；

3）持续时间。主导施工过程的起止时间及持续时间的安排是否正确合理；

4）技术间歇。应有的技术间歇时间和组织间歇时间的安排是否符合有关规定的要求；

5）交叉作业。从施工工艺、质量控制、安全生产的要求，审查平行、搭接、立体交

叉作业的施工工序安排是否科学、合理;

6) 场地与交通。建设单位提供的施工场地与进度计划所需要的场地是否一致,各承包单位施工场地的利用是否会产生相互影响,运输路线的数量、距离、路况是否满足进度计划的要求;

7) 资源配置。劳动力、材料、机械及水、电、气等需用量是否落实和在计划中能否均衡利用。

(3) 施工平面图的审查

施工平面图是施工现场的统筹布局,关系到施工现场组织与管理的综合效率。施工平面图的审查内容主要包括:

1) 施工平面图的内容是否全面;
2) 空间利用是否合理;
3) 料场、取弃土地点、路线等安排是否合理;
4) 安全、消防、环保等方面是否满足国家有关法规的要求。

(4) 资源计划的审查

资源计划主要是指施工材料、劳动力、设备需用计划。应当审查建设项目所需的材料、劳动力和设备是否能及时得到供应;主要建筑材料的规格型号、性能、技术参数、质量标准能否满足工程需求;材料、劳动力、设备供应计划是否与施工进度计划相协调,能否保证施工进度计划的顺利实施。

8.1.3 物资准备

材料、构(配)件、制品、机具和设备是保证施工顺利进行的物资基础,这些物资的准备工作必须在工程开工之前完成。建设单位会同监理单位审查施工单位的各种物资用量计划、运输和储备情况,使其能满足连续施工的要求。

物资准备工作主要包括建筑材料的准备、构(配)件和制品的加工准备、建筑安装机具的准备和生产工艺设备的准备。

8.1.4 劳动组织准备

建设单位、监理单位、施工单位应根据建设项目的规模、特点和复杂程度,建立各自的项目管理机构,任命项目管理机构负责人,组建项目管理团队,建立健全各项管理制度。特别是施工单位应建立精干的施工队伍,按照开工日期和劳动力需求计划,有计划地组织施工队伍进场。

8.1.5 施工现场准备

建设单位应协助施工单位做好现场准备工作,并要求监理单位对施工单位的现场准备工作进行监督和检查,确保施工场地、道路、水、电、通信及临时设施等条件能满足建设项目开工的要求。

1. 施工现场的补充勘探及测量放线

(1) 现场补充勘探。主要目的是在施工范围内寻找枯井、地下管道、旧河道、暗沟、古墓等隐蔽物的位置和范围,以便及时拟定处理方案,为主体工程施工创造有利条件。

(2) 现场的控制网测量。按照提供的建筑总平面图、现场红线标桩、基准高程标桩和经纬坐标控制网,对全场做进一步的测量,设置各类施工基桩及测量控制网。

(3) 建筑物定位放线。根据场地平面控制网或设计给定的作为建筑物定位放线依据的建筑物及构筑物的平面图,进行建筑物的定位和放线,测量放线必须保证准确度,杜绝出现偏差和错误。

2. 施工道路及管线

对已经完成"四通一平"的施工现场,进一步检查以下内容:

(1) 施工道路是否满足主要材料、设备及劳动力进场需要;

(2) 施工给水与排水设施的能力及管网的铺设是否合理及满足施工需要;

(3) 施工供电设施是否做到合理安排供电,能够满足施工进度需求。

为了节约投资,施工道路、各种管线及其他设施应尽量利用已有的永久性设施。

3. 施工临时设施的建设

现场生产、生活和办公用房等临时设施,在布置安排时,要遵照当地有关规定进行规划布置。在考虑现场临时设施的搭设时,应尽量利用原有建筑物,尽可能减少临时设施的数量,以便节约用地,节省投资。

临时设施平面图及主要房屋结构图应按有关规定要求报请规划、市政、消防、交通、环境保护等有关部门审查批准。

4. 施工安全与环保措施

通过对施工安全与环保措施的监督检查,使施工现场各级人员认识到安全生产、文明施工的重要性,确保建设项目满足安全环保要求,高效率、高质量地顺利完成。

(1) 落实安全施工的宣传、教育措施和有关的规章制度;

(2) 审查易燃、易爆、有毒、腐蚀等危险物品管理和使用的安全技术措施;

(3) 审查土方与高空作业、上下立体交叉作业、土建与设备安装作业等的施工安全措施;

(4) 审查现场临时设施是否按照施工组织设计确定的施工平面图布置,是否达到安全和防火的要求。施工与生活垃圾、废弃水的处理是否符合当地环境保护的要求。

5. 施工扰民及应急措施

工程需要连续施工时,应向工程周围的居民做好解释工作,并依据项目所在地的有关规定,签订施工扰民补偿协议。需要在 23 时至次日 6 时进行超过国家标准噪声限值的作业时,必须向工程所在地建设行政主管部门提出申请,经审查批准后到工程所在地环境保护部门备案。

建设单位会同监理单位检查施工单位针对各类突发事件是否已制定应急预案,应急措施是否可行、是否有相应的物质保障和组织保障;是否做好季节性工作准备,在冬季、雨季、高温、农忙季节等是否有完善的施工措施和相应的准备工作。

8.2 施工质量管理

由于建设项目施工涉及面广,影响施工质量的因素多,诸如地形、地质、水文、气象、设计、材料、机械、人员素质、施工工艺、操作方法、技术措施、工期造价、管理制度等等，均直接影响到建设项目的施工质量。因此，从建设项目施工准备开始直至施工结束的全过程，始终要把工程质量放在首位。通过质量策划、质量控制、质量保证和质量改进等措施，依据有关法律、法规、合同、设计文件等，明确建设项目各参建方的质量责任和义务，充分发挥施工、监理等单位的主观能动性，加强监督管理，确保项目质量管理目标的实现。

8.2.1 施工质量管理依据

国家在建设工程质量管理方面已经颁布了许多法律法规及规范性文件，各行业主管部门也有针对性地颁发了各行业工程建设质量管理部门规章、标准和规范性文件，所有这些法律法规、规章和标准、规范性文件是施工质量管理的重要依据。质量管理依据还包括建设单位与施工、监理等有关方签订的各类合同、补充协议和工程设计文件，以及现场签发的各种指令、设计变更和工地例会形成的联席会议纪要等。

8.2.2 施工质量管理原则

"百年大计，质量第一"，施工质量应突出"以人为本、质量预控、过程精品、数据控制、标准化管理"的原则。

1. 以人为本原则

充分调动人的积极性、创造性，增强人的责任感，强化"质量第一"的观念，提高专业水平，避免人为失误，以人的工作质量带动工序质量进而提高工程质量。

2. 质量预控原则

通过完善各种质量管理措施，达到对施工过程中"人、机、料、法、环"和"图纸、方案"等方面的有效控制和管理，以确保项目质量管理目标的实现。

3. 过程精品原则

最终质量目标的实现，是大量的分项、分部工程质量目标实现后的综合结果。对项目整体而言，将按照实施的不同阶段、不同专业和不同工序的特点，对项目目标进行分解，制定相应的措施，通过对过程中的产品质量的精品化管理，来保证各分解目标的实现。

4. 数据控制原则

在质量控制中，应建议建设单位尽早建立一套质量检测数据库，通过计算机数据分析系统，对工程质量状况实施量化管理。

5. 标准化管理原则

通过建立包括各参建单位在内的项目质量综合管理体系，在项目的各个层面全面开展项目质量保证活动。

8.2.3 施工质量管理内容

1. 施工准备质量控制

（1）施工技术准备的质量控制

1）组织好施工图纸审核和技术交底工作。应要求设计单位按照国家现行的有关规定、标准和合同规定，建立健全质量保证体系，确保施工图设计符合质量要求；在施工图纸审核中，重点审核图纸资料是否齐全，标注尺寸有无矛盾及错误，供图计划是否满足组织施工的要求以及所采取的保证措施是否得当；设计采用的有关数据及资料是否与施工条件相适应，能否保证施工质量和安全。

2）认真审查施工组织设计或施工方案。重点审查施工方法与机械选择、施工顺序、进度安排及平面布置等是否能够保证组织连续施工；所采取的各项质量保证措施是否切实可行。

(2) 现场准备工作的质量控制

主要包括：场地平整度和压实程度能否满足施工质量要求；测量数据及水准点的埋设是否满足施工要求；施工道路的布置及路况是否满足施工运输的要求；施工临时用水、电、热、通讯等是否满足施工要求等。

(3) 材料设备供应工作的质量控制

所供应的材料设备的质量是否符合国家有关法规、标准及合同规定的要求；是否建立了有关材料设备进场的检查验收程序，以及保证材料质量的必要试验设施；材料设备供应计划与供应方式是否满足施工的要求。

2. 施工过程质量控制内容

(1) 加强对施工单位质量保证体系实施情况的检查

1）对施工单位质量保证体系进行检查，并实施监督，使其能在质量管理中始终发挥作用。

2）监理单位必须作好特殊施工过程和关键工序的识别与质量控制工作。

(2) 做好施工过程质量跟踪监控工作

1）定期或不定期检查施工单位直接影响工程质量的计量设备的技术状况。

2）加强现场施工质量的巡视检查工作。在巡检中深入施工现场，及时发现质量隐患，及时处理，尽量避免出现漏检和误检情况。

3）做好重点施工工序、部位的跟踪检查，要求施工单位对重要的分部、分项工程实行试验段样板指导工作制度。

4）严格各种材料、设备进场的检查，防止不合格的材料用于工程中。

5）加强隐蔽工程的检查与验收工作。隐蔽工程是指地基、电气管线、供水供热管线等需要覆盖、掩盖的工程。应严格按照国家有关规定，做好隐蔽工程的检查与验收工作。施工单位在隐蔽工程隐蔽以前，应按要求填写隐蔽工程报验申请表，报送监理单位。经过现场查验合格予以签认后，施工单位方可进入下一道工序施工。在隐蔽工程施工过程中，监理单位必须按照有关规定安排监理人员进行旁站。

6）做好施工过程中的成品质量控制。监理工程师要做好施工单位报送的分部工程和单位工程质量验评资料的审核和现场检查工作，应按照国家工程施工质量验收标准检查分项、分部及单位工程质量。

7）积极协助或配合工程质量监督机构对工程质量的监督管理工作。

8）建立施工质量管理档案，真实记录施工作业的整个监控过程并做到即时性和可追溯性。

(3) 做好工程竣工验收和回访工作

1）按照国家有关规定，组织工程竣工验收，把好工程质量最后验收关。

2）做好工程竣工验收资料的归档与移交工作。

3) 做好工程缺陷责任期、保修期的回访工作。在工程交付使用后，监理单位应组织专业工程师进行回访，做好质量缺陷的修复工作。

8.2.4 施工质量管理要求

1. 主体工程质量应达到建设单位、国家和当地相关部门要求的水平。
2. 监理单位应按照国家有关规定和监理合同的要求，配备相应的质量检测设备，对施工单位的工程质量进行全程控制管理，并对施工现场工程质量负有直接监控责任。
3. 监理单位必须严格履行质量安全事故报告制度，对质量安全事故的出现及处理要及时向建设单位报告，对质量安全事故的处理履行备案手续。
4. 由于监理单位工作失职导致发生质量安全事故或产生质量安全隐患的，监理单位必须承担相应责任，并承担相应经济损失，情节严重的追究相应的法律责任。
5. 施工单位必须设立独立的质检机构，建立健全质量保证体系，制定完善的质量岗位细则、质量责任及考核办法，落实质量责任制。
6. 施工单位在施工过程中必须加强质量检验制度，切实做好施工质量全过程自控及管理。
7. 施工人员必须持证上岗，在接受监理单位的质量控制管理、建设单位的监督检查的同时，还需接受政府行政主管部门的质量监督。
8. 施工单位定期向监理单位报告质量情况。遇重大质量问题时，要及时向建设单位汇报，并提出初步解决方案。如隐瞒不报，造成重大损失的，依据有关规定追究当事人的法律责任。

图 8-1 为施工质量管理流程图。

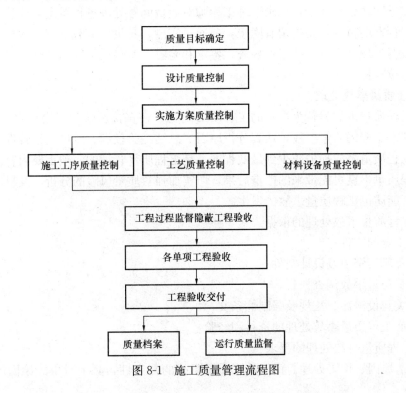

图 8-1 施工质量管理流程图

8.2.5 质量问题和事故处理

根据我国工程质量管理的有关规定，凡是工程产品质量没有满足相关规定的要求，就称之为质量不合格；而没有满足预期的使用要求或合理的期望（包括与安全性有关的要求），则称之为质量缺陷。在建设工程中通常所称的工程质量缺陷，一般是指工程不符合国家或行业现行有关技术标准、设计文件及合同中对质量的要求。由于工程质量不合格和质量缺陷，而造成或引发经济损失、工期延误或危及人的生命和社会正常秩序的事件，称为工程质量事故。

根据我国现行规定，凡是工程质量不合格，必须进行返修、加固或报废处理，由此造成直接经济损失低于 5000 元的称为工程质量问题；直接经济损失在 5000 元（含 5000 元）以上的称为工程质量事故。

1. 工程质量问题处理

（1）当发生工程质量问题时，监理工程师首先应判断其严重程度。对可以通过返修或返工弥补的质量问题可责成施工单位写出质量问题调查报告，提出处理方案，报监理单位审核后，由施工单位采取措施进行处理，必要时应经设计单位认可，处理结果应重新进行验收。

（2）对需要加固补强的质量问题，或质量问题的存在影响下道工序和分项工程的质量时，应签发"工程暂停令"，指令施工单位停止有质量问题部位和与其有关联部位及下道工序的施工。必要时，应要求施工单位采取防护措施，责成施工单位写出质量问题调查报告，由设计单位提出处理方案，并征得建设单位同意后，由施工单位进行处理，处理结果应重新进行验收。

（3）质量问题处理完毕，要求监理工程师对质量问题处理进行鉴定，确认质量问题处理是否达到预期的目的，是否留有隐患，要通过实测、实量、荷载试验、取样试压、仪表检测等手段对处理结果进行严格的检查、鉴定和验收，写出质量问题处理报告，报建设单位和监理单位存档。

2. 工程质量事故处理

（1）工程质量事故是较为严重的工程质量问题，将直接影响到建设项目的使用功能，因此，处理好工程的质量事故，认真分析原因、总结经验教训、改进质量管理与质量保证体系，使工程质量事故损失减少到最低程度，是工程质量管理的一项重要内容。建设单位要重视工程质量不良可能带来的严重后果，切实加强对质量风险的分析，及早制定对策和措施，尽可能防范工程质量事故的发生。

（2）工程质量事故处理的依据

1）施工合同文件；

2）工程勘察资料及设计文件；

3）施工质量事故调查报告；

4）相关建设法律、法规及强制性条文；

5）类似工程质量事故处理的资料和经验。

（3）工程质量事故处理的要求

1）搞清原因、稳妥处理。由于施工质量事故的复杂性，必须对事故原因展开深入地调查分析，必要时应委托有资质的工程质量检测单位进行质量检测鉴定或邀请专家咨询论证，只有真正搞清事故原因之后，才能进行有效地处理。

2) 坚持标准、技术合理。在制订或选择事故技术处理方案时，必须严格坚持工程质量标准的要求，做到技术方案切实可行、经济合理。技术处理方案原则上应委托原设计单位提出；施工单位或其他方面提出的处理方案，也应报请原设计单位审核签认后才能采用。

3) 安全可靠、不留隐患。必须加强施工质量事故处理过程的管理，落实各项技术组织措施，做好过程检查、验收和记录，确保结构安全可靠，不留隐患，功能和外观处理到位达标。

(4) 工程质量事故发生后，监理单位应签发工程暂停令，要求停止进行质量缺陷部位和与其有关联部位及下道工序施工，并要求施工单位采取必要的措施，防止事故扩大并保护好现场。同时，要求质量事故发生单位迅速按类别和等级向相应的主管部门上报，并于24小时内写出书面报告。

(5) 当施工过程发生质量事故，尤其是导致土方、结构、施工模板、平台坍塌等安全事故造成人员伤亡时，施工负责人应视事故的具体状况，组织在场人员果断采取应急措施保护现场，救护人员，防止事故扩大。同时做好现场记录、标识、拍照等，为后续的事故调查保留客观真实场景。

(6) 事故调查是搞清质量事故原因，有效进行技术处理，分清质量事故责任的重要手段。事故调查包括现场施工管理组织的自查和来自企业的技术、质量管理部门的调查；此外根据事故的性质，需要接受政府建设行政主管部门、工程质量监督部门以及检察、劳动部门等的调查，现场施工管理组织应积极配合，如实提供情况和资料。

(7) 监理单位应组织有关各方对施工单位完工自检后的报验结果进行检查验收，必要时应进行处理结果鉴定。应要求事故单位整理编写质量事故处理报告，审核签认后组织将有关技术资料归档。

(8) 对停工整改、处理质量事故的工程，经过对施工质量的处理过程和处理结果的全面检查验收，并有明确的质量事故处理鉴定意见后，报请工程监理单位批准恢复正常施工。

8.3 施工进度管理

8.3.1 施工进度管理的任务

施工进度计划是对工程建设项目施工阶段的工作程序和持续时间进行规划、实施、检查、调查等一系列活动的总称。施工进度管理是指在工程建设过程中按经审批的工程进度计划，采用适当的方法定期跟踪、检查工程实际进度状况，与计划进度对照、比较找出两者之间的偏差，并对产生偏差的各种因素及影响工程目标的程度进行分析与评估，以及组织、指导、协调、监督监理单位、施工单位及相关单位，及时采取有效措施调整工程进度计划。

合同工期确定后，工程施工进度控制的任务，就是根据进度目标确定实施方案，在施工过程中进行控制和调整，以实现进度控制的目标，具体地讲，进度控制的任务是进行进度规划、进度控制和进度协调。要完成好这个任务，应做好三项工作：

（1）制定工程建设项目总进度目标和总计划。进度计划的编制，涉及建设工程投资、设备材料供应、施工场地布置、主要施工机械、劳动力组合、各附属设施的施工、各施工安装单位的配合及建设项目投产的时间要求。对这些综合因素要全面考虑、科学组织、合理安排、统筹兼顾。

（2）要对进度进行控制，必须对建设项目进展的全过程，对计划进度与实际进度进行比较。在施工过程中实际进度与计划进度发生偏离，无论是进度超前或进度滞后都会给施工组织设计和施工工序产生影响，必须及时采取有效措施加以调整，对偏离控制目标的要找出原因，坚决纠正。

（3）进度协调的任务是对整个建设项目中各安装、土建等施工单位、总包单位、分包单位之间的进度搭接，在时间、空间交叉上进行协调。如果对这些单位的进度安排不加以必要的协调，将会造成工程施工秩序混乱，难以确保工程进度按时完成。

8.3.2 施工进度管理的原则

1. 系统性原则

为实现项目的进度控制，首先要建立项目计划、施工组织、进度控制三大管理系统，在编制项目的各种计划，包括进度和资源计划时，应从总体计划到局部计划，逐层进行控制目标分解，保证计划控制目标落实。为了保证项目进度，自上而下都应设有专门的职能部门或人员负责项目进度的检查、统计、分析及调整等工作。所以无论是控制对象，还是控制主体，无论是进度计划，还是控制活动，都应是一个完整的系统。进度控制实际上就是运用系统的理论和方法解决系统问题。

2. 动态控制原则

在项目施工过程中，由于各种因素的影响，施工进度与计划进度发生偏差是不可避免的，因此，施工进度控制实际上是一个不断调整的动态过程，包括编制计划、实施计划、检查、比较与分析、调整修改计划等。从项目开始，计划进入执行，如果实际进度与计划进度一致，施工进度计划的实现就有保证，否则，说明进度发生了偏差，此时应采取措施调整进度计划，并尽量使项目按调整后的计划继续进行。

3. 信息反馈原则

信息是项目进度控制的依据，在整个施工进度管理中，项目的进度计划信息从上到下传递到项目实施相关人员，以使计划得以贯彻落实；项目的实际进度由基层进度控制管理人员，在其职责范围内，经过对相关信息的加工处理，将信息逐级向上反馈，以供决策层分析并做出决策和调整，以使进度计划仍能符合预定工期目标。为此需要建立信息系统，以便不断地传递和反馈信息，所以项目进度控制的过程也是一个信息传递和反馈的过程。

4. 弹性原则

建设项目施工周期一般较长，影响进度的原因很多，例如公路施工中雨季、地质灾害、人为影响和变更设计等等。因此，要求计划编制人员能根据统计经验，估计出各种因素的影响程度和出现的可能性，并在确定进度目标时分析目标的风险，从而使编制项目进度计划留有余地。在控制项目进度时，可以利用这些弹性缩短工作的持续时间，或改变工作之间的搭接关系，以使项目最终能实现工期目标。

5. 优化原则

施工进度控制与质量和成本密切相关。一般来说，累计成本支出与项目进度是成正比的，若累计花费成本与累计计划预算成本相当，但实际完成的实物工程量（进度）并没有达到计划工程量，说明项目实际成本已经超出预算，要完成建设项目就必须增加更多的费用。施工进度管理的目标就是要在保证质量的前提下，寻找进度和成本的最优解决方案。

8.3.3 施工进度管理措施

1. 组织措施

（1）人是项目建设中的决定性因素，在建设项目的起始阶段，就应该建立健全项目组织管理体系，确定工作流程和相应的工作制度，明确各个相关单位进度管理的具体职责，编制各种项进度计划，定期跟踪和收集进度计划的执行情况及其相关信息，规定严格的信息反馈和报告制度，发现偏离情况并及时寻求纠偏措施。

（2）项目计划的完成要靠整个系统的共同努力，要以工程施工总进度网络计划为依据，在整个项目实施过程中把全体人员、协作单位、各部门的全部活动都严密地纳入计划之中，以此进行有效的总控制，并以召开项目定期协调会的方式，努力创造一种和谐的气氛，协调各种关系。同时，要与项目参建各方保持联系，互通情况，沟通信息，及时解决施工中出现的问题。

2. 技术措施

（1）建设单位应认真分析项目的主要技术要求，通过选择合理分标方案，优选合作承包商，从施工组织设计和施工技术方面降低进度控制的风险；通过技术革新，不断优化工程设计技术、工程施工技术和招标方案，提高生产能力和效率，适时检查工程设计技术对总进度计划的可能影响。

（2）建设单位通过定期巡检，对涉及工程管理的各环节进行督促检查，随时反馈信息，根据施工进展的情况，采用先进的信息化管理手段，如工程信息管理集成系统、远程信息视频系统等，随时掌握工程动态。

3. 经济措施

编制与总进度计划相适应的各类资源保障计划，通过对各类资源计划的分析，确定实现总进度计划相适应的资源物资条件，这是实现项目总进度的基本条件；在工程网络计划的关键线路上，某关键工序工期拖延一天即是工程建设总工期拖延一天，因此，在建设单位与设计、工程承包方签订的合同条款中必须明确双方的义务与责任，并明确奖罚条款。在合同执行过程中，注意跟踪与进度相关的经济条件和信息；落实进度计划所需要的保障资金计划、资金供应条件，采取经济手段对违约者追究经济责任以确保工程总计划的实现。

4. 合同措施

涉及工程的设计、施工、订货等合同均是进行计划管理的重要依据。从合同起草伊始，建设单位就应组织专业工程师介入合同的谈判与签订，在合同条款中明确与工程进度相关的具体内容。在工程施工过程中，对相关单位以合同条款为依据进行监督检查，促成计划目标的实现。

5. 信息管理

在整个项目施工过程中，要重视信息管理的作用。科学系统地管理建设信息，准确及时地收集和传递建设项目信息。经过专业人员分析后，形成项目建设进度报告，供各参建单位分析决策，从而实现对项目施工进度的有效控制。

8.3.4 施工进度监督检查

确定合理的工程进度目标，编制科学的进度计划是实现进度控制的必要前提。但是在建设项目施工过程中，由于外部环境和条件的变化，进度计划的编制者很难事先对项目施工过程中可能出现的问题进行全面的估计。气候的变化、不可预见事件的发生以及其他条件的变化均会对工程进度产生影响，从而造成实际进度偏离计划进度，如果实际进度与计划进度的偏差得不到及时纠正，势必影响进度总目标的实现。为此，在进度计划执行过程中，必须采取有效的监控手段对进度计划的实施过程进行监控，以便及时发现问题，并运用行之有效的进度调整方法来解决问题。

在工程进度计划实施过程中，应经常地、定期地对进度计划的执行情况进行跟踪检查，发现问题后，及时采取措施加以解决。

1. 实际进度数据收集。对进度计划的执行情况进行动态跟踪是计划执行信息的主要来源，是进度分析和调整的依据，也是进度控制的关键步骤。动态跟踪的主要工作是及时收集反映工程实际进度的有关数据，收集的数据应当全面、真实、可靠，不完整或不正确的进度数据将导致判断不准确或决策失误。

2. 实际进度数据的加工处理。为了进行实际进度与计划进度的比较，必须对收集到的实际进度数据进行加工处理，形成与计划进度具有可比性的数据。例如，对检查时段实际完成工作量的进度数据进行整理、统计和分析，确定本期累计完成的工作量、本期已完成的工作量占计划总工作量的百分比等。

3. 实际进度与计划进度的比较分析。将实际进度数据与计划进度数据进行比较，可以确定建设项目实际执行情况与计划目标之间的差距。为了直观反映实际进度偏差，通常采用表格或图形进行实际进度与计划进度的对比分析，从而得出实际进度比计划进度超前、滞后还是一致的结论。

实际进度与计划进度的比较是建设项目进度监控的主要环节。常用的进度比较方法有：横道图、S曲线、香蕉曲线、前锋线和列表比较法。

1. 横道图比较法。横道图比较法是指将项目施工过程中收集到的实际进度数据，经加工整理后直接用横道线平行绘于原计划的横道线处，进行实际进度与计划进度的比较。采用横道图比较法，可以形象、直观地反映实际进度与计划进度的比较情况。

2. S曲线比较法。S曲线比较法是以横坐标表示时间，纵坐标表示累计完成任务量，绘制一条按计划时间累计完成任务量的S曲线，然后将建设项目施工过程中各检查时间实际累计完成任务量的S曲线也绘制在同一坐标系中，进行实际进度与进度计划比较的一种方法。

3. 香蕉曲线比较法。香蕉曲线是由两条S曲线组合而成的闭合曲线。由S曲线比较法可知，建设项目累计完成的任务量与计划时间的关系，可以用一条S曲线表示。对于一个建设项目的网络计划来说，如果以其中各项工作的最早开始时间安排进度而绘制S曲线,称为ES曲线,如果以其中各项工作的最迟开始时间安排进度而绘制S曲线,称为LS曲线。两条S曲线具有相同的起点和终点,因此,两条曲线是闭合的。在一般情况下,ES曲线上的其余各点均落在LS曲线的相应点的左侧。由于该闭合曲线形似"香蕉",故称为香蕉曲线。

4. 前锋线比较法。前锋线比较法是通过绘制某检查时刻建设项目实际进度前锋线,进行工程实际进度与计划进度比较的方法。它主要适用于时标网络计划。所谓前锋线,是指在原时标网络计划上,从检查时刻的时标点出发,用点划线依此将各项工作实际进展位置点连接而成的折线。前锋线比较法就是通过实际进度前锋线与原进度计划中各工作箭线交点的位置来判断工作实际进度与计划进度的偏差。进而判定该偏差对后续工作及总工期影响程度的一种方法。

5. 列表比较法。当工程进度计划用非时标网络图表示时,可以采用列表比较法进行实际进度与计划进度的比较。这种方法是记录检查日期应该进行的工作名称及其已经作业的时间,然后列表计算有关时间参数,并根据工作总时差进行实际进度与计划相比较的方法。

工程进度目标按期实现的前提是要有一个科学合理的进度计划。建设项目建设进度受诸多因素影响,这就要求建设项目管理人员事先对影响进度的各种因素进行全面调查研究,预测、评估这些因素对工程建设进度产生的影响,并编制可行的进度计划。然而在执行进度计划的过程中,不可避免地会出现影响进度按计划执行的其他因素,使建设项目进度难以按预定计划执行。这就需要工程管理者在执行进度计划过程中,运用动态控制原理,不断进行检查,将实际情况与进度计划进行对比,找出计划产生偏差的原因,特别是找出主要原因后,采取纠偏措施。措施的确定有两个前提,一是通过采取措施可以维持原进度计划,使之正常实施;二是采取措施后仍不能按原进度计划执行,要对原进度计划进行调整或修正后,再按新的进度计划执行。

8.3.5 施工进度的调整

1. 施工进度调整原则

施工进度调整应遵循以下原则:

(1)新修正施工进度是否满足合同约定的工期要求,是否满足项目总体进度要求。

(2)尽量保证调整后的施工进度时间不能超过其相应的总时差,如果某分项工程延期事件发生在关键线路上,但它延长的施工时间并未超过总时差时,就可以对其进行调整。

(3)调整后的施工进度计划必须符合现场的实际情况,所以要对重点调整计划的有关细节进行详细地说明,并及时向建设单位提供调整后的详细报告。

2. 施工进度调整方法

(1)压缩关键工作的持续时间

不改变工作之间的顺序关系,可以通过缩短网络计划中关键线路上任务的持续时间来缩短已被延长的工期。具体采取的措施有:

1)提高单位时间的生产能力。如增加工作面、延长每天的施工时间、增加劳动力及施工机械的数量等。

2)实行技术革新。如改进施工工艺和施工技术以缩短工艺技术间歇时间,采取更先进的施工方法以减少施工过程或时间,采用更先进的施工机械等。

3)利用经济手段。如实行包干奖励、对所采取的技术措施给予相应补偿以及改善外部配合条件和改善劳动条件等。

4)在采取相应措施调整进度计划的同时,还应考虑费用优化问题,从而选择费用增加较少的关键工序为压缩的对象。

(2)调整各分项工程的开始次序

对于大型建设项目,由于存在多项单位工程,而且它们之间的制约比较小,可调整的幅度比较大,因此,比较容易采用平行作业的方法来调整进度计划,而一般单位工程项目,由于受工序之间工艺关系的限制,可调整的幅度较小,通常采用搭接作业的方法来调整施工进度计划。

上述方法既可单独使用,也可以同时用两种方法来调整施工进度计划,以满足工期目标的要求。但是,还应该注意到无论采取哪种方法,都可能会增加费用,所以建设单位在进行项目进度控制时主要应该考虑成本控制问题。

8.4 施工成本管理

8.4.1 施工成本管理要求

1. 施工成本控制是工程管理的重点,施工成本必须控制在与建设单位约定的既定目标之内,单项工程成本不应超过施工图预算。

2. 施工单位根据工程总体目标组织编制年度工程建设资金计划,报建设单位批准执行。

3. 为确保工程的顺利实施,施工单位需加强对施工过程中资金的计划管理、成本动态分析控制、协调和监督,使工程施工成本控制在目标范围内。

4. 由监理单位根据工程进展情况编制工程年、季、月资金需求计划表,报建设单位批准后执行。

5. 对施工单位提出的工程进度款申请表,监理单位审查后,报建设单位批准后付款。

6. 对施工单位、监理单位提出的优化设计、施工方案,经建设单位批准后实施。

7. 严格控制设计变更。根据设计和工程变更所涉及金额的大小,分别按规定的审批流程逐级上报。

8. 监理单位对工程施工中的各项成本进行动态控制,每月提供工程成本分析、支出情况报告。

9. 严格控制工程进度款计量,按工程款支付流程进行计量,并上报建设单位进行支付,掌握支付的详细情况,避免出现超支、超付。

10. 工程结算书,先由监理单位审查,最后报建设单位审定。

11. 正确处理违约索赔事宜,对施工单位、承包商的违约责任按有关合同约定,及时提出索赔申请,同时积极预防监理单位、施工单位索赔事件的发生。

12. 监督监理单位必须做好成本预控,严防超出概(预)算。

13. 如合同采用总价包干单价固定的方式,工程量认定实行逐级把关,监理单位审查后，还需报建设单位审批。

8.4.2 施工成本计划编制

1. 资金使用计划

编制好项目资金使用计划是施工成本控制的一项重要工作。在项目施工过程中，通过资金使用计划的编制与执行，合理确定项目成本控制目标值。如果没有明确的成本控制目标，就无法进行项目成本实际支出值与目标值的比较，不能进行比较也就不能找出偏差，不知道偏差程度，就会使控制措施缺乏针对性，不能有效地控制项目成本。

资金使用计划编制过程中最重要的步骤，就是项目成本目标的分解。根据成本控制目标和要求的不同，成本目标的分解可以分为按项目组成和时间两种类型。

(1) 按项目组成编制资金使用计划

一个建筑项目通常由多个单项工程组成，每个单项工程由多个单位工程组成，每个单位工程又由若干个分部、分项工程组成。按项目组成对资金的使用进行合理分配时，首先必须对项目进行合理划分，划分的粗细程度根据项目的特点，结合项目规模、管理水平等实际情况综合考虑确定。然后根据项目组成，将工程成本进行相应地切块分解。在实际工作中，总成本控制目标按项目分解只能分到单项工程或单位工程，如果要进一步分解成本控制目标，可能就难以保证分目标的可靠性。

(2) 按时间进度编制资金使用计划

建设项目的成本总是分阶段、分期支出的，资金使用是否合理与资金时间安排有着密切关系。编制按时间进度的资金使用计划，通常可利用控制项目进度的网络图进一步扩充而得。利用网络图控制时间和投资，即要求在建立网络图时，在安排各项活动时要以便于对二者的控制为原则。在拟定项目的执行计划时，一方面确定完成各项施工活动所花费的时间，另一方面同时要确定完成这一活动的合适的成本支出预算。在实际操作中，将项目分解为既能方便地表示时间，又能方便地表示成本支出预算的活动是不容易的，通常如果项目分解程度对时间控制合适的话，则对成本支出预算来说可能分配过细，以至于不可能对每项活动确定其成本支出预算，反之亦然。因此在编制网络计划时应在充分考虑进度控制对项目划分要求的同时，还要考虑确定成本支出预算对项目划分的要求，做到二者兼顾。

2. 成本偏差分析

在项目施工过程中，要认真做好成本偏差分析，也就是把项目施工过程中的实际支出额与项目成本控制目标值进行比较分析，通过比较找出实际值与目标值的偏差，进而采取有效的调整措施加以控制，以实现项目成本控制目标。成本偏差就是指成本计划值与实际值之间存在的差额，即：

$$成本偏差 = 已完工程实际成本 - 已完工程计划成本$$

常用的成本偏差分析方法有横道图法、表格法和曲线法。

(1) 横道图法。采用横道图进行成本偏差分析，是用不同的横道标识已完工程计划成本和实际成本以及拟完工程计划成本，横道的长度与其数额成正比。成本偏差和进度偏差数额可以用数字或横道表示，而产生成本偏差的原因则应由造价工程师经过认真仔细分析计算后填入。如表 8-1。

横道图法的主要优点是简单、直观，一目了然，能够较准确地表达出成本偏差的绝对值，还能直观地判断出偏差的严重性，便于了解整个项目成本的概貌，但是这种方法的缺点是信息量较少，主要反映累计偏差和局部偏差，因而具有一定的局限性，一般在项目的较高管理层应用。

某项目横道图法成本偏差分析表　　单位：万元　　　　表 8-1

项目编码	项目名称	成本参数数额	成本偏差	进度偏差	偏差原因
011	土方工程	80 / 60 / 70	10	-10	
012	打桩工程	80 / 70 / 90	-10	-20	
013	基础工程	90 / 90 / 80	10	10	
……					
合计			10	-20	

图例：▮▮▮ 已完工程实际成本　　□ 拟完工程计划成本　　▨▨▨ 已完工程计划成本

（2）表格法。表格法是进行成本偏差分析最常用的一种方法。可以根据项目的具体情况、成本控制工作的要求等条件来设计表格，直接将项目编码、项目名称、各成本参数以及成本偏差数额综合纳入一张表格中，并且直接在表格中进行比较，因而适用性较强。表 8-2 为某项目成本偏差分析表用表格法进行成本偏差分析具有以下优点：

1) 灵活、适用性强。可根据实际需要设计表格，进行项目的增减；

2) 信息量大，可以反映成本偏差分析所需的各种偏差变量和指标，非常有利于全面深入地了解项目成本的实际情况，及时采取针对性措施，加强成本控制；

3) 采用表格处理非常便于用计算机辅助管理，从而节约大量数据处理所需的人力，提高成本控制管理工作的效率。

某项目成本偏差分析表　　　　　　　　表 8-2

项目编码	(1)	011	012	013
项目名称	(2)	土方工程	打桩工程	基础工程
单位	(3)			

续表

计划单价	(4)			
拟完工程量	(5)			
拟完工程计划成本	(6) = (4) × (5)	60	70	90
已完工程量	(7)			
已完工程计划成本	(8) = (4) × (7)	70	90	80
实际单价	(9)			
其他款项	(10)			
已完工程实际成本	(11) = (7) × (9) + (10)	80	80	90
成本局部偏差	(12) = (11) - (8)	10	-10	10
成本局部偏差程度	(13) = (11) ÷ (8)	1.14	0.89	1.13
成本累计偏差	(14) = ∑ (12)			
成本累计偏差程度	(15) = ∑ (11) ÷ ∑ (8)			
进度局部偏差	(16) = (6) - (8)	-10	-20	10
进度局部偏差程度	(17) = (6) ÷ (8)	0.86	0.78	1.13
进度累计偏差	(18) = ∑ (16)			
进度累计偏差程度	(19) = ∑ (6) ÷ ∑ (8)			

(3) 曲线法。曲线法是采用成本时间曲线进行偏差分析的一种方法。在用曲线法进行成本偏差分析时，通常有三条成本曲线，即已完工程实际成本曲线a，已完工程计划成本曲线b和拟完工程计划成本曲线p，如图 8-2 所示。图中曲线a与b的竖向距离表示成本偏差，曲线p与b的水平距离表示进度偏差。图中所反映的是累计偏差，而且主要是绝对偏差。用曲线法进行成本偏差分析，具有形象、直观的优点，但这种方法很难直接用于定量分析，只能对定量分析起一定的指导作用，如果能与表格法结合起来使用，会取得较好的效果。

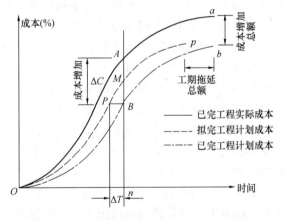

图 8-2 三种成本参数曲线

8.4.3 施工成本管理措施

施工阶段作为项目成本控制的重要环节，也是项目管理周期中成本控制难度和工作量最大的阶段，因此需要从各个环节加以控制。

1. 做好工程建设资金使用计划编制和工程款支付管理工作。通过工程建设资金使用计划的编制和执行，可以有效地控制工程成本。资金使用计划可以按项目组成编制，即按照项目的组成，按照单项工程、单位工程、分部工程、分项工程的逐级层次划分，将工程成本进行相应地切块分解，分块细化的程度应结合项目规模、管理水平等实际情况综合考虑确定；也可以按时间进度编制，即在计划工期范围内将工程造价按照工程进度进行分解，亦即在拟定工程进度计划时，一方面要确定各项施工活动所需的时间，另一方面需要确定完成该施工活动时的资金支出，并在实际操作过程中，通过绘制时间—成本累计曲线，不仅能直观表达工程成本随时间的变化情况，而且也有助于控制工程成本。

2. 严格控制设计变更，加强现场工程签证管理。施工过程中出现设计变更和现场工程签证在所难免，尤其是大型或复杂性的工程更是如此，施工单位往往通过设计变更和现场工程签证来获取额外利润。因此，严格控制施工过程中的设计变更，加强现场工程签证管理，是控制工程成本的一个重要环节。为此，要做好以下工作：一是建立完善的审批制度。对于设计变更，无论是设计、施工或监理哪一方提出的，均要从质量、功能要求、造价、进度等方面进行全面对比分析，经研究确需变更的，应严格按照合同规定履行审批手续；现场工程签证也是一样，需要严格审查施工单位提交的工程签证申请，包括签证文件是否齐全、是否符合合同规定、工程计量是否合理、是否存在重复签证等，并经相关各方签字确认，否则，所有设计变更和现场工程签证在结算时，一律不予承认；二是要严格区分责任。属于施工方案、施工顺序等原因造成的设计变更或引起工程量或造价发生变化须现场签证的，由施工单位承担责任；属于建设单位使用功能需要发生的变更或工程签证，由建设单位承担责任。

3. 严格工程款的审批与拨付。要建立严格的工程款审批与拨付制度，做到不该付或不该提前付的工程款一律不付。考虑到最后工程结算和工程审计，在施工合同专用条款中可特别规定，每期实际付款额度为经审定的当月应付工程价款的 80%～90%。对于采购主要设备、材料、构配件等工程款的支付，一般不提前支付预付款，采取货到现场并验收合格后支付 60%～80%，工程竣工验收合格并扣除一定比例质保金后付清的办法。另外，要根据施工进度和工程款支付的情况，定期对实际发生值与计划控制值进行分析、比较，避免工程款超付情况，确保工程款支付与工程形象进度尽量保持一致。

4. 尽量避免工程费用索赔。工程费用索赔往往是施工单位为获取额外利润而采取的主要办法之一。在施工过程中，发生索赔事件是正常的，重要的是要做好预防工作，尽量避免工程费用索赔事件的发生，这对成本控制具有重要作用。

5. 严把工程结算关。一是要按照合同中的有关条款，如合同价款的调整条件、调整方式、结算方法等，严格审核施工单位申报的工程结算；二是要严格审核每一项设计变更及其增减的工程量，对施工过程中已确认的施工项目、工程量及其单价，要再次逐项核定后才能上报建设单位；三是对未确认部分尤其是无法套用或无法参考定额的项目，要进行市场调研，力争达成共识。对涉及金额较大的项目，还要由建设、施工、监理、审计等相关方共同编制补充定额，报政府工程造价管理部门审批，确保每项结算费用合理合法。

8.4.4 工程计量与工程款结算支付

1. 工程计量的程序

根据国家有关规定和施工合同的要求，工程计量的一般程序是：

（1）施工单位按专用条款约定的时间，向监理工程师提交已完工程量的报告。监理工程师接到报告后在规定时间内（各地略有不同，一般为 7 天内，下同）按设计图纸核实已完工程量（以下称计量），并在计量前 24 小时通知施工单位，施工单位为计量提供便利条件并派人参加。施工单位收到通知后不参加计量，计量结果仍然视为有效，作为工程价款支付的依据。

（2）监理工程师收到施工单位报告后，在规定时间内未进行计量或未对施工单位所计工程量有异议的地方进行回复，从次日起，施工单位报告中开列的工程量即视为被确认，作为工程价款支付的依据。施工单位不按约定时间通知监理工程师，致使监理工程师未能参加计量，计量结果无效。

（3）对施工单位超出设计图纸范围和因施工单位原因造成返工的工程量，监理工程师不予计量。

2. 工程计量的原则和依据

（1）工程计量原则

1）计算口径要一致，要避免重复列项。工程计量时，要根据施工图纸列出的分项工程的口径（指分项工程所包括的工作内容和范围）进行，必须与预算定额中相应分项工程的口径相一致。

2）工程计量的计算规则必须与现行规定的计算规则保持一致。按施工图样进行工程计量时，应严格按照当地现行定额各章节中规定的相应规则进行计算。

3）工程计量的计量单位必须与现行或工程量清单中计量单位保持一致。按施工图样进行工程计量时，所列出的各分项工程的计量单位，必须与预算定额中相应项目的计量单位一致。

4）工程计量应遵循一定的要求进行计量。工程计量要遵循一定的计算顺序和严格按施工图样要求，依次进行计算，避免漏算或重复计算。

5）工程计量的计算精度要统一。工程计量的计算结果，除钢材、木材取小数点后三位数字外，其余项一般取小数点后两位数字，建筑面积通常取整数。

（2）工程计量依据

1）质量合格证书。对于施工单位已完的工程，并不是全部进行计量，只有质量达到国家有关质量标准和合同规定的已完工程才予以计量。因此，进行计量的工程必须通过监理单位的质量验收，签发工程质量报验申请（质量合格证书），只有通过质量验收的工程才能予以计量。

2）工程量清单前言和技术规范。工程量清单前言和技术规范是确定计量方法的依据。因为工程量清单前言和技术规范的条款规定了清单中每一项工程的计量方法，同时还规定了按规定的计量方法确定的单价所包含的工作内容和范围。

3）施工合同补充协议、设计变更与现场工程签证等。现场发生的设计变更或增加的零星工程，必须有经有关各方签认的变更通知单或工程签证，对于施工单位擅自变更或未经批准施工的工程不予计量。

4）设计图纸。设计图纸是计量几何尺寸的依据，对承包单位超出设计图纸增加的工程量和自身原因增加的工程量不予计量。

3. 工程计量的方法

工程计量方法一般有均摊法、凭据法、估价法、断面法、图纸法和分解计量法。

（1）均摊法。对工程量清单中某些项目的合同价款，按合同工期平均计量，如维护工地清理费用、保养设备费等。

(2) 凭据法。按照施工单位提供的凭据进行计量，如保险费等。

(3) 估价法。根据施工合同规定按监理工程师估算的已完成的工程价值计算，如为监理工程师提供的办公、生活设施及用具等。

(4) 断面法。主要用于取土坑或填筑路堤土方的计量。

(5) 图纸法。即按照施工图纸所示尺寸进行计量，如混凝土构筑物的体积，钻孔桩的桩长等。

(6) 分解计量法。将一个项目根据工序或分部分项工程分解为若干个子项，对完成的各子项进行计量。通常用于规模大、支付时间长、影响施工单位资金流动的项目。

4. 工程款结算支付

(1) 建筑安装工程价款的主要结算支付方式

按我国现行规定，建筑安装工程价款结算支付可根据不同情况采取不同的方式。

1) 按月结算支付方式

实行旬末或月中预支，将已完分部分项工程视同"成品"，每月终按照实际完成的分部分项工程结算工程价款。跨年度竣工的工程，在年终进行工程盘点，办理年度结算，竣工后清算。

2) 竣工后一次结算支付方式

建设项目或单项工程全部建筑安装工程建设期在一年以内，或者工程承包合同价值较小的，可实行工程价款每月月中预支，竣工后一次结算的支付方式。

3) 分段结算支付方式

当年开工、当年不能竣工的单项工程或单位工程按照工程形象进度，划分不同阶段进行结算。分段结算可按月预支工程款。

4) 结算双方约定的其他结算支付方式

建筑安装工程承发包双方的材料往来，可按以下支付方式结算。

① 由承包单位自行采购建筑材料的，业主可以在双方签订工程承包合同后，按年度工作量的一定比例向承包单位预付备料款，并应在一个月内付清。

② 按工程承包合同规定由业主供应材料的，其材料可按材料预算价格转给承包单位。材料价款在结算工程款时陆续抵扣。这部分材料，承包单位不应收取备料款。

施工期间支付的结算款，一般不应超过承包工程价值的95%，其余尾款待工程竣工验收后清算。承包单位已向业主出具履约保函或有其他保证的，可以不留工程尾款。

(2) 按月结算建筑安装工程价款的一般程序

我国现行建筑安装工程价款结算支付中，相当一部分工程是实行按月结算支付方式，即将已完分部分项工程视为"建筑安装产品"，按月结算或预支，待工程竣工后再办理竣工结算，一次结清，找补余款。这种结算支付办法的一般程序如下：

1) 预付备料款

施工单位承包工程，一般都实行包工包料，需要一定数量的备料周转金。施工单位所需的备料周转金，可根据工程承包合同条款的规定，在开工前拨给承包单位一定限额的预付备料款，该预付备料款构成施工单位为该承包建设项目储备主要材料、结构件所需的流动资金。

2) 中间结算

施工单位在工程建设过程中，按逐月完成的全部分项工程数量计算各项费用，向业主办理中间结算手续。

常用的办法是：施工单位在旬末或月中，向业主提出预支工程款账单，预支一旬或半月的工程款，月终再提出工程款结算账单和已完工程月报表，收取当月工程价款，并通过建设银行进行结算。

按月进行结算，要对现场已施工完毕的工程逐一清点，资料提出后要交业主审查签证。为简化手续，多采用以施工单位提出的统计进度月报表为支取工程款的凭证，称为工程进度款。

3) 竣工结算

竣工结算是施工承包单位按照合同规定的内容全部完工、交工之后，向业主进行的最终工程价款结算。如果因某些条件变化，使合同工程价款发生变化，则需按规定对合同价款进行调整。

办理工程价款竣工结算的一般公式为：

$$\text{竣工结算工程价款} = \text{预算（或概算）或合同价款} + \text{施工过程中预算或合同价款调整数额} - \text{预付及已结算工程价款}$$

(3) 工程费用动态结算支付

实行动态结算支付，要按照协议条款约定的合同价款，在结算时考虑工程造价管理部门规定的价格指数，即要考虑资金的时间价值，使结算大体能反映实际的消耗费用。常用的动态结算支付办法有以下几种：

1) 实际价格结算法

对钢材、木材、水泥三大材的价格，有些地区采取按实际价格结算的办法。施工承包单位可凭发票据实报销。此法方便而准确，但不利于施工承包单位降低成本。因此，各地建设主管部门通常要定期公布最高结算限价。

2) 调价文件结算法

施工承包单位按当时的预算价格承包，在合同工期内，按照造价管理部门调价文件的规定，进行抽料补差（在同一价格期内按所完成的材料用量乘以价差）。有的地方定期（通常是半年）发布一次主要材料供应价格和管理价格，对这一时期的工程进行抽料补差。

3) 调值公式法

调值公式法又称动态结算公式法。根据国际惯例，对建设项目已完成工程费用的结算，一般采用此法。在一般情况下，承发包双方在签订合同时就规定了明确的调值公式。

8.4.5 工程变更管理

在项目施工过程中，由于各种原因，经常出现工程量变化，施工进度变化，以及施工合同双方在执行合同中的争执等许多问题。这些问题的产生，一方面是由于勘察设计工作粗糙，施工条件变化，以致在施工过程中发现许多没有考虑或估算不准确的工程量，因而不得不改变施工项目或增减工程量；另一方面是由于发生不可预见的事故，如自然或社会原因引起的停工和工期拖延等。由于工程变更所引起的工程量变化、施工单位索赔等，都有可能使项目成本超出成本控制目标，因此必须重视对工程变更及其价款的处理，加以严格控制。

1. 工程变更控制的原则

（1）工程变更的提出。对于施工单位或监理单位提出的工程变更，需征得建设单位的同意。所有工程变更经设计单位同意后，由监理单位发出。

（2）工程变更要建立严格的审批办法和制度，规范审批程序，防止任意提高设计标准，改变工程规模，增加工程费用。

（3）对设计修改或变更，包括建设单位、施工单位和监理单位对设计的修改意见，都应通过现场设计代表提请设计单位研究。设计变更方案必须经过技术经济比较分析，并经设计单位同意，签发设计变更通知单。如果突破总概算还必须报请原审批部门审批。设计变更经各方会签后，由监理单位下达变更指令，交施工单位组织施工。

（4）施工单位不得擅自对原工程设计进行变更。因施工单位擅自变更设计发生的费用和由此导致的建设单位的直接损失，由施工单位承担，延误的工期不予顺延。

2. 工程变更价款的确定

施工单位在工程变更确定后的规定时间内，提出变更工程价款的报告，经监理工程师确认后调整合同价款。变更合同价款各地规定不同，下面列出一般方法：

（1）合同中已有适用于变更工程的价格，按合同已有的价格变更合同价款；

（2）合同中只有类似于变更工程的价格，可以参照类似价格变更合同价款；

（3）合同中没有适用或类似于变更工程的价格，由施工单位提出适当的变更价格，经监理工程师确认后执行；

（4）合同中另有约定的，按约定执行。

施工单位在双方确定变更后的规定时间内不向监理工程师提出变更工程价款报告，视为该项变更不涉及合同价款的变更。

监理工程师应在收到变更工程价款报告之日起在规定时间内予以确认，工程师无正当理由不确认时，自变更工程价款报告送达之日起规定时间后视为变更工程价款报告已被确认。因施工单位自身原因导致的工程变更，施工单位无权要求追加合同价款。

8.4.6 工程索赔的处理

1. 向建设单位索赔的处理

当建设单位未能按合同约定履行自己的各项义务或发生错误以及应由建设单位承担责任的其他情况，造成工期延误和（或）施工单位不能及时得到合同价款及施工单位的其他经济损失，按照国家有关规定和施工合同的要求，一般来说施工单位可按下列程序以书面形式通过监理工程师向建设单位进行索赔：

（1）索赔事件发生后 28 天内，向监理工程师发出索赔意向通知；

（2）发出索赔意向通知后 28 天内，向监理工程师提出延长工期和（或）补偿经济损失的索赔报告及有关资料；

（3）监理工程师在收到施工单位送交的索赔报告和有关资料后，于 28 天内给予答复，或要求施工单位进一步补充索赔理由和证据；

（4）监理工程师在收到施工单位送交的索赔报告和有关资料后 28 天内未予答复或未对施工单位作进一步要求，视为该项索赔已经认可；

（5）当该索赔事件持续进行时，施工单位应当阶段性向监理工程师发出索赔意向，在索赔事件终了后 28 天内，向监理工程师送交索赔的有关资料和最终索赔报告。索赔答复程序与（3）、（4）规定相同。

常见的索赔内容：

（1）不利的自然条件与人为障碍引起的索赔，应给施工单位延长工期或费用的补偿。

（2）工程变更引起的索赔。施工单位有权对这些工程变更引起的附加费用进行索赔，按合同规定的费率和价格确定其费用。

（3）工程延期及其费用索赔。施工单位可要求延长工期，获得对其损失的赔偿。

（4）加速施工引起的费用索赔。施工单位可要求补偿其加速施工所发生的附加费用。

（5）建设单位不正当地终止工程引起的索赔。施工单位有权要求补偿损失。

（6）物价上涨引起的索赔。当物价上涨到合同约定的上涨水平，施工单位可按价差调整合同价。

（7）政策法规变化引起的索赔。建设单位应补偿施工单位所增加的成本费用。

（8）拖延支付工程款引起的索赔。当建设单位拖延支付工程进度款，经多次催要仍不支付的，施工单位可暂停施工，并有权获得工期补偿和拖延工程款的利息补偿。

建设单位应要求监理单位及时通报施工单位的索赔事项，并积极受理施工单位的索赔，收集有关资料和记录，加强对索赔报告及相关记录和资料的审查，避免损失审查内容包括：

（1）此项索赔是否具有合同依据、索赔理由是否充分及索赔论证是否符合逻辑。

（2）索赔事件的发生是否为施工单位的责任，是否为施工单位应承担的风险。

（3）在索赔事件初发时施工单位是否采取了控制措施。据国际惯例，凡遇偶然事故发生影响工程施工时，施工单位有责任采取力所能及的一切措施，防止事态扩大，尽力挽回损失。如确有事实证明施工单位在当时未采取任何措施，可拒绝其补偿损失的要求。

（4）施工单位是否在合同规定的时限内向建设单位和监理工程师报送索赔意向通知书。

（5）认真核定索赔款额，肯定其合理的索赔要求，反驳修正其不合理的要求，使之更加可靠准确。

2. 向施工单位索赔的处理

在施工过程中，由于施工单位不履行施工合同，或者由于施工单位的行为使建设单位受到损失，建设单位可以向施工单位提出索赔（即反索赔）。常见的反索赔内容包括：

（1）工期延误反索赔。在项目的施工过程中，由于多方面的原因，往往使竣工日期拖后，影响竣工验收和投入使用，给建设单位带来经济损失。按照国际惯例，建设单位有权对施工单位进行索赔，即由施工单位支付延期竣工违约金。施工单位支付这项违约金的前提是：这一工期延误的责任属于施工单位方面。

（2）施工缺陷反索赔。当施工单位的施工质量不符合施工技术规程的要求，或使用的设备和材料不符合施工合同的规定，或施工单位在保修期满前（或规定的时限内）未完成应负责的修补工程，建设单位有权向施工单位提出索赔。如果施工单位未在规定的期限内完成修补工作，建设单位有权雇用他人来完成工作，发生的费用由施工单位承担。

(3) 建设单位合理终止合同或施工单位不正当放弃合同的索赔。如果建设单位合理终止施工单位的施工，或者施工单位不正当放弃工程，则建设单位有权从施工单位手中收回由新施工单位完成剩余工程所需的工程款与原合同未付部分的差额。

(4) 由于工伤事故给建设单位和第三方人员造成的人身或财产损失的索赔，以及施工单位运送建材、施工机械设备时损坏公路、桥梁或隧道时，公路管理部门提出的索赔等。

(5) 对指定分包商的付款索赔。在施工单位未能提供已向指定分包单位付款的合理证明时，建设单位申请直接按照监理工程师的证明书，将施工单位未付给指定分包单位的所有款项（扣除保留金）付给该分包单位，并从应付给施工单位的任何款项中如数扣除。

(6) 施工单位未履行的保险费用索赔。如果施工单位未能按照施工合同条款指定的项目投保，并保证保险有效，建设单位可以代其投保并保证保险有效，建设单位所支付的必要的保险费可在应支付给施工单位的款项中如数扣除。

8.5 安全生产与环境管理

8.5.1 安全生产管理依据

安全生产是工程建设永恒不变的主题。工程建设安全生产水平反映了工程管理的水平。安全生产管理是工程管理中最重要的工作之一，它贯穿于建设项目的全过程。一个建设项目若在安全生产管理工作上出了问题，尤其是出了安全事故，往往造成工程停工，工期后延，施工单位在经济、名誉上受到重大打击，致使后期施工受到严重影响，建设单位往往不能实现既定的工程计划目标。

随着建筑行业的不断发展，安全生产管理问题也越来越受到普遍的重视。在施工过程中，如何提高安全生产管理水平，实现施工的标准化、规范化，预防伤亡事故的发生，确保工程计划目标的顺利实现，已成为工程项目管理的一个重要课题。

1. 安全生产管理原则

(1) 安全第一原则。安全高于一切，建设项目管理人员每时每刻都要将安全生产放在第一位，将安全生产管理工作贯穿建设项目管理的始终。正确处理安全与危害并存，安全与生产统一、安全与质量包涵、安全与速度互保、安全与效益兼顾的辩证关系。真正做到安全压倒一切，视人的生命高于一切。

(2) 以人为本原则。以人为本，把人作为控制的动力，把人作为安全保护对象，调动人的积极性、创造性，增强人的责任感，强化"安全第一"的观念，提高人的素质，避免人为失误，以人的工作安全保证施工过程安全和整个工程生产安全；在制定施工方案时，要充分尊重人的存在，处处考虑人的安全，确保事前、事中、事后全过程人的安全。

(3) 组织化、制度化、规范化、标准化原则。为确保所管理的建设项目安全生产目标的实现，应将安全管理工作组织化、制度化、规范化和标准化，提高安全管理的可操作性，在建设项目各个层面全面落实安全生产保证体系。

(4) 安全预控原则。事先采取各种预防措施，避免"人、机、料、法、环"各方面不符合安全要求的因素出现，以保证人员、过程、产品安全。

(5) 全过程安全管理原则。按照建设项目不同阶段、不同专业的不同特点，对安全目标进行分解，制定相对应的保证措施，实现无处不在的安全管理。

(6) 全员安全管理原则。安全生产，人人有责。通过教育培训，使全体参建人员具有"我要安全"、"我会安全"的意识和能力，积极、主动地进行安全防范，确保所管理的建设项目安全顺利完成。

2. 安全生产管理依据

近年来，国家陆续颁布了一系列建设工程安全生产管理方面的法律法规及规范性文件，特别是《建设工程安全生产管理条例》、《建筑施工企业安全生产许可证管理规定》等的颁布实施，建立健全了我国建设项目安全生产管理的法律制度。这些法律法规和规章是我们进行安全生产管理的重要依据。

在施工过程中，要严格按照上述建设项目安全生产法律法规与标准规范的规定和要求，以及签订的各类合同，明确各参建方的安全生产职责，加强监督管理，确保建设项目安全顺利地进行。

8.5.2 安全生产管理内容

1. 安全生产管理目标

安全生产管理的目的是为了安全生产。《中华人民共和国安全生产法》明确规定，安全生产管理坚持"安全第一、预防为主"的方针。"安全第一"是把人身的安全放在首位，安全为了生产，生产必须保证人身安全，充分体现了"以人为本"的理念；"预防为主"是实现安全第一的最重要手段，采取正确的措施和方法进行安全管理，从而减少甚至消除事故隐患，尽量把事故消灭在萌芽状态，这是安全生产管理最重要的思想。

安全生产管理就是要通过加强事前控制、事中管理，减少和消除生产过程中的事故，保证人员健康安全和财产免受损失。安全生产管理目标有两个方面的含义：一是安全生产所要达到的量化目标；二是安全生产管理水平目标。安全生产所要达到的量化目标包括事故指标、安全教育指标、安全检查整改指标、工业卫生及环境保护指标等；安全生产管理水平目标是指为完成安全生产量化指标所进行的安全管理活动，包括安全教育的手段、方法、安全检查的次数，安全生产技术措施计划的实施，现代安全生产管理手段的实施等。

2. 安全生产管理内容

(1) 按照有关安全法规和规范，检查与监督施工的安全防护设施和安全管理措施；

(2) 协助施工单位从组织管理和制度建立上加强安全生产和科学管理工作；

(3) 审核施工组织设计或施工方案中的安全技术方案，使之符合安全施工的要求，并督促其实施；

(4) 做好安全生产的监督检查工作，对不安全因素，及时督促施工单位整改；

(5) 督促施工单位完善技术和操作管理规程，确保防汛设施和地下管线畅通、安全，确保现场交通运输的畅通及道路的整洁；

(6) 督促施工单位采取各种措施降低施工过程中产生的噪声；

(7) 控制夜间施工作业，确需夜间作业的，必须事先向环保部门申办夜间作业许可手续；

(8) 督促检查施工单位设置各种防护设施,防止施工中产生的尘土飞扬及废弃物、杂物飘散;

(9) 督促施工单位采取有效方式,减少对市容、绿化和环境的不良影响,特别是防止对城市道路的污染;

(10) 督促施工单位严格按批准的平面图堆放机具、材料,搭建临时设施;

(11) 督促施工单位按照卫生标准和环境作业要求做好生活卫生管理。

8.5.3 安全生产管理措施

1. 安全生产管理基本要求

安全生产管理的基本要求包括:

(1) 施工单位必须取得政府主管部门颁发的《安全施工许可证》后才可开工;

(2) 施工单位必须按照国家有关规定,设置安全生产管理机构,配备专职安全生产管理人员,建立健全安全生产管理制度与应急处理预案;

(3) 建立安全生产责任制,明确各级人员的安全生产职责;

(4) 建立安全生产技术交底制度,并逐级纵向延伸到班组全体作业人员;

(5) 各类人员必须具备相应的执业资格或上岗证才能上岗;

(6) 所有新员工必须经过三级安全教育,即进厂、进车间和班组的安全教育;

(7) 特殊工种作业人员必须持有特种作业操作证,并严格按照规定进行复查;

(8) 对查出的安全隐患要做到"五定",即定整改责任人、定整改措施、定整改完成时间、定整改完成人、定整改验收人;

(9) 必须把好安全生产"六关",即措施关、交底关、教育关、防护关、检查关、改进关;

(10) 施工现场安全措施齐全,并符合国家及地方有关规定;

(11) 施工机械(特别是现场安设的起重设备等)必须经安全检查合格后方可使用。

2. 安全生产管理措施

安全生产管理措施包括:

(1) 加强安全文明知识的深化学习,进一步强化工程人员的安全意识;

(2) 制定安全管理职责,落实安全责任制;

(3) 审核施工组织设计中安全生产管理的条款以及开工条件中落实安全施工的准备工作,否则不予开工;

(4) 对施工过程中安全隐患的存在,责令停工整改;对安全施工不到位的情况,责令限时整改;情节严重的,停工整改;

(5) 对现场采取定期或不定期巡查,对施工现场及办公生活区的安全生产措施进行检查,发现的问题及时发整改通知;

(6) 通过例会、专题会议解决安全施工中出现的问题;

(7) 建立安全施工状况登记制度,准确及时地记录安全生产状况;

(8) 制定安全施工奖罚管理制度;

(9) 检查施工单位安全生产管理职责;

(10) 检查施工单位安全生产保证体系文件,包括:安全生产保证体系的程序文件,施工安全管理制度等；

(11) 检查施工单位安全设施。保证安全所需的材料、设备及安全防护用品到位；

(12) 强化安全分包管理，检查施工总承包单位对分包单位安全施工管理是否到位；

(13) 检查施工单位安全技术交底及动火审批，检查交底及动火审批目录、记录说明；

(14) 督促和检查施工单位对安全施工的检查；

(15) 检查施工单位事故隐患控制，建立并健全检查事故隐患控制目录、事故隐患处理表、违章处理登记表、事故月报表制度；

(16) 检查施工单位安全教育和培训，检查安全教育和培训目录及记录说明，新进施工现场的各类人员，必须进行安全教育并记录入卡。检查施工单位安全员及特种作业人员名册和持证人员的证件。

8.5.4 环境管理

为了在新时期推进建筑业的可持续发展，2007年9月，建设部发布了《绿色施工导则》(建质 [2007] 223号文)，其目的就在于推动建筑业实施绿色施工，落实环境管理要求，促进建筑业可持续发展，为建设资源节约型、环境友好型社会做出应有贡献。绿色施工是指在工程建设中，在保证质量、安全等基本要求的前提下，通过科学管理和技术进步，最大限度地节约资源并减少对环境负面影响的施工活动，实现节能、节地、节水、节材和环境保护("四节一环保")。

环境管理与绿色施工是相辅相成的。绿色施工是建设项目环境管理的核心内容，应把两者有机地结合起来，保证施工环境管理与绿色施工的整体目标完整实现。

1. 环境管理体系的审查

对施工单位环境管理体系审查的内容主要包括：

(1) 环境管理体系是否已建立；

(2) 环境管理体系的组织机构与职责分工；

(3) 环境管理体系的管理制度；

(4) 环境管理体系的内部和外部审核报告和结论。

2. 环境管理体系实施的监督

对施工单位环境管理体系实施监督的要点：

(1) 施工单位是否进行环境因素识别，施工单位在进行环境因素识别时是否考虑了对建设项目的施工作业活动、办公区、生活区的环境问题以及施工过程中所排放出的水、气、声、固体废物等对周围环境和居民造成的影响。

(2) 施工单位填写的环境因素识别排查表中的输入、输出、环境影响因子是否与实际情况相一致。

(3) 审查施工单位编制的环境管理方案。方案中应包括：①明确应实现的指标目标；②规定切实可行的技术措施；③确定完成的时间和进度；④规定责任部门和人员；⑤所需要的资源条件。

(4) 施工单位是否对环境运行状况进行实时监测，包括噪声排放、污水排放、扬尘排放、固体废物、建筑工程有害气体的管理等，以及对环境违章、环境事故的监测，并检查其监测记录。

（5）施工单位是否按规定频次进行环境绩效的监测，并对监测结果进行记录和分析，监测设备是否处于校验状态。

3. 施工现场环境保护措施审查

对施工单位施工现场环境保护措施的审查主要包括：

（1）审查施工现场防止大气污染的措施；

（2）审查施工现场防止水污染的措施；

（3）审查施工现场防止危险化学品污染的措施；

（4）审查施工现场防止噪声污染及扰民的措施；

（5）审查施工现场环境卫生管理的措施。

8.5.5 应急预案与响应管理

1. 应急预案管理工作的审查

对施工单位应急预案与响应管理体系审查的要点包括：

（1）施工单位是否制定应急预案与响应的管理程序或管理办法；

（2）施工单位是否有明确的应急预案与响应管理的组织机构和工作职责；

（3）施工单位是否提供应急预案与响应管理的设备、设施、器材、救援力量等资源条件保证；

（4）施工单位的应急管理内容是否覆盖可能出现的潜在事件和紧急情况，包括火灾、爆炸，油料、油漆或化学品大面积泄漏，施工现场突然停电、停水，坍塌事故，急性作业中毒或食物中毒，挖出文物或挖断水、气、热管线或电缆、电信、电视光缆等，倒塌、坠笼等机械事故，高处坠落、物体打击、触电、机械伤害等生产安全事故；办公区域的火灾，公共卫生灾患；地震、洪水、大风、暴雨、雷击等自然灾害。

2. 应急管理措施落实的监督

应加强对施工单位施工现场应急管理措施落实情况的监督管理，主要内容包括：

（1）施工单位施工现场是否成立应急救援组织，明确领导责任和执行责任，以及内部紧急联系方式；

（2）施工单位是否制定应急实施时的作业指导书，组织应急救援的培训或演练；

（3）施工单位是否贯彻预防为主的方针，加强防范和管理，消除各类危险隐患；

（4）施工单位是否在施工现场和办公区域配备足够的应急物资；

（5）施工单位是否对从事关键作业岗位的人员进行应急防护知识的教育培训，提高自防自救的能力。

8.6 建设项目文档管理

建设项目档案管理是指对工程信息与资料的收集、整理、处理、储存、传递与应用等一系列工作的总称。工程档案管理是项目管理的重要部分，随着建设项目，尤其是大型、复杂的建设项目的启动，与项目有关的合同、图纸、报告、文件、照片、音像、模型等各种各类纸介质和非纸介质信息会层出不穷地产生，因此，建设项目档案管理变得越来越重要，做好工程档案的管理是建设好工程项目的重要组成部分。

8.6.1 档案管理的内容与要求

1. 档案管理的主要内容

（1）档案的分类

建设项目档案是指建设项目在立项、可行性研究、招投标、勘察设计、施工、安装、竣工验收及后评价等过程中所形成的具有保存、查考、利用价值的各种文字、图纸、图表、声像、计算材料等各种形式和载体的文件材料，即项目前期文件、项目施工（安装）文件、项目竣工图文件、项目竣工文件、竣工验收文件。项目前期文件是开工以前在立项、谈判、审批、勘测、设计以及工程准备过程中形成的文件；项目施工（安装）文件是项目施工中形成的反映施工情况的文件；项目竣工图文件是施工完工后依据工程实际情况所绘制的图纸（简称竣工图）或文件；项目竣工文件是项目竣工前形成的反映项目建设过程中的真实面貌文件；项目竣工验收文件是项目完工后试运行中及验收时形成的文件。表8-3为建设项目档案分类表。

建设项目档案分类表 表8-3

依据	档案分类	主 要 内 容
管理目标	成本控制信息资料	与成本控制直接有关的信息，包括： 施工项目成本计划，施工任务单，限额领料单，施工定额，成本统计报表，对外分包经济合同，原材料价格，机械设备台班费，人工费，运杂费等
	质量控制信息资料	与质量控制直接有关的信息，包括： 国家或地方政府部门颁布的有关质量政策、法令、法规和标准等，质量目标的分解图表，质量控制的工作流程和工作制度，质量管理体系构成，质量抽样检查数据，各种材料和设备的合格证、质量证明书、检测报告等
	进度控制信息资料	与进度控制直接有关的信息，包括： 施工项目进度计划，施工定额，进度目标分解图表，进度控制工作流程和工作制度，材料和设备到货计划，各分部分项工程进度计划、进度记录等
	安全控制信息资料	与安全控制直接有关的信息，包括： 施工项目安全目标，安全控制体系，安全控制组织和技术措施，安全教育制度，安全检查制度，伤亡事故统计，伤亡事故调查与分析处理等
	合同管理信息资料	与合同管理直接有关的信息，包括： 国家法律、法规，委托项目管理合同、设计合同、施工合同、监理合同、物资设备供应合同等各类合同，工程变更、工程索赔、工程参与者违约等
生产要素	劳动力信息资料	劳动力需用量计划、劳动力流动、调配等
	材料信息资料	材料供应计划，材料库存、储备与消耗，材料定额，材料领发及回收台账等
	机械设备信息资料	机械设备需求计划，机械设备合理使用情况，保养与维修记录等
	技术信息资料	各项技术管理组织体系、制度和技术交底、技术复核，已完工程的检查验收记录等
	资金信息资料	资金收入与支出金额及其对比分析、资金来源渠道和筹措方式等

续表

依据	档案分类	主要内容
管理工作流程	计划信息资料	各项计划指标，工程施工预测指标等
	执行信息资料	项目施工过程中下达的各项计划、指示、命令等
	检查信息资料	工程的实际进度，成本、质量的实施状况等
	反馈信息资料	各项调整措施、意见，改进的办法和方案等
信息来源	内部信息资料	来自施工项目的信息：如工程概况，施工项目的成本目标、质量目标、进度目标，施工方案、施工进度，完成的各项技术经济指标，项目经理部组织、管理制度等
	外部信息资料	来自外部环境的信息：如监理通知，设计变更，国家有关的政策及法规，国内外市场的有关价格信息，竞争对手信息等
信息稳定程度	固定信息资料	在较长时期内，相对稳定，变化不大，可以查询得到的信息；各种定额、规范、标准、条例、制度等，如施工定额，材料消耗定额，施工质量验收统一标准，施工质量验收规范，生产作业计划标准，施工现场管理制度，政府部门颁布的技术标准，不变价格等
	流动信息资料	是指随施工生产和管理活动不断变化的信息，如施工项目的质量、成本、进度的统计信息，计划完成情况，原材料消耗量，库存量，人工工日数，机械台班数等
信息性质	生产信息资料	有关施工生产的信息，如施工进度计划、材料消耗等
	技术信息资料	技术部门提供的信息，如技术规范、施工方案、技术交底等
	经济信息资料	如施工项目成本计划，成本统计报表，资金耗用等
	资源信息资料	如资金来源，劳动力供应，材料供应等
信息层次	战略信息资料	提供给上级领导的重大决策性信息
	策略信息资料	提供给中层领导部门的管理信息
	业务信息资料	基层部门例行性工作产生或需用的日常信息

（2）归档的范围

在建设项目管理过程中，对工程建设有关的重要活动、记载工程建设主要过程和现状、具有保存价值的各种载体的文件，根据权限尽可能地收集齐全，整理后归档。对于其他单位的文件资料，应尽力争取他们的配合，收集以后统一归档，以组成整个建设项目的完整档案记录，方便日后查询。如果其他单位不予以配合，应尝试从业主方获取相关的文件资料。

2. 档案管理的要求

建设项目档案管理是在建设项目实施过程中形成的文字、图表、声像等各种信息记录。它是体现建设项目管理活动的重要形式，是反映工程质量的重要依据，是处理质量、安全事故和延期、索赔、合同争议及违约事件的有效凭证，对于工程建设及建成后的运行管理具有长期或永久的查询、考证和指导作用。档案收集管理的总体要求是：及时性、真实性、有效性、完整性、清晰性、闭合性。

（1）及时性。及时性是做好档案管理的前提。工程档案是对建设工程实物质量情况的真实反映，因此要求各项工程项目的信息与资料必须按照建设工程施工的进度及时收集，并加以整理。质量控制、进度控制和成本控制要求工程项目信息与资料的整理必须及时，为各项目标的控制提供可靠的依据。因此，建设项目信息与资料的整理应杜绝拖沓滞后，资料收集、整理、编制、归档要及时。

（2）真实性及有效性。真实性是做好建设项目档案管理的灵魂。档案的收集整理应该实事求是，客观准确，不能歪曲事实。所有信息与资料的整理应与施工过程同步。同时，应通过加强宣传、审核、监督等办法，杜绝编造虚假施工数据的行为。

（3）完整性。完整性是做好建设项目档案管理的基础。不完整的项目信息与资料将会导致片面性，不能系统地、全面地了解建设项目的运行状况。在内部管理上，对来往的联系函、会议纪要、报告、请示、通知等文件做归档；在外部管理上，与其他单位的来往公函、传真、会议纪要等也均应做归档。

（4）清晰性。建设项目档案的卷目除保证内容完整外，对涉及的时间、地点、人员、过程等要素要做到清晰，具有可追溯性；编目应清晰，前后一致。应编制立卷总目录、各卷分目录；收发文、资料流转均应认真登记签收，资料移交应填写移交清单并签字，防止资料在传送、移交过程中缺失。

（5）闭合性。建设项目档案闭合性管理包括时间闭合和过程闭合管理。对具有持续进行特征的过程、事件，其时间记载应有连续性，有始有终；其过程也应闭合，比如施工组织设计、施工方案、施工进度计划审查要求修改补充的，工序报验不能通过要求修改的，必须有修改后重新报审、重新审核批复的资料；材料、设备不合要求指令退场的必须有退场报告；对施工缺陷发出整改指令必须取得施工回复并签署重新检查、批复意见。

8.6.2　档案管理的方法与措施

应通过建立建设项目档案管理系统，完善档案管理的各项制度和办法，优化信息结构，确保动态、高效、高质的信息资料处理和信息资料渠道的通畅，使项目经理和各层面管理人员能全面、及时、准确地获取所需的信息，为建设项目管理提供科学依据。

一个大型建设项目的档案管理涉及规划设计单位、勘察设计单位、技术设计单位、政府相关部门（环保、土地、质监、建设、园林、消防、人防、金融等）、施工单位、设备制造与供应单位、材料供应单位、监理单位等众多项目参与方（信息源），每个项目参与方既是项目信息的供方（源头），也是项目信息的需方（用户），每个项目参与方由于在项目生命周期中所处的阶段与工作不同，相应的建设项目档案管理系统的结构和功能会有所不同。

1. 档案的收集

（1）归档的文件应为原件。如原件由其他单位保管，则以复印件代替。重要文件的复印件还应加盖保管单位的公章。

（2）工程文件的内容及其深度必须符合国家有关工程勘察、设计、施工、监理等方面的技术规范、标准和规程。

（3）工程文件的内容必须真实、准确，与工程实际相符合。

（4）工程文件应采用耐久性强的书写材料，如碳素墨水、蓝黑墨水，不得使用易褪色的书写材料，如红色墨水、纯蓝墨水、圆珠笔、复写纸、铅笔等。

(5) 工程文件应字迹清楚,图样清晰,图表整洁,签字盖章手续完备;文字材料幅面尺寸规格宜为 A4 幅面(297mm×210mm)。

(6) 复印、打印文件及照片的字迹、线条和影像的清晰及牢固程度应符合设备标定质量的要求。

(7) 录音、录像文件应保证载体的有效性。

(8) 长期存储的电子文件应使用不可擦除型光盘。

(9) 竣工文件编制要求:

1) 项目施工及调试完成后,施工单位、监理单位应根据工程实际情况和标准要求编制项目竣工文件。

2) 项目前期文件由建设单位负责整理。

3) 竣工文件由施工单位负责编制,监理单位负责审核。主要内容有:施工综合管理文件,原始记录及质量评定文件、材料(构、配件)质量保证书及复试文件、测试(调试)及随工检查记录、建筑安装工程总量表、工程说明、竣工图、重要工程质量事故报告等。

4) 对施工文件、施工图及设备技术文件的准确性和更改情况进行核实,并按要求修改或补充标注到相应的文件上。

5) 与施工图有关的设计变更、现场洽商和材料变更应与竣工图编制在一起。

6) 工程主管技术人员应对分管的项目文件进行审核把关,对相应的案卷进行检查并签字,对档案的真实性负责。

7) 凡为易褪色材料(如复写纸、热敏纸)形成的文件,应附一份复印件。

8) 施工技术文件除原始记录外均应计算机打印。

9) 资料要签字齐全,字迹清晰,纸质优良,保持整洁。不得用易褪色的书写材料书写、绘制。数据翔实准确,签署手续完备,符合规范化要求。分类分项明确,封面、目录、清单资料齐全,排列有序,逐页编码。

(10) 竣工图编制要求:

1) 工程竣工时要编制竣工图,竣工图由施工单位负责编制。

2) 竣工图应完整、准确、清晰、规范,修改到位,真实反映项目竣工验收时的实际情况。

3) 施工图施工没有变动的,由竣工图编制单位在施工图上加盖并签署竣工图章。

4) 一般性图纸变更及符合杠改或划改要求的变更,可在原图上更改,加盖并签署竣工图章。

5) 涉及结构形式、工艺、平面布置、项目等重大改变及图面变更面积超过 35% 的,应重新绘制竣工图。重新绘图按原图编号,末尾加注"竣"字,或在新图图标内注明"竣工阶段",加盖并签署竣工图章。

6) 同一建筑物、构筑物重复的标准图、通用图可不编入竣工图中,但应在图纸目录中列出图号,指明该图所在位置并在编制说明中注明;不同建筑物、构筑物应分别编制。

7) 编制竣工图总说明及各专业的编制说明,叙述竣工图编制原则、各专业编制情况。

2. 档案的整理

(1) 卷内文件的排列。卷内文件排列是指将每个卷内的文件用一定的规律和顺序进行系统化排列，保持文件之间的有机联系和条理性，使每一份文件在档卷内都有一个固定的位置。卷内文件在系统排列以后，应当给卷内文件编写页码，以固定它们的排列顺序，有利于卷内文件的统计和保护。

(2) 卷内文件的整理

1) 文件的整理应遵循其自然形成规律，保持文件间的有机联系。

2) 一个项目由多个单位工程组成时，其文件应按单位工程进行整理。

3) 文件的分类排列。

将项目文件按项目前期文件、工程项目管理文件、监理管理文件、施工管理文件、竣工图和竣工验收文件等特征分开。

对各类文件进行系统整理，将不同属类、性质或不同阶段、专业、问题的文件，按程序、时间等顺序排列。

(3) 卷内文件的立卷

1) 立卷的基本原则：立卷应遵循工程文件的自然形成规律，保持卷内文件的有机联系，便于档案的保管和利用。一个建设工程由多个单位工程组成时，工程文件应按单位工程组卷。

2) 立卷的方法：工程文件可按建设程序划分为工程准备阶段文件、工程项目管理文件、监理管理文件、施工管理文件、竣工图、竣工验收文件六部分。工程准备阶段文件可按建设程序、专业、形成单位等组卷；工程项目管理文件可按项目管理程序、专业、形成单位等组卷；监理管理文件可按单位工程、分部工程、专业、阶段等组卷；施工管理文件可按单位工程、分部工程、专业、阶段等组卷；竣工图可按单位工程、专业等组卷；竣工验收文件按单位工程、专业等组卷。

3) 立卷过程中宜遵循以下要求：案卷不宜过厚，一般不超过30mm。案卷内不应有重份文件；不同载体的文件一般应分别组卷。

(4) 卷内文件的排列

1) 卷内文件一般文字在前，图样在后；批文在前，请示在后；正件在前，附件在后；印件在前，定稿在后；译文在前，外文在后。

2) 图纸一般折叠为297mm×210mm统一幅面，折叠方法采用"手风琴"式，图面朝里，标题栏外露。

(5) 卷内文件的编码

建设项目管理部门卷内文件的编码一般建议采用三段式：

第一段：为建设项目标识符，由汉语拼音或数字组成，一般采用项目名称的第一个拼音字母组成。

第二段：为文件和资料的大类中的分类顺序号，由两位阿拉伯数字组成，如大类中另有划分小类，则由四位阿拉伯数字组成，前两位为大类顺序号，后两位为小类顺序号。

第三段：为同一类文件和资料的顺序号，用三位阿拉伯数字表示，从"001"开始。段与段之间用短划线"—"隔开。

3. 文件的装订

卷内文件的装订，是为了固定文件之间的排列顺序，保护文件不受损坏和散失，便于保管和利用。案卷装订的要求是：整齐、牢固、不影响阅读。

复习思考题：
1. 了解施工准备阶段的主要工作包括哪些内容？
2. 施工质量管理包括哪些内容？
3. 施工进度管理有哪些措施？
4. 成本偏差分析常用方法有哪些？主要优缺点是什么？
5. 工程变更价款如何确定？
6. 什么是绿色施工？开展绿色施工有何重要意义？

第9章 建设项目风险管理

本章简述了建设项目风险的基本概念和风险管理的方法,重点讲解了建设项目风险识别、风险管理、工程保险的内容及管理方法。通过学习本章内容,可以了解建设项目风险的基本定义和分类,了解建设项目风险管理的内容,并初步掌握建设项目风险管理内容和风险识别及防范方法等知识。

9.1 建设项目风险概述

建设项目的特点是规模大、技术要求高、持续时间长、参加单位多、建设环境复杂。建设项目作为集经济、技术、管理、组织各方面的综合性社会活动,在项目实施过程中,这些因素都可能发生变化,在各个方面都存在不确定性,由于这些变化会使得原定的计划、方案受到干扰,使原定的目标不能实现,对于事先不能确定的内部和外部的干扰因素,人们称之为项目风险。风险会造成建设项目实施的失控,如计划修改、成本增加、工期延长等,甚至导致建设项目的失败。因此,在建设项目实施过程中,加强项目的风险管理意义非常重大。

9.1.1 项目风险的概念

风险是指损失发生的不确定性,它是不利事件或损失发生的概率及其后果的函数,用数学公式表示为:$R = f(P,C)$,其中 R 表示风险,P 表示不利事件发生的概率,C 表示该事件发生的后果。

可以表述为:风险是人们因对未来行为的决策及客观条件的不确定性而可能引起的后果与预定目标发生多种负偏离的综合。

我们知道,风险往往是与人们的行为相联系的,这种行为既包括个体的行为,也包括群体或组织的行为。由于行为是受人的决策支配,所以,风险与人的决策有关,不与行为联系的风险只是一种危险;其次,客观条件的变化是风险的重要成因,尽管人们无法完全控制客观状态,却可以认识并掌握客观状态变化的规律性,并对此作出科学的预测;第三,风险是指可能的后果与目标发生负偏离,负偏离是多种多样的,且重要程度不同,需要根据具体情况加以分析,既可能正偏离,也可能负偏离。因此,在风险管理中,要勇于承担风险,追求获得风险收益。

9.1.2 建设项目风险的特点

(1) 客观性和普遍性。风险是不以人们的意志为转移并超越人们主观意识的客观实在,建设项目实施过程中的环境的各种突变,参建单位的各类矛盾都是客观存在的,不以人的意志为转移。在建设项目的管理过程中,风险无处不在、无时不有。虽然,人们一直希望认识和控制风险，但直到现在也只能在有限的空间和时间内改变风险存在和发生的条件，降低其发生的频率，减少损失程度，而不能也不可能完全消除风险。没有风险的建设项目是不存在的。因此，无论面对任何建设项目都必须首先树立风险防范意识。

(2) 不确定性。指建设项目的风险活动或事件的发生及其后果都具有不确定性。一方面不可能准确地预测风险的发生；另一方面，风险的不确定性并不代表风险就完全不可预测。任一具体风险的发生都是诸多风险因素和其他因素共同作用的结果，通过对大量风险事故资料的观察和统计分析，发现其呈现出明显的运动规律，人们有可能用概率统计方法及其他现代风险分析方法去计算风险发生的概率和损失程度。建设项目的环境的变化、项目的实施有一定的规律性，所以建设项目风险的发生和影响也有一定的规律性，是可以预测的，我们可以通过总结工程经验，寻找解决办法。

(3) 可变性和相对性。这是指在项目的整个实施过程中，各种风险在质和量上的变化，随着项目的进行，有些风险会得到控制，有些风险会发生并得到处理，同时在项目的每一阶段都可能产生新的风险，建设项目风险主体和风险大小具有相对性。尤其是大型项目中，由于风险因素众多，风险的可变性更加明显。建设项目风险的多样性，即在一个建设项目中有许多种类的风险存在，如政治风险、经济风险、法律风险、自然风险、合同风险、合作者风险等，这些风险之间有复杂的内在联系，需要在项目实施过程中进行动态控制，争取使事件能够向有利的方向转化。

(4) 全局性。风险影响常常不是局部的、某一段时间或某一个方面，而是全局性的。例如，反常的气候条件造成工程的停滞，则会影响整个建设项目的后期计划，影响后期所有参与者的工作。它不仅会造成工期延长，而且会造成费用的增加，造成对工程质量的危害。即使是局部的风险，也会随着项目的发展其影响逐渐扩大。如一个活动受到风险干扰，可能影响到与它相关的许多活动。所以，在建设项目中的风险影响，随着时间推移有扩大的趋势。

(5) 多样性和多层次性。大型项目周期长、规模大、涉及范围广、风险因素数量多且种类繁杂，致使大型项目在全寿命周期内面临的风险多种多样，而且大量风险因素之间的内在关系错综复杂、各风险因素之间相互作用并与外界因素交叉影响又使风险显示出多层次性。

9.1.3 建设项目风险的分类

根据不同的需要，从不同的角度，按不同的标准，可以对风险进行不同的分类。其目的在于根据不同类别的风险，采取不同的管理应对策略。

1. 按风险的后果划分

可将风险划分为纯粹风险和投机风险。

纯粹风险是不能带来机会、无获得利益可能的风险。纯粹风险只有两种可能的后果：造成损失和不造成损失。

投机风险是既可能带来机会、获得利益，又隐含威胁、造成损失的风险。投机风险有三种可能的后果：造成损失、不造成损失和获得利益。

2. 按风险的来源划分

可将风险划分自然风险和人为风险。

自然风险是由于自然力的作用，造成财产损失或人员伤亡的风险。人为风险是由于人的活动而带来的风险，可细分为行为、经济、技术、政治和组织风险等。

3. 按风险能否管理划分

可将风险划分为可管理风险和不可管理风险。可管理风险是可以预测、控制、管理的风险。不可管理风险是无法预测、控制、很难管理的风险。

4. 按风险影响的范围划分

可将风险划分为特定风险和基本风险。特定风险是影响特定个人的风险。基本风险是影响个人和群体的风险。

5. 按潜在损失形态划分

可划分为财产风险、人身风险和责任风险。

9.2 建设项目风险识别

项目风险识别是对建设项目风险进行管理和控制的第一步，但常被人们忽视，以致夸大或缩小了项目中风险的范围、种类和严重程度，从而使得对项目风险的评估、分析和处置发生差错，造成不必要的损失。项目风险识别要解决以下问题：项目中有哪些潜在的风险因素？这些风险因素会引起什么风险？这些风险的严重程度如何？简单地说，项目风险识别就是要找出风险之所在和引起风险的主要因素，并对其后果作出定性的估计。风险能够用许多方法来识别，大多数的风险识别方法是依赖过去类似项目的经验。

9.2.1 项目风险识别方法

目前，对项目风险进行识别的方法很多，常用的有：德尔菲方法、头脑风暴法、情景分析法、报表分析法、流程图法、现场考察法、分解法、环境分析法、故障树分析法等。但应注意采用唯一的识别方法是不可取的，必须将几种方法结合起来，相互补充。

（1）德尔菲方法。德尔菲方法又称专家调查法，此法在经济、社会、工程技术等领域广泛应用，取得了比较满意的结果。用德尔菲方法进行项目风险预测和识别的过程是由项目风险小组选定与该项目有关的领域和专家，并与这些适当数量的专家建立直接的函询联系，通过函询收集专家意见，然后加以综合整理，再匿名反馈给各位专家，再次征询意见。这样反复经过四至五轮，逐步使专家的意见趋向一致，作为最后预测和识别的根据。在运用此法时，要求在选定的专家之间相互匿名，独立判断。反复进行统计处理并要求有反馈地征询几轮意见，经过数轮征询后，专家们的意见相对收敛，趋向一致。

（2）头脑风暴法。就是以专家的创造性思维来索取未来信息的一种直观预测和识别方法。一般是在一个专家小组内进行以"宏观智能结构"为基础，通过专家会议，发挥专家的创造性思维来获取未来信息。这就要求主持专家会议的人在会议开始时的发言应能激起专家们的思维"灵感"，促使专家们感到亟需回答会议提出的问题，通过专家之间的信息交流和相互启发，从而诱发专家们产生"思维共振"，以达到互相补充并产生"组合效应"，获取更多的未来信息，使预测和识别的结果更准确。

（3）情景分析法。它是根据发展趋势的多样性，通过对系统内外相关问题的系统分析，设计出多种可能的未来前景，然后用类似于撰写电影剧本的手法，对系统发展态势作出自始至终的情景和画面的描述。当一个项目持续的时间较长时,往往要考虑各种技术、经济和社会因素的影响,对这种项目进行风险预测和识别,就可用情景分析法来预测和识别其关键风险因素及其影响程度。情景分析法对以下情况是特别有用的:提醒决策者注意某种措施或政策可能引起的风险或危机性的后果;建议需要进行监视的风险范围;研究某些关键性因素对未来过程的影响;提醒人们注意某种技术的发展会给人们带来哪些风险。情景分析法是一种适用于对可变因素较多的项目进行风险预测和识别的系统技术,它在假定关键影响因素有可能发生的基础上,构造出多重情景,提出多种未来的可能结果,以便采取适当措施防患于未然。情景分析法从20世纪70年代中期以来在国外得到了广泛应用,并产生了一些具体的方法,如目标展开法、空隙填补法、未来分析法等。一些大型跨国公司在对一些大项目进行风险预测和识别时都陆续采用了情景分析法,因其操作过程比较复杂,目前此法在我国的具体应用还不多见。

(4) 报表分析法。分析工程财务报表有助于确定建设项目可能遭受哪些损失以及在何种情况下会遭受这些损失。通过分析资产负债表、现金流量表及有关补充资料,可以识别项目管理中当前的所有资产、责任及人身损失风险。将这些报表和财务预测、预算结合起来,可以从财务角度发现面临的潜在风险。

(5) 流程图法。将建设项目按步骤和阶段顺序以若干个模块形式组成一个流程图系列。每个模块中都标识出各种潜在风险,找出导致风险发生的因素,分析产生的后果、可能导致的损失以及对整个项目可能造成的不利影响。同时,运用流程图可以揭示项目的薄弱环节,从而发现流程管理时所造成的潜在损失,给决策者一个清晰具体的印象。如模拟建设项目各个阶段的任务以及可能出现的问题,提出应对方案,计算风险的大小,评估措施的可行性和经济性。

(6) 现场考察法。现场考察对于识别分析非常重要,通过直接考察现场,可以发现许多客观存在的静态因素,也有助于预测、判断某些动态因素。例如,对于大型工程,投标报价前的现场踏勘可以使投标人对拟投标的工程基本做到心中有数,特别是对于工程实施的基本条件、现场及周围环境可以取得第一手资料。此外,在现场考察时除要求获取直接资料外,还应设法获取间接资料,而且要对所掌握的资料认真研究,以便去伪存真。

(7) 分解法。通过将复杂事务分解成较简单的容易被识别的事务,并由相关部门系统地、连续不断地相互配合,共同分析判断。这不是任何一个部门一朝一夕的短暂行为,而是要在实践中结合具体情况贯穿建设项目的始终,根据变化不断修正。

(8) 环境分析法。环境分析是对项目活动的外部环境与内在风险的联系进行分析,也是识别风险的重要方法。分析外部环境时应着重分析五项因素:项目的资金来源,项目的前提、假设等基本情况,可能的竞争对手,政府管理系统和材料供应商。

9.2.2 建设项目常见风险

建设项目常见风险主要包括:
(1) 合同风险:合同中的条款存在不利因素。
(2) 政策风险:政府有关建设方面的政策变动。
(3) 工程地质风险:自然灾害、岩土地质条件、水文地质条件、气象条件等。

(4) 设计风险：勘察资料不准确，特别是地质资料错误或遗漏；设计内容不完善，规范应用不恰当；设计对未来施工的可能性考虑不周等。

(5) 市场风险：设备及材料市场价格的变动、汇率的变动，以及水、电价的变动及其他因素的影响。

(6) 工期风险：由于项目前期各项审批手续办理的时间具有不确定性，一旦前期手续办理拖后，势必影响到整个工程的工期，因此，存在很大的工期风险。

(7) 投资风险：工程地质的不确定性，工程变更，以及政策、价格和利率等的变化或资金使用安排不当等风险事件，最后会引起实际投资超出计划投资。

(8) 施工风险：施工方案的可操作性及与现场情况的吻合程度，是否严格执行物资采购计划、寻求最优的采购批量和供应间隔期、选择信誉优良的供货商等。

(9) 安全风险：因现场管理不善，造成人员伤亡，材料、设备等财产的损毁或被盗。

(10) 管理风险：资金是否及时到位、分配是否合理、成本控制和合同控制是否严格、事故防范措施和计划是否严密、人身和信息安全控制计划是否周详；设计人员、监理工程师、施工单位管理人员的能力，部门设置不当造成工作效率不理想，权责规定不清造成工作配合和效率不理想等。

9.3 建设项目风险管理

传统观念的建设项目管理是通过保险减少或避免经济损失，但是，保险有较大的局限性。首先，保险业只承办纯粹的自然灾害和意外事故所致损失的保险，而且只承办其责任项下的业务，其他损失不属理赔范围，保险人均不赔偿；其次，保险业务与工程发展存在一定的滞后，其保险项目不能与生产的发展完全同步，保险条款难以全面反映新的风险存在和发生的可能性，保险单中的许多条款都给项目组带来不利的条件。因此，建设项目管理不能完全依靠保险解决风险问题，必须要求各项目组织加强自身风险管理。

风险管理是通过在对风险的预测、识别、评估和科学分析的基础之上，为管理人员运用各种对策的最佳组合对风险进行全面、合理地处置提供了可能性，是现代管理风险的一种科学而直接的方法；风险管理克服了那种传统的以保险为单一手段处置风险的局限性，综合利用各种控制风险的措施，并使处置风险的方法日益完善，这些都使得越来越多的项目组织自觉地争相采用风险管理方法。

在建设项目管理过程中，采用一定的风险管理方法和技术，通过对实施项目可能遇到的风险进行规划、识别、评估、预控、应对的过程，达到最大限度地避免或降低风险发生的可能性，并减少风险对项目产生的不良影响和损失，保证建设目标的顺利实现，就是项目风险管理。项目风险管理是一种系统活动，是项目管理的一个重要组成部分，贯穿于项目管理的整个过程，目的是保证顺利实现建设项目管理目标。因此，在从事项目风险管理时，不能消极地对待，只是在风险事件发生之后被动地应付，而应该采取积极主动行为，做好预防控制。

9.3.1 风险管理常用名词

(1) 风险事件。风险事件是指可能导致某个项目或系统发生问题，需要作为项目要素加以评估确定风险水平的大事。

(2) 风险责任人。对识别出来的每一个风险,都要指定责任人来负责监控风险,实施风险预防和应急措施。如果不指定责任人,风险管理就不能落实到实处。

(3) 风险规划。风险规划是指确定一套完整、全面、有机配合、协调一致的策略和方法,并将其形成文件的过程。

(4) 风险评估。风险事件的后果有多大,项目哪些部分会遭到风险,风险发生的可能性有多大。

(5) 风险监控。风险监控是指在整个项目管理过程中,按既定的衡量标准对风险处理活动进行系统跟踪和评价的过程。

(6) 风险处理。风险处理是指风险识别、评价、选定并实施处理方案的过程。

(7) 风险管理报告。在项目实施之前编制,全面、系统、深入地反映项目风险的文件。内容可包括:风险名称、风险描述、发生可能性、风险后果、预防措施、应急措施、风险责任人等。

(8) 风险应急预案。当风险发生时,应对事件、指导处理的计划。

(9) 次生风险。也叫"二次风险",是指应对一个风险而带来的另外一个风险。如果不应对某个主风险,那么相应的次风险也不会存在。管理主风险时,要注意可能产生的次生风险,防止应对主风险却带来一个比主风险还严重的次生风险。

9.3.2 风险管理的原则

(1) 客观性原则。在任何建设项目中,风险存在客观性和普遍性,损失发生存在不确定性,说明风险是不以人的意志为转移并超越人们主观意识的客观存在,而且在项目的全寿命周期内,风险是无处不在、无时没有的。但风险的不确定因素是可以识别的,系统、科学地进行风险管理,是可以有效地减少风险的不利影响。

(2) 经济性原则。在制定风险管理计划时,应根据客观条件,只能在有限的空间和时间内改变风险存在和发生的条件,降低其发生的频率,减少损失程度,而不能也不可能完全消除风险。因此,应该综合考虑风险管理的成本,采用比较经济的方法和措施。

(3) 适当原则。项目的确定性是相对的,而项目的不确定性是绝对的。因此,在风险管理过程中要允许一定的不确定性,只要达到要求,满意就行。

(4) 社会性原则。在制定风险管理计划时应具有社会责任感,制定的风险管理计划是合理合法的,充分考虑与项目有关并受其影响的单位、个人等。

9.3.3 项目风险的量化

1. 风险量化的意义

风险是客观存在的。风险的存在取决于决定风险的各种因素的存在,认识并掌握决定风险的各种因素的变化规律,就能认识风险并做出科学的预测和相应的对策来规避风险的影响。风险是中性的。风险是指可能的后果与目标发生的偏离。偏离有负偏离、正偏离。负偏离属于风险损失范畴,应力求规避。正偏离属于风险收益范畴,是人们的渴求,因此在风险管理中也应予以重视,以它激励人们勇于承担风险,获得高风险收益。

建设项目风险的大小取决于两个因素:风险事件发生的概率和风险事件发生产生的损

失这两个要素。要想进行风险的表达,首先要判明风险的来源,找出风险的影响因素,进而找出表达风险的参数,如完工风险的相对量和绝对量。然后,尽可能地分析确定这些参数的概率分布函数,进而描绘出某一事件的风险特性,并求出均值、方差(精度)和变差系数。

风险分析就是对将会出现的各种不确定性及其可能造成的各种消极影响和影响程度进行恰如其分的分析和评价。通过对不确定性的关注、对风险影响的揭示、对潜在风险的分析和对自身能力的评估,采取相应措施,从而达到降低风险的不利影响或减少其发生的可能性的目的。

在进行项目风险管理时,主要采用的是传统的系统工程方法。由于建设项目中的风险具有如前所述的特点,尤其是具有种类的多样性和多层次性,这就决定了应该采用从定性到定量的方法对建设项目进行风险管理才能处置好各类风险,从而使损失减小到最低程度,达到预期的目标。

在项目管理周期的全过程中,会出现各种不确定性,这些不确定性将对项目建设产生积极或消极的影响。风险分析一般采取定性和定量方法,确定性风险可采用敏感性分析法和盈亏平衡分析法,不确定性风险采用概率分析法和期望值法。通过风险分析,对原项目进度和费用的计划进行分析,提出确认的项目周期、完工日期和项目投资,并提出当前项目计划实现目标的可能性。运用各种风险分析技术,进行项目风险管理,既要定性分析,更要定量分析,有时需要采用将两者结合起来的处理。其中,风险量化是最重要的方法,在前期识别的基础上,建立问题的系统模型,对风险因素的影响进行定量分析,并估算出各风险发生的概率及其可能导致的损失大小,从而找到该项目的关键风险,为重点处置这些风险提供科学依据,以保障项目的顺利进行。风险识别是基础,风险量化和评价是手段,是风险决策的基础,做好风险控制是目的。

2. 风险量化的主要内容

(1) 风险存在和发生的时间分析。具体分析风险可能发生在项目实施的哪个阶段、哪个环节上。有许多风险有明显的阶段性,有的风险是直接与具体的工程活动相联系的。这种分析对风险的预警有很大的作用。例如:概算缺、漏项发生的风险一定在初步设计阶段,设计变更的风险发生在施工阶段。

(2) 风险的影响和损失分析。风险的影响是个复杂的问题,有的风险影响面较小,有的风险影响面很大,可能引起整个项目工期的拖延或建设资金预算的突破。而风险之间常常是有联系的,例如,通货膨胀不但会造成建筑材料价格上涨,而且可能引起业主支付能力的削弱;由于施工图纸提供不及时,不仅会造成工期拖延,而且会造成费用增加,还可能使得工程不得不在原计划可以避免的冬季、雨季施工,造成更大的拖延和费用增加。

(3) 风险发生的可能性分析。研究风险自身的规律性。

(4) 风险级别分析。风险因素很多,涉及各个方面,但人们并不是对所有的风险都给予同等重视,否则将大大增加管理成本。风险量化需小心谨慎,避免干扰正常的决策过程。

(5) 风险的起因和可控性分析。对风险起因的分析是为预测、对策研究和责任分析服务的。风险的可控性是人们对风险影响进行控制的可能性,如有的风险是人力可以控制的，有的却不能控制。例如，设计图纸的质量是人力可控的，而物价的风险、反常的气候风险等则是不可控的。

3. 风险量化的主要方法

对项目进行风险评估和分析的方法很多，如模拟法，计划评审技术，主观概率法，效用理论，灰色系统理论，故障树分析法，外推法，模糊分析方法，影响图分析法等。

(1) 故障树分析法（FTA），是一种具有广阔应用范围和发展前途的分析方法，应用于许多项目中，取得了不少成果。故障树是由一些节点及它们间的连线所组成的，每个节点表示某一具体事件，而连线则表示事件之间的关系。FTA是一种演绎的逻辑分析方法，遵循从结果找原因的原则，分析项目风险及其产生原因之间的因果关系，即在前期预测和识别各种潜在风险因素的基础上，运用逻辑推理的方法，沿着风险产生的路径，求出风险发生的概率，并能提供各种控制风险因素的方案。FTA具有应用广泛、逻辑性强、形象化等特点，其分析结果具有系统性、准确性和预测性。

(2) 外推法（Extrapolation）是进行项目风险评估和分析的一种十分有效的方法，它可分为前推、后推和旁推三种类型。前推就是根据历史的经验和数据推断出未来事件发生的概率及其后果。如果历史数据具有明显的周期性，就可据此直接对风险作出周期性的评估和分析，如果从历史记录中看不出明显的周期性，就可用一个曲线或分布函数来拟合这些数据再进行外推，此外还得注意历史数据的不完整性和主观性。后推是在手头没有历史数据可供使用时所采用的一种方法，由于建设项目的一次性和不可重复性，所以在项目风险评估和分析时常用后推法。后推是把未知的想象的事件及后果与一个已知事件与后果联系起来，把未来风险事件归结到有数据可查的造成这一风险事件的初始事件上，从而对风险做出评估和分析。旁推法就是利用类似项目的数据进行外推，用某一项目的历史记录对新的类似项目可能遇到的风险进行评估和分析，当然还得充分考虑新环境的各种变化。这三种外推法在项目风险评估和分析中都得到了广泛的采用。

还有其他的方法，如：模糊分析法、影响图分析法、组合概率法等。模糊分析法主要是采用模糊子集及模糊数的有关理论对如何确定关键风险因素和关键风险作了探讨，并系统地讨论了风险因素影响风险的各种形式。

对项目风险进行评估和分析是处置风险的前提，是制订和实施风险处置计划的科学根据，因此一定要对风险发生的概率及其后果作出尽量准确的定量估计，但由于历史资料的不完整、项目的复杂性、环境的多变性以及人们认识的局限性都会使人们在评估和分析项目风险时出现一些偏差，如何利用多种方法综合判断以便缩小这一偏差，是值得进一步研究的问题。

9.3.4 风险管理的内容

风险管理涉及诸多环节，一般管理重点应放在投标和项目实施两个阶段。

1. 投标阶段的风险管理

(1) 在选择一个建设项目进行投标时，首先要进行风险评估，要对业主和项目的相关情况进行了解调查，以保证中标后该项目能够正常进行。对于业主，主要是调查业主的支付能力和履行合同的声誉，对于建设项目，主要是了解工程的建设环境、管理的技术难度。如果业主无良好的支付能力和声誉，或者建设环境复杂，不可预见因素较多，而且解决难度大,这种建设项目即使中了标也只会使自己陷入一个泥潭。如某码头项目,存在征地拆迁问题。虽然业主做了大量的工作,规划建设的码头办公区域还是无法按期完成拆迁,工期延迟一年,造成项目成本的增加。

(2) 充分认识投标报价的重要性,在努力争取新项目的前提下,要尽量考虑到项目管理过程中的各种风险,不能光为了中标而无原则地调整投标书报价,如果投标书未做好,即使项目中了标,也只能增加负担,给后续实施管理带来新的风险。

(3) 认真分析项目的投标风险,合理确定投标报价策略。应全面地分析所投标项目的实施风险,根据自身的技术、资金和人力等资源情况确定投标项目的取舍,同时明确各项目的利润率和各种主要费用预期上涨幅度等。对需要低价拿标占领市场的,要低利润报价;可以投高价的,应尽量提高利润率等。

实际投标时由于各个地区和各个项目性质的不同,会遇到很多不同的情况,这都需要不断积累经验,从而能够在项目实施的源头降低风险,为中标项目的实施打下一个良好的基础。

2. 项目实施阶段的风险管理

(1) 认真研究保险合同,通过保险合同降低项目实施风险。在建设项目管理中,除了严格按照合同要求外,还要注意落实工程保险合同,这不仅是国际承包工程的基本惯例,也是避免工程实施风险的一个有力手段。一般保险合同的内容都是标准格式,应认真研究保险合同中免责条款,尽量避免在免责条款中有不利于工程实施实际情况的规定,否则将留下风险隐患。项目管理人员应熟悉保险合同可索赔内容,一旦发生保险范围内的损失,比如火灾、人身伤害等,应积极在索赔有效期内提交报告,否则将失去索赔的机会,也就不能有效地降低项目实施的风险。

(2) 重视合作单位的确定和管理。在项目建设中,各个参建单位相互配合是工程取得胜利的基础。随着建设项目规模的增大,工程领域的多样化,一个建设项目无法避免出现由多家专业的承包商共同完成的情况。如何通过管理,实施工程风险转移,应着重注意以下几方面:

1) 加强对各参建单位的资质审查,选择合格的施工单位。合格的施工单位将直接关系到项目能否按时完工、各项建设目标能否如期完成,所以对施工单位的选择是建设项目风险管理的一项重要工作。应着重审查施工单位的业务能力和资金能力、工作经历和以往的业绩等。有些施工单位为承揽工程不惜低价竞争,这时需特别注意审查其合同执行能力,如果缺乏执行能力,将会影响整个项目的实施,大大增加项目的风险。

2) 全过程监控施工单位。通过合同的签订尽可能地将风险进行转移,相应减少项目管理的风险。要定期或不定期检查施工单位的执行能力,对产生的问题进行分析,能帮助解决的就一起协商解决,如属技术能力或管理水平确实不能胜任施工需要的,应及时按合同规定要求,提出整改意见或按合同规定中止合同,以免延误整个项目。

(3) 加强合同管理。在项目实施过程中,要加强合同管理,严格按合同办事,最大限度地降低项目实施风险。

9.3.5 项目风险的处置

通过对项目风险的评估和分析,把项目风险发生的概率、损失严重程度以及其他因素综合起来考虑，就可得出项目发生各种风险的可能性及其危害程度，再与公认的安全指标相比较，就可确定项目的风险等级，从而决定应采取什么样的措施来规避风险。

风险处置的方法包括风险回避、风险控制、风险自留和风险转嫁，对不同的风险可采用不同的处置方法。

1. 风险回避。风险回避主要是中断风险来源，使其不发生或遏制其发展。在考虑到某项目的风险及其所致损失很大时，主动放弃或终止该项目是避免与该项目相联系的风险及其所致损失的一种处置风险的方式，它是一种最彻底的风险处置方法。在对某项目进行风险预测、识别、评估和分析后，如发现实施此项目将面临巨大风险，一旦发生事故，将造成无法承受的重大损失，而且又不可能采取有效措施减少其风险和损失程度，这时就应放弃或终止该项目的实施，以避免今后可能发生更大损失。风险回避虽可彻底消除实施该项目可能造成的损失和可能产生的恐惧心理，但它是一种消极的风险处置方法，因为同时也失去了实施项目可能带来的收益。

2. 风险控制。风险控制是为了最大限度地降低风险事故发生的概率和减小损失幅度而采取的风险处置方法。为了控制建设项目的风险，可采取以下措施：根据风险因素的特性，采取一定措施使其发生的概率降至接近于零，从而预防风险因素的产生；减少已存在的风险因素；防止已存在的风险因素释放能量；改善风险因素的空间分布从而限制其释放能量的速度；在时间和空间上把风险因素与可能遭受损害的人、财、物隔离；借助人为设置的物质障碍将风险因素与人、财、物隔离；改变风险因素的基本性质；加强风险部门的防护能力；做好救护受损人、物的准备。这些措施有的可利用先进的材料和技术实施。此外，还应有针对性地对实施项目的人员进行风险教育以增强其风险意识，还应制订严格的操作规程以控制因疏忽而造成的损失。风险控制是实施任何项目都应采用的风险处置方法。

3. 风险分散。风险分散是通过增加风险承担的单位以减少承担风险的压力，达到共同分摊风险的目的。建设项目总的风险有一定的范围，这些风险必须在项目参建者之间进行分配。每个参建者都必须承担一定的风险责任，这样才有管理和控制风险的积极性。风险通常可通过任务书、责任书、合同、招标文件等进行分散。在起草这些文件时都应对风险做出估计、定义和分配。

4. 风险自留。风险自留是由建设单位自行准备基金以承担风险损失的风险处置方法，在建设项目实施过程中有主动自留和被动自留之分。主动自留是指在对项目风险进行预测、识别、评估和分析的基础上，明确风险的性质及其后果，如果认为主动承担某些风险比其他处置方式更好，则可筹措资金将这些风险自留。被动自留则是指未能准确识别和评估风险及损失后果的情况下，被迫采取自身承担后果的风险处置方式。被动自留是一种被动的、无意识的处置方式，往往造成严重的后果，使建设单位遭受重大损失。有选择地对部分风险采取自留方式，有可能获利更多，但自留哪些风险，要认真分析研究，如自留风险不当可能会造成更大的损失。

5. 风险转移。风险转移是指一方将风险有意识地转给与其有相互经济利益关系的另一方的风险处置方式。转移风险并不一定会减少风险的危害程度，它只是将风险转移给另一方来承担。在某些情况下，转移风险可能会造成风险显著增加，这是因为接受风险的一方可能没有清楚地意识到他们所面临的风险。比如，总承包单位在和分包商签订分包合同时，可能会制定一个工期延误损害赔偿条款，该条款既包括分包商由于误期而需要对主合同所作的赔偿，又包括对总承包单位所遭受损失的赔偿，分包商可能没意识到这种转嫁给他的额外风险，并且分包商很可能不具备承担这些风险的经济能力，从而影响工程的正常进行。任何一个局部问题都可能演化为影响整个建设项目管理的问题，所以，应该从大局出发，协调、平衡各方关系，避免造成更多损失。

建设、设计、监理、施工单位等参建单位的利益既是对立的，也是统一的。例如，对于建设单位来说，既需要各方协调配合，以实现建设项目的目的；同时，为了自身的利益，需要通过法律程序证明缺陷及其造成的损失是由其他方违反合同、忽略或忽视而引起的，以此来弥补自身的利益。由于多方关系中的矛盾和连带责任，因此，在风险转移时，应该综合考虑，慎重选择。

保险是最重要的风险转嫁方式，是最积极、有效的处置方式，不仅能减少由于风险事故所造成的损失，而且能使全社会的物质财富减少损失。非保险型转嫁方式是指项目组将风险可能导致的损失通过合同的形式转嫁给另一方，其主要形式有租赁合同、保证合同、委托合同、分包合同等。通过转移方式处置风险，风险本身并没有减少，只是风险承担者发生了变化。

在制订风险处置计划时，一定要针对项目中不同风险的特点，采用不同的风险处置方式。在实施风险处置计划时，应随时将变化的情况反馈给风险管理人员，以便能及时地结合新的情况，对项目风险进行预测、识别、评估和分析，并调整风险处置计划，使之能适应新的情况，尽量减少风险所致损失。

9.4 建设项目工程保险

在建设项目中，不同的实施阶段存在着不同的风险因素，因此，风险控制措施应该有相应的变化和调整，在项目决策阶段，应进行客观的可行性研究，以避免决策失误带来的风险；在实施阶段，应按照国家基本建设程序，依据国家标准和有关规定进行施工，按图施工，严格控制材料的质量。

风险控制须采取各种措施，有工程措施和非工程措施，需要投入一定的费用，称为事故预防费。一般来说，事故预防费投入的越多，事故发生的概率越小。但是，它们之间并不是成正比关系，对事故预防费投入多少应该通过效益分析来确定。一般对事故损失极小的风险，可以不采取控制措施；对会引起重大事故，造成巨大人员伤亡和财产损失的风险，则应该采取强有力的措施，投入足够的事故预防费。

事实上，建设项目因规模大、投资大、周期长、涉及的方面比较多，因此在风险控制上，需要综合应用各种方法。目前，应用得比较广泛而且比较有效的风险处置方法有工程担保和工程保险。

9.4.1 工程担保

工程担保是指担保人（一般为银行、担保公司、保险公司、其他金融机构、商业团体或个人）应工程合同一方（申请人）的要求向另一方（债权人）做出的书面承诺。工程担保是工程风险转移措施的又一重要手段，它能有效地保障建设项目的顺利进行。许多国家政府都在法规中规定要求进行工程担保，在标准合同中也含有关于工程担保的条款。工程担保有以下几种类型：

1. 投标担保。投标人在投标报价之前或同时，向业主提交投标保证金（俗称抵押金）或投标保函，保证投标人有能力和资格按照竞标价签订合同，完成建设项目，并能够提供业主要求的履约和付款保证担保。投标担保可采用投标保证金、银行保函或担保公司担保书，具体方式可由招标人在招标文件中约定。采用投标保证金的，在确定中标人后，招标人应当及时向没有中标的投标人退还其投标保证金。除不可抗拒的原因外，中标人拒绝与招标人签订工程合同的，招标人可以将其投标保证金予以没收。除不可抗拒的因素外，招标人不与中标人签订工程合同的，招标人应当按照投标保证金的双倍返还中标人。一般投标保证金额为标价的 0.5%～5%。

2. 履约担保。是指为保障施工单位履行施工合同所作的一种承诺。一旦施工单位没能履行合同义务，担保人给予赔付，或者接收工程实施义务，而另觅经业主同意的其他施工单位负责继续履行施工合同义务。这是工程担保中最重要的，也是担保金额最大的一种工程担保。履约担保可采用履约保证金、银行保函或担保公司担保书，也可以引入施工单位的同业担保，即由实力雄厚、信誉好的施工单位为其他施工单位提供履约担保。履约担保的具体方式可由招标人在招标文件中约定。实行履约保证金的，应当按照《中华人民共和国招标投标法》的有关规定执行。《中华人民共和国招标投标法》第四十六条规定："招标文件要求中标人提交履约保证金的，中标人应当提交。"第六十条规定："中标人不履行与招标人订立的合同的，履约保证金不予退还，给招标人造成的损失超过履约保证金数额的，还应当对超过部分予以赔偿；没有提交履约保证金的，应当对招标人的损失承担赔偿责任。"

3. 付款担保。付款担保就是施工单位与建设单位签订施工合同的同时，向建设单位保证与建设项目有关的工人工资、分包商及供应商的费用，将按照合同约定由施工单位按时支付，不会给建设单位带来纠纷。如果因为施工单位违约给分包商和材料供应商造成损失的，在没有预付款保证担保的情况下，经常由建设单位协调解决，甚至使建设单位卷入可能的法律纠纷，给管理上造成很大负担。而在预付款担保保证担保的情况下，可以使建设单位避免可能引起的法律纠纷和加重管理上的负担，同时也保证了工人、分包商和供应商的利益。此外，还有三种保证担保形式，一是质量保证担保，它保证施工单位在工程竣工预定期限内（合同预定或按照有关规定执行保修），负责质量的处理责任。若施工单位拒不对出现的质量问题进行处理，则由保证人负责维修或赔偿损失。这种保证也可以包括在履约保证担保之中，也有在工程竣工验收合格后签订，担保期限一般是 1～5 年，保证金额通常为合同价款的 5%～25%。二是不可预见款保证担保，即保证不可预见款全部用于建设项目。三是预付款保证担保，保证建设单位预付给施工单位的工程款用于该建设项目，而不被挪作他用及卷款潜逃。其保证金额一般为合同价款的 10%～50%，费率视具体情况而定。

4. 其他类型。除了上述担保之外，还存在着其他一些类型的工程担保形式。

（1）保证金。前面已经提到过直接缴纳投标保证金或履约保证金的做法，这两种形式都是施工单位以现金形式直接向建设单位提供信用保障，并未涉及第三方保证人出具信用担保。一般认为这两种做法既不能等同于保证担保，也不应视为抵押担保，而应归于押金性质的担保,是《中华人民共和国担保法》规定之外的一种担保形式。施工单位正常履约后,建设单位应如期退还这笔资金;若施工单位中途毁约,建设单位将没收这笔资金。保证金可以是一笔抵押现金,也可以是一张保兑支票。这种做法的优点在于操作手续简便,缺点在于施工单位的一笔现金被冻结,不利于资金周转,对于工程更是如此。以1亿元的工程为例,履约保证金按10%计算,若直接缴纳履约保证金,施工单位将有1000万元的流动资金呆滞,负担相当沉重。

(2) 保留金。每月验工计价给施工单位发放工程款时,建设单位一般都要扣留一定比例作为保留金,以便当工程不符合质量要求时用于返工。国际上,工程合同中通常规定了预扣保留金的比例及保留金的限额,保留金通常是从每月验工计价中扣留10%,以合同价的5%作为累计上限。在签发工程验收证书时,工程师将向施工单位返还一半的保留金,当工程保修期满后,再全部返还保留金余额。FIDIC合同条件对于保留金的使用做出了明确规定。保留金作为履约保证的一种补充,可视为一种质量责任留滞担保。施工单位可以通过保证人提供保证,换回在押的全部保留金,即保留金保证。

(3) 工程抵押。抵押属于约定担保。工程抵押担保是保证建设单位遵照合同正常支付工程款的一种手段,是指建设单位和施工单位在签订合同时约定,建设单位在不转移对工程占有的前提下,将部分或全部工程作为一项财产向施工单位提供债权担保。若建设单位逾期不支付工程款,施工单位有权将该工程折价、拍卖或变卖,并从获得的价款中优先受偿。

(4) 工程留置。留置属于法定担保。工程留置是解决建设单位拖欠工程款问题最为直接有效的担保形式。当建设单位拒付或拖欠工程款时,施工单位可针对已完成的建设工程或建设单位的机械设备保持留置权,直至建设单位付清应当支付的所有款项。否则施工单位有权将属于建设单位的工程或机械设备折价、拍卖或变卖,并从中优先受偿。

(5) 信托基金。"信托基金"是指建设单位和受托人签订信托合同,建设单位将一笔信托基金交给受托人保存,如果建设单位因故不能支付工程款,作为受益人的施工单位可从受托人那里得到相应的损失赔偿。严格来讲信托基金应该属于信托制度,而并非属于担保制度。

9.4.2 工程保险

工程保险是指建设单位和施工单位为了建设项目的顺利实施,向保险公司支付保险费,保险公司根据合同约定对在建设项目实施中可能产生的财产和人身伤害承担赔偿保险金责任。工程保险一般分为强制性保险和自愿保险两类。

强制性的工程保险主要有以下几种:建筑工程一切险(附加第三者责任险)、安装工程一切险(附加第三者责任险)、社会保险(如人身意外险、雇主责任险和国家法令规定的其他强制保险)、机动车辆险、10年责任险和5年责任险、专业责任险等等。其中,建筑工程一切险和安装工程一切险是对建设项目在实施期间的所有风险提供全面的保险,即对施工期间工程本身、工程设备和施工机具以及其他物质所遭受的损失予以赔偿,也对因施工而给第三者造成的人身伤亡和物质损失承担赔偿责任。在工业发达国家和地区,建筑师、结构工程师等设计、咨询专业人士均要购买专业责任险,由于他们的设计失误或工作疏忽给建设单位、施工单位造成的损失,由保险公司赔偿。

复习思考题：
1. 建设项目风险的特点是什么？
2. 建设项目风险识别的方法主要包括哪些？
3. 建设项目风险有哪些处置方式？
4. 工程担保与工程保险有哪些类型？

第 10 章 建设项目信息管理

本章阐述了信息与信息系统的基本概念以及建设项目信息管理系统的概念和内容,介绍了建设项目管理软件的分类和现状。建设项目信息管理是现代建设项目管理的一门新学科。通过学习本章内容,可以初步了解建设项目信息管理概念,了解建设项目信息管理系统的原理、构成和应用方法,了解一些建设项目管理软件的应用。

10.1 建设项目信息管理概述

10.1.1 信息与信息系统的概念

1. 信息的概念

目前各种文献中有许多对于信息概念的不同理解和表达,比较常见的一种对信息的定义是:信息是以数据形式表达的客观事实,是对数据的解释,是客观世界中各种事物特征和变化的反映,是可以借助某种载体加以传递的有用知识。数据是人类用来反映客观世界记录下来的可鉴别的符号,它本身没有意义,只有当它经过加工后,并对客观世界产生影响时才真正成为信息。

信息的基本特征包括:

(1) 可识别性;
(2) 可存储性;
(3) 可扩充性;
(4) 可压缩性;
(5) 可传递性;
(6) 可转换性;
(7) 可共享性;
(8) 特殊范围有效性等。

2. 信息系统的概念

信息系统是基于计算机、通信网络等现代化工具与手段、服务于管理领域的信息处理系统,是以加工处理信息为主的系统,是对信息进行采集、处理、存储、管理、检索、传输和向有关人员提供有用信息的系统。信息系统由信息资源、硬件、软件组成。

信息系统的基本功能有:

(1) 输入功能:信息系统的输入功能决定于系统所要达到的目的及系统的能力和信息环境的许可;
(2) 存储功能:存储功能指的是系统存储各种信息资料和数据的能力;
(3) 处理功能:基于数据库技术的联机分析处理(OLAP)和数据挖掘(DM)技术;

（4）输出功能：信息系统的各种功能都是为了保证最终实现最佳的输出功能；

（5）控制功能：对构成系统的各种信息处理设备进行控制和管理，对整个信息加工、处理、传输、输出等环节通过各种程序进行控制。

10.1.2 建设项目信息管理

建设项目管理的主要方法是控制，控制的基础是信息，信息管理是建设项目管理任务的主要内容之一。

1. 建设项目信息的构成

建设项目信息管理工作涉及多部门、多环节、多专业、多渠道，建设项目的信息量大，来源广泛，形式多样，主要有以下信息形态：

（1）文字图形信息。包括勘察图纸、测绘图纸、设计图纸、说明书、计算书、合同、工作条例及规定、施工组织设计、原始记录、统计报表、信函等；

（2）语言信息。包括口头分配任务、工作指示、汇报、工作检查、介绍情况、谈判交涉、建议、会议等；

（3）新技术信息。包括通过网络、电话、电报、电传、电视、录像、录音等现代手段收集及处理的信息。

2. 建设项目信息的分类

按建设项目管理目标划分，建设项目信息可分为以下几种类型：

（1）投资控制信息。与投资控制有关的信息，包括投资规划信息，例如投资计划、估算、概算、预算资料，资金使用计划、各阶段费用计划，以及费用定额、指标等；实际投资信息，如已支出的各类费用，各种付款账单，工程计量数据，工程变更情况，现场签证，以及物价指数，人工、材料设备、机械台班的市场价格信息等；费用计划与实际比较分析信息；费用的历史经验数据，现行数据，预测数据等。

（2）进度控制信息。与进度控制有关的信息，包括工程施工进度定额，建设项目总进度规划，总进度筹划，分进度目标，各阶段进度计划，单体工程计划，操作性计划，物资采购计划等；工程实际进度统计信息，项目日志，计划进度与实际进度比较信息，工期定额、指标等。

（3）质量控制信息。与质量控制有关的信息，包括建设项目的功能、使用要求，有关标准及规范，质量目标和标准，设计文件、资料、说明，质量检查、测试数据，隐蔽验收记录，质量问题处理报告，各类备忘录、技术单，材料、设备质量证明等。

（4）合同管理信息。与合同管理有关的信息，包括建筑法规，招投标文件，建设项目参与各方情况信息，各类合同，合同执行情况信息，合同变更、签证记录，建设项目索赔与反索赔事项等。

（5）建设项目其他信息。包括有关政策、制度规定等文件，政府及上级有关部门批文，市政公用设施资料，工程来往函件，建设项目会议信息（如设计工作会议、施工协调会、建设项目例会等会议纪要），各类建设项目报告等。

3. 建设项目信息的管理

（1）建设项目信息管理的基本内涵

建设项目信息管理是指建设项目管理人员在明确建设项目信息的基础上，对建设项目信息进行收集、整理、存储、传递与应用等一系列工作的过程。其目的就是通过有效的建设项目信息传输组织和控制，为建设项目提供增值服务。

(2) 建设项目信息管理的基本任务

1) 组织建设项目基本信息的收集并系统化，编制项目手册。

2) 制订建设项目报告及各种资料的规定，例如资料的格式、内容、数据结构等要求。

3) 按照建设项目实施、组织、管理工作过程建立建设项目管理信息系统流程，在实际工作中保证系统正常运行，并控制信息流通。

(3) 建设项目信息管理的基本原则

1) 标准化原则。项目实施过程中有关信息的分类要统一，信息流程要规范，形成的控制报表应做到格式化和标准化，建立健全信息管理制度，从组织上保证信息产生过程的效率。

2) 有效性原则。信息系统所提供的信息，应依据不同层次管理者的要求进行适当的加工，针对不同管理层次提供不同要求和浓缩程度的信息。例如对于高层次管理者而言，提供的信息应力求精炼、直观，尽量采用形象的图表来表达，以满足其决策判断的需要。

3) 定量化原则。建设项目信息不应是建设项目实施过程中数据的简单记录，而应该是经过信息处理人员采用定量工具对有关数据进行加工比较与分析后的数据。

4) 时效性原则。建设项目决策过程具有时效性，建设项目信息都有一定的生命周期，所采用的信息必须是在某一时段内的信息，保证信息的有效性和准确性。

5) 高效性原则。通过高性能的信息处理工具，尽量缩短信息在处理过程中的延迟时间，保证信息处理的效率。

6) 可预见性原则。建设项目信息作为项目实施的历史数据，可以用来预测未来的情况，通过采用先进的方法和工具，为决策者制定未来目标和行动计划提供必要的信息。

10.1.3 建设项目信息管理流程

建设项目信息管理流程是由建设各参与方的信息流程组成，建设参与方包括建设单位、政府相关管理部门、勘察设计单位、施工单位、监理单位、材料设备供应单位等。

了解建设项目各参与方之间正确的信息流程，目的是组建合理的建设项目信息管理流程，保证建设项目信息管理数据的真实性和信息的适时性。

建设项目信息管理贯穿于建设项目的全过程，衔接建设项目的各个阶段、各个参与单位和各个方面，因此建设项目信息管理流程的基本流程包括建设项目信息的收集、整理、存储、传递。

1. 建设项目信息的收集

建设项目信息收集根据介入的阶段不同，决定收集不同的内容。建设项目信息的收集内容包括以下几个方面：

(1) 决策阶段的信息：建设项目相关市场信息，资源信息，自然环境信息，新技术、新设备、新工艺、新材料、专业配套能力信息，政治环境、社会治安状况，当地法律、政策、教育信息。

(2) 设计阶段的信息：建设项目可行性研究报告，同类建设项目相关信息，建设项目所在地环境的相关信息，勘察、测量、设计单位的信息，地方政府相关信息，设计进度计划、质量保证体系、合同执行情况的信息。

(3) 施工招投标阶段的信息：建设项目工程地质、水文地质勘察报告，施工图设计及施工图预算，设计概算，设计、地质勘察、测绘审批报告，工程使用的规范、规程、技术标准，当地有关招标投标的规定。

(4) 施工阶段的信息：施工场地的准备情况，施工单位的质量保证体系，施工组织设计建筑原材料、半成品等工程物资进场、加工、保管、使用信息，项目经理部的管理资料，质量、进度、投资的控制措施，数据采集、处理、存储、传递方式，工序交接制度，事故处理制度，施工中地基验槽及处理记录，工序交接记录，隐藏工程检查记录，建筑材料试验的相关信息。

(5) 竣工保修期的信息：建设项目准备阶段的有关文件，竣工图，竣工验收资料，监理单位应按照《建设工程文件归档整理规范》收集监理文件并协助建设单位督促施工单位完善全部资料的收集。

2. 建设项目信息的整理

(1) 信息整理的作用

信息整理是对收集的大量原始信息进行筛选、分类、排序、压缩、分析、比较、计算使用的过程。信息整理的作用有：

1) 通过整理将信息聚集分类，使之标准化、系统化。

2) 经过对收集资料的真实程度、准确程度的比较、鉴别，剔除错误的信息，获得正确的信息。

3) 经过整理后的信息，便于存储、检索、传递。

(2) 信息整理的原则

信息整理要本着标准化、系统化、准确性、及时性的原则进行。

3. 建设项目信息的存储

经过整理加工处理的信息，按照一定的规定，记录在相应的信息载体上，并把这些记录的信息载体，按照一定的特征和内容，组织成为系统的、有机的、可供人们检索的集合体，这个过程称为信息的储存。

信息储存的主要载体是文件、报告报表、图纸、音像资料等。信息的储存是将这些材料按照不同的类别，进行详细的登录、存放，建立资料档案系统。

4. 建设项目信息的传递

信息传递是指信息借助于一定的载体从信息源传递到使用者的过程。信息在传递的过程中，通常形成各种信息流，常见的有自上而下的信息流、自下而上的信息流、内部横向的信息流、外部环境的信息流。

10.2 建设项目信息管理系统

10.2.1 建设项目信息管理系统的概念

1. 建设项目信息管理系统的定义

建设项目信息管理系统是处理项目信息的人——机系统。它通过收集、整理、存储及传递建设项目实施过程中的有关数据,辅助建设项目管理人员以及决策者规划、决策和检查,其核心是辅助对建设项目目标的控制。

2. 建设项目信息管理系统的基本功能

建设项目信息管理系统的目标是实现信息系统管理以及提供必要的决策支持。一般认为,建设项目信息管理系统的基本功能主要包括投资控制、进度控制、质量控制及合同管理功能。

(1)投资控制功能。主要包括建设项目计划投资数据处理,实际投资数据处理,计划与实际投资的比较分析,投资控制,资金投入控制,报告报表生成。

(2)进度控制功能。主要包括编制建设项目进度计划,绘制进度计划网络图、横道图,建设项目实际进度的统计分析,计划与实际进度的比较分析,进度变化趋势预测,计划进度的调整,进度各类数据查询。

(3)质量控制功能,主要包括建设项目的质量要求和标准数据处理,材料、设备验收记录、查询,质量验收鉴定记录、查询,质量统计分析、评定的数据处理,质量安全事故的处理记录,质量报告报表生成。

(4)合同管理功能,主要包括合同结构模式的提供和选用,各类标准合同文本的提供和选择,合同文件、资料的登录、修改、查询和统计,合同执行情况的跟踪和处理过程的管理,建设法规、经济法规查询,合同实施报告报表的生成。

10.2.2 建设项目信息管理系统的应用与实施

1. 建设项目信息管理系统的应用模式

目前,建设项目信息管理系统的应用模式主要有根据建设项目管理单位的实际情况和自身管理的综合能力,通过购买商品化软件、自行开发专有系统、商品软件与自行开发相结合 3 种模式。

2. 建设项目信息管理系统的实施

建设项目信息管理系统是由系统的组织件、教育件、软件和硬件构成的组织体系。

建设项目信息管理系统的成功实施,不仅需要配备先进的建设项目信息管理软件和性能可靠的计算机硬件平台,更重要的是应建立一整套与计算机的工作手段相适应的组织体系,必须在组织件、教育件上下大力气。

(1)建立完善信息管理系统的组织件

建立建设项目信息系统的组织件是为了保证建设项目信息管理系统软、硬件的正常高效运行。其主要内容包括建立与信息系统运行相适应的建设项目组织机构、完善科学合理的建设项目管理工作流程以及制定建设项目的信息管理制度。

1)建立统一的建设项目信息编码体系,包括建设项目编码、建设项目各参与单位组织编码、投资控制编码、进度控制编码、质量控制编码、合同管理编码等。

2)对信息系统的输入/输出报表进行规范和统一,并以信息目录表的形式固定下来。

3)建立完善的建设项目信息流程,使项目各参与单位之间的信息关系得以明确化,同时结合项目实施情况,对信息流程进行不断的优化和调整,剔除一些不合理的、冗余的流程,以适应信息系统运行的需要。

4)注意基础数据的收集和传递,建立基础数据管理制度,保证基础数据全面、及时、准确地按统一的格式输入信息系统。

5）对信息系统中的管理人员的任务进行分工，划分各相关部门的职能，明确有关人员在数据收集和处理过程中的职责。

6）建立项目的数据保护制度，保证数据的安全性、完整性和一致性。

(2) 建立信息管理系统的教育件

建设项目信息管理系统的教育件是围绕建设项目信息管理系统的应用，对建设项目管理组织中的各级人员进行广泛的培训，包括以下三个层次的培训：

1）建设项目领导者的培训。按照信息管理系统应用中的一把手原则，建设项目管理者对待建设项目信息管理系统的态度是建设项目信息管理系统实施成败的关键，对建设项目领导者的培训主要是侧重于对建设项目信息管理系统的认识和现代建设管理思想和方法的学习。

2）开发人员的学习与培训。开发团队中由于人员知识结构的差异，进行跨学科的学习和培训十分重要，包括建设项目管理人员对信息处理技术和信息管理系统开发方法的学习和软件开发人员对建设项目管理知识的学习等。

3）使用人员的培训。对系统使用人员的培训直接关系到系统实际运行的效率，培训的内容包括信息管理制度、计算机软件基础知识、系统操作方法的学习等，人员培训的方式包括内部培训和外部培训，其中利用外部资源往往收到意想不到的效果。

(3) 开发和引进信息管理系统的软件

建设项目信息管理系统的软件是建设项目管理信息系统的核心，开发和引进先进、实用的建设项目信息管理系统软件不仅仅是软件系统开发人员的工作，也是整个建设项目管理领域的一项重要课题。

1）开发建设项目信息管理系统的软件时应注意统一规划、分步实施，避免低水平的重复开发；注意开发团队应合理组成，建设项目管理与软件开发人员相结合；注意开发方法和工具的选择；重视现代建设项目管理理论的支撑与渗透作用。

2）引进建设项目信息管理系统的软件时应注重结合应用环境，选择较高性能价格比的适用软件；注意二次开发，包括软件的汉化和原有软件的集成；注意人员的培训；注意购买和使用引进软件的知识产权问题等。

(4) 建立信息管理系统的硬件

建设项目信息管理系统的硬件，应能满足软件正常运行的需要。建立建设项目信息管理系统的硬件平台，应注意有关设备性能的可靠性，采用高性能的网络硬件。

10.2.3 基于互联网的建设项目信息管理系统

随着科学技术的不断进步和建设项目管理水平的不断提高，人们对建设项目信息管理和沟通提出了更高的要求，主要包括：建设项目参与各方都能在各个阶段随时随地获得建设项目各组成部分的各种信息；能够用虚拟现实的、逼真的建设项目模型指导建设项目的决策、设计与施工全过程；减少距离的影响，使建设项目管理者之间沟通时有同处一地的感觉；对信息的产生、保存及传递能够得到有效地管理。

基于互联网的建设项目信息管理系统能够在一定程度上解决上述问题，其主要功能是安全地获取、记录、寻找和查询项目信息。相当于在建设项目实施全过程中，对建设项目参与各方产生的信息进行集中式管理,即建设项目参与各方有共有的文档系统,同时也有共享的建设项目数据库。

1. 基于互联网的建设项目信息管理系统的特点和体系结构

(1) 基于互联网的建设项目信息管理系统具有以下基本特点:

1) 以互联网作为信息交换工作的系统,其基本形式是建设项目主题网,具有较高的安全性。

2) 采用浏览器/服务器(B/S)结构,用户在客户端只需安装一个浏览器即可。

3) 与其他相关信息系统不同,基于互联网的建设项目信息管理系统的主要功能是建设项目信息的共享和传递,而不是对建设项目信息进行加工、处理。

4) 基于互联网的建设项目信息管理系统不是一个简单的文档系统,通过信息的集中管理和门户设置,为建设项目参与各方提供一个开放、协调、个性化的信息沟通环境。

(2) 基于互联网的建设项目信息管理系统的体系结构包括以下八个层次:

1) 基于互联网的建设项目信息集成平台。它是项目信息管理系统实施的关键,必须对来自于不同信息源的各种异构信息进行有效集成。

2) 建设项目信息分类层。在建设项目集成平台的基础上,对信息进行有效地分类编目,以便于建设项目参与各方的信息使用。

3) 建设项目搜索层。为建设项目参与各方提供方便的检索服务。

4) 建设项目信息发布与传递层。能支持信息内容的网上发布。

5) 工作流程支持层。使建设项目参与各方通过建设项目门户完成一些建设项目的日常工作流程,如工程变更等。

6) 建设项目协同工作层。使用同步和异步手段使建设项目参与各方结合一定的工作流程进行协同和沟通。

7) 个性化设置层。使建设项目参与各方实现基于角色的界面设置。

8) 数据安全层。基于互联网的信息平台有严格的数据安全保证措施,用户通过一次登录就可以访问所有信息源。

2. 基于互联网的建设项目信息管理系统的功能

基于互联网的建设项目信息管理系统的功能分为基本功能和拓展功能两个层次。其中,基本功能是大部分商业化的基于互联网的信息系统和应用服务所具备的功能,可以看成基于互联网信息系统的核心功能。而拓展功能则是部分应用服务商在其应用服务系统上所提供的服务,这些服务代表了基于互联网的信息系统的未来发展趋势。

(1) 基于互联网的建设项目信息管理系统的基本功能如下:

1) 通知与桌面管理

通知与桌面管理包括变更通知、公告发布、建设项目团队通讯录及书签管理等功能。其中,变更通知是指当某一个建设项目参与单位有关的建设项目信息发生改变时,系统用E-mail进行提醒和通知,它是基于互联网的建设项目信息管理系统应具备的一项基本功能。

2) 日历和任务管理

日历和任务管理是一些简单的建设项目进度控制工作功能,包括共享建设项目进度计划的日历管理和任务管理。

3) 文档管理

文档管理是基于互联网的建设项目信息管理系统的一项非常重要的功能,在建设项目的站点上提供标准的文档目录结构,建设项目参与各方可以根据需求进行定制。建设项目参与各方可以完成文档(包括工程照片、合同、技术说明、图纸、报告、会议纪要、往来函件等)的查询、版本控制、文档上传和下载、在线审阅等工作,其中在线审阅的功能是基于互联网的建设项目信息管理系统的一项重要功能,可支持多种文档格式,如 CAD、Word、Excel 等,建设项目参与各方可以在同一个文件上进行标记、圈阅和讨论,可以大大提高项目组织的工作效率。

4) 建设项目通信与讨论

在基于互联网的建设项目信息管理系统为用户订制的主页上,建设项目参与各方可以通过系统中内置的邮件通信功能进行建设项目信息的通信,另外还可以就某一主体进行在线讨论,讨论的每一个细节都会被记录下来,并分发给有关各方。建设项目信息门户系统的通信与讨论都可以获得大量随手可及的信息作为支持。

5) 工作流管理

工作流管理是对建设项目工作流程的支持,包括在线完成信息请求、工程变更、提交请求及原始记录审批等,并对处理情况进行跟踪统计。

6) 网站管理与报告

网站管理与报告包括用户管理、使用报告生成等功能,其中很重要的一项功能就是对建设项目参与各方的信息沟通(包括文档传递、邮件信息、会议等)及成员在网站上的活动进行详细记录。数据的安全管理也是一项十分重要的功能,它包括数据的离线备份、加密等。

(2) 基于互联网的建设项目信息管理系统的拓展功能主要包括多媒体的信息交互、在线建设项目管理、集成电子商务等功能,如视频会议的功能、进度计划和投资计划的网上发布、电子采购、电子招标等功能,这些将是基于互联网的建设项目信息管理系统的主要发展趋势。

10.3 建设项目管理软件的应用

10.3.1 建设项目管理软件的分类

目前在建设项目管理过程中使用的建设项目管理软件数量多,应用面广,几乎覆盖了建设项目管理全过程的各个阶段和各个方面,一般建设项目管理软件可以从以下几个方面来分类。

1. 从建设项目管理软件适用的各个阶段划分

(1) 适用于某个阶段的特殊用途的建设项目管理软件

这类软件种类繁多,软件定位的使用对象和使用范围被限制在一个比较窄的范围内,所注重的往往是实用性。例如用于建设项目建议书和可行性研究工作项目评估与经济分析软件、房地产开发评估软件,用于设计和招投标阶段的概预算软件、招投标管理软件、快速报价软件等。

(2) 普遍适用于各个阶段的建设项目管理软件

常见的有进度计划管理软件、费用控制软件及合同与办公事务管理软件等。

(3) 对各个阶段进行集成管理的软件

建设项目各个阶段是紧密联系的，每个阶段的工作都是对上一阶段工作的细化和补充，同时要受到上一阶段所确定的框架的制约，很多建设项目管理软件的应用过程都体现了这样一种阶段间的相互控制、相互补充的关系。如：一些高水平费用管理软件能清晰地体现投标价（概预算）形成、合同价核算与确定、工程结算、费用比较分析与控制、建设项目决算的整个过程，并可自动将这一过程的各个阶段关联在一起。

2. 从建设项目管理软件提供的基本功能划分

项目管理软件提供的基本功能主要包括进度计划管理、费用管理、资源管理、风险管理、交流管理和过程管理等，这些基本功能有些独立构成一个软件，大部分则是与其他某个或某几个功能集成构成一个软件。

(1) 进度计划管理类软件

对于建设项目来说，时间是最重要的资源。基于网络技术的进度管理功能是建设项目管理中开发最早、应用最普遍、技术上最成熟的功能，也是目前绝大多数面向建设项目管理的信息系统的核心部分。该类软件的基本功能包括定义作业、用一系列的逻辑关系连接作业、计算关键线路、时间进度分析、资源平衡、实际计划的执行状况、输出报告、画出甘特图和网络图。

(2) 成本费用管理类软件

成本费用管理系统确定建设项目的价格，是现在大部分建设项目管理软件功能的布局方式。最简单的成本费用管理是用于增加时间计划性能的成本费用跟踪，高水平的成本费用功能能够胜任建设项目寿命周期内所有成本费用单元的分解、分析和管理工作。包括从建设项目开始阶段的预算、报价及其分析、管理，到中期的结算与分析、管理，最后的决算和建设项目完成后的成本费用分析，这类软件具有独立使用的系统，有些与合同事务管理功能集成在一起。成本费用管理软件的基本功能包括投标报价、预算管理、费用预测、费用控制、绩效检查和差异分析。

(3) 资源管理类软件

建设项目管理软件中涉及的资源有狭义和广义之分。狭义资源一般指在建设项目实施过程中实际投入的资源，如人力资源、施工机械、材料和设备等；广义资源除了包括狭义资源外，还包括其他诸如建设项目工程量、影响因素等有助于提高建设项目管理效率的因素；所有这些资源又可以根据使用过程中的特点划分为消耗性资源（如材料、工程量等）和非消耗性资源（如人力）。资源管理软件的基本功能应包括以拥有完善的资源库、能自动调配所有可行的资源、能通过其他功能的配合提供资源需求、能对资源需求和供给的差异进行分析、能自动或协助用户通过不同途径解决资源冲突问题。

(4) 风险管理类软件

变化和不确定性的存在使建设项目总是处在风险的包围中，这些风险包括时间上的风险（如零时差或负时差）、成本费用上的风险（如过低估价）、技术上的风险（如设计错误）等。针对这些风险的风险管理技术已经发展得比较完善，从简单的风险范围估计方法到复杂的风险模拟分析都在工程上得到了一定程度的应用。建设项目管理软件的风险管理功能大都采用了这些成熟的风险管理技术。建设项目管理软件风险管理功能中常见的风险管理技术包括综合权重的三点估计法、因果分析法、多分布形式的概率分布法和基于经验的专家系统等。建设项目管理软件中的风险管理功能应包括建设项目风险的文档化管理、进度计划模拟、减少乃至消除风险的计划管理。目前有些风险管理软件是独立使用的，有些是上述其他软件功能集成使用的。

（5）交流管理类软件

交流是任何建设项目组织的核心，也是建设项目管理的核心。事实上，建设项目管理就是从建设项目有关各方之间及各方内部的交流开始的。大型建设项目的各个参与方经常分布在跨地域的多个地点上，大多采用矩阵化的组织结构形式，这种情况对交流管理提出了很高的要求。目前流行的建设项目管理软件都集成了交流管理的功能，所提供的功能包括进度报告发布、需求文档编制、项目文档管理、项目组成员间及其与外界的通讯与交流、公告板和消息触发式的管理交流机制等。

（6）过程管理类软件

建设项目是由过程组成的，建设项目管理的工作就是要将这些过程集成在一起，以保证建设项目目标的实现。过程管理功能应是每个建设项目管理软件所必备的功能，它可以对建设项目管理工作中的建设项目启动、计划编制、建设项目实施、建设项目控制和建设项目收尾等过程提供帮助。过程管理的工具能够帮助建设项目组织的管理方法和管理过程实现电子化和知识化。建设项目负责人可以为其所管理的建设项目确定适当的过程，建设项目管理团队在建设项目的执行过程中也可以随时对其应完成任务进行深入地了解。

（7）多功能集成的建设项目管理软件套件

套件是指将建设项目管理所需的信息集成在一起进行管理的一组工具。一个套件通常可以拆分为一些功能模块或独立软件，这些功能模块或独立软件大部分可以单独使用，但如果这些模块或独立软件组合在一起使用，可以最大限度地发挥功效。这些模块或独立软件都是由同一家软件公司开发，彼此之间有统一的接口，可以相互调用数据，并且在功能上相互补充。

3. 按照建设项目管理软件适用的对象来划分

（1）面向大型、复杂建设项目的管理软件

这类软件锁定的目标市场一般是规模大、复杂程度高的大型建设项目。其典型特点是专业性强，具有完善的功能，提供了丰富的视图和报表，可以为大型建设项目的管理提供有力支持；但购置费用较高，使用上较为复杂，使用人员必须经过专门培训。

（2）面向中小型建设项目和企业事务管理的管理软件

这类软件的目标市场一般是中小型建设项目或企业内部的事务管理过程。其典型特点是：提供了建设项目管理所需要的最基本的功能，包括时间管理、资源管理和费用管理等；内置或附加了二次开发工具；有很强的易学易用性，使用人员一般只要具备建设项目管理方面的知识，经过简单的引导，就可以使用；购置费用较低。

除以上的划分方式外，还包括诸如从建设项目管理软件的用户角度划分的方式等等。

10.3.2 常用的几种建设项目管理软件

目前市场上大约有100多种建设项目管理软件工具。这些软件各具特色，各有所长。

下面主要介绍几种比较常用的国内外建设项目管理软件。

1. Primavera Project Planner

在国内外为数众多的大型建设项目管理软件当中,美国 Primavera 公司开发的 Primavera Project Planner 软件普及程度和占有率是最高的。国内的大型和特大型建设项目几乎都采用了 Primavera Project Planner 软件(以下简称 P3)。

P3 是用于建设项目进度计划、动态控制、资源管理和费用控制的综合进度计划管理软件,也是目前国内大型建设项目中应用最多的进度计划管理软件。

P3 的特点:拥有较为完善的管理复杂、大型建设项目的手段,拥有的完善的编码体系,包括 WBS 编码、作业代码编码、作业分类码编码、资源编码和费用科目编码等,这些编码以及所带来的分析、管理手段给予建设项目管理人员充分的管理回旋余地,可以从多个角度对建设项目进行有效管理。

P3 具体的功能:同时管理多个建设项目工程,通过各种视图、表格和其他分析、展示工具,帮助建设项目管理人员有效控制大型、复杂的建设项目;可以通过 ODBC 与其他系统结合进行相关数据的采集、数据存储和风险分析;P3 提供了上百种标准的报告,同时还内置报告生成器,可以生成各种自定义的图形和表格报告。但其在大型建设项目层次划分上的不足和相对薄弱的工程(特别是对于大型建设项目)汇总功能也将其应用限制在了一个比较小的范围内;某些代码长度上的限制妨碍了该软件与建设项目其他系统的直接对接,后台的 Btrieve 数据库的性能也明显影响了软件的响应速度和与建设项目信息管理系统集成的便利性,给用户的使用带来了一些不方便。

2. Microsoft Project

由 Microsoft 公司开发的 Microsoft Project 软件是到目前为止在全世界范围内应用最为广泛的、以进度计划为核心的项目管理软件,Microsoft Project 可以帮助建设项目管理人员编制进度计划,进行管理资源的分配,生成费用预算,也可以绘制商务图表,形成图文并茂的报告。

借助 Microsoft Project 和其他辅助工具,可以满足一般要求不是很高的建设项目管理的需求;但如果建设项目比较复杂,或对建设项目管理的要求很高,那么该软件可能很难让人满意,这主要是该软件在处理复杂建设项目的管理方面还存在一些不足的地方,例如,资源层次划分上的不足,费用管理方面的功能太弱等,但就其市场定位和低廉的价格来说,Microsoft Project 是一款不错的建设项目管理软件。该软件的典型功能特点如下:

(1) 进度计划管理。Microsoft Project 为建设项目的进度计划管理提供了完备的工具,用户可以根据自己的习惯和建设项目的具体要求采用"自上而下"或"自下而上"的方式安排整个建设项目。

(2) 资源管理。Microsoft Project 为建设项目资源管理提供了适度、灵活的工具,用户可以方便地定义和输入资源,可以采用软件提供的各种手段观察资源的基本情况和使用状况,同时还提供了解决资源冲突的手段。

(3) 费用管理。Microsoft Project 为建设项目管理工作提供了简单的费用管理工具,可以帮助用户实现简单的费用管理。

(4) 突出的易学易用性,完备的帮助文档。Microsoft Project 是迄今为止易用性最好的建设项目管理软件之一,其操作界面和操作风格与大多数人平时使用的 Microsoft Of-

fice 软件中的 Word、Excel 完全一致；对中国用户来说，该软件有很大吸引力的一个重要原因是在所有引进的国外项目管理软件当中，只有该软件实现了"从内到外"的完全汉化，包括帮助文档的整体汉化。

（5）强大的扩展能力，与其他相关产品的融合能力。作为 Microsoft Office 的一员，Microsoft Project 也内置了 Visual Basic for Application（VBA），VBA 是 Microsoft 开发的交互式应用程序宏语言，用户可以利用 VBA 作为工具进行二次开发，一方面可以帮助用户实现日常工作的自动化，另一方面还可以开发该软件所没有提供的功能；此外，用户可以依靠 Microsoft Project 与 Office 家族其他软件的紧密联系，将项目数据输出到 Word 中生成项目报告，输出到 Excel 中生成电子表格文件或图形，输出到 PowerPoint 中生成项目演示文件，还可以将 Microsoft Project 的项目文件直接存为 Access 数据库文件，实现与建设项目信息管理系统的直接对接。

3. 梦龙智能项目管理集成系统

梦龙智能项目管理集成系统是国内梦龙公司开发的建设项目管理软件。该系统由智能项目管理动态控制、建设项目投资控制系统、机具设备管理、合同管理与动态控制、材料管理系统、图纸管理系统和安全管理系统组成，可对建设项目进行全方位的管理。该软件的典型特点包括：

（1）灵活方便的作图功能。可以在计算机屏幕上直接制作网络图，还可以采用文本输入方式制作网络图，包括双代号输入法、紧前关系输入法和紧后关系输入法。

（2）瞬间即可生成流水网络。

（3）方便实用的网络图分级管理功能（子网络功能）。可以根据建设项目的实际情况分为多级网络，使不同的管理层对应不同级别的网络，实现分级网络管理。

（4）利用前锋线功能实现对建设项目的动态控制。

（5）资源费用优化控制。可以将资源按人工、材料、施工机械分开管理，可按不同属性进行分布，还可根据定额分别计算出人工、材料、施工机械费用及总费用；资源可按不同种类管理，可自定义名称，通过网络可做出各种资源的分布曲线及报表；对资源及数据可进行优化计算；根据不同分布曲线可分别做出用工计划、机具安排计划、材料供应计划及费用投资计划等。

（6）综合控制功能。提供了合同及图纸等建设项目信息的管理，并内置了针对这些信息的自动预警体系。

（7）支持双代号网络。

4. Welcom Open Plan 项目管理软件

Welcom 公司研发的 Open Plan 软件是一个企业级的建设项目管理软件，该软件特点如下：

（1）进度计划管理。Open Plan 采用自上而下的方式分解工程。拥有无限级别的子工程，每个作业都可分解子网络、孙网络，无限分解，这一特点为大型、复杂工程项目的多级网络计划的编制和控制提供了便利；此外，其作业数目不限，同时提供了最多 256 位宽度的作业编码和作业分类码，为工程项目的多层次、多角度管理提供了可能，使得用户可以很方便地实现这些编码与建设项目信息管理系统中其他子系统的编码的直接对接。

（2）资源管理与资源优化。资源分解结构（RBS）可结构化地定义数目无限的资源，包括资源群、技能资源、驱控资源,以及通常的资源、消费品、消耗品。拥有资源强度非线性曲线、流动资源计划。在资源优化方面拥有独特的资源优化算法,4个级别的资源优化程序,Open Plan 可以通过对作业的分解、延伸和压缩进行资源优化。Open Plan 可同时优化无限数目的资源。

(3) 项目管理模板。Open Plan 中的项目专家功能提供了几十种基于美国项目管理学会(PMI)专业标准的管理模板,用户可以使用或自定义管理模板,建立 C/SCSC(费用/进度控制系统标准)或 ISO(国际标准化组织)标准,帮助用户自动应用项目标准和规程进行工作,例如每月工程状态报告、变更管理报告等。

(4) 风险分析。Open Plan 集成了风险分析和模拟工具,可以直接使用进度计划数据计算最早时间、最晚时间和时差的标准差和作业危机程度指标,不需要再另行输入数据。

(5) 开放的数据结构。Open Plan 全面支持 OLE2.0,与 Excel 等 Windows 应用软件可简单地拷贝和粘贴;工程数据文件可保存为通用的数据库,如 Microsoft Access、Oracle、Microsoft SQL Server、Sybase,以及 FoxPro 的 DBF 数据库;用户还可以修改库结构增加自己的字段并定义计算公式。

5. Primavera Expedition 合同管理软件

由 Primavera 公司开发的合同管理软件 Expedition 以合同为主线,通过对合同执行过程中发生的诸多事务进行分类、处理和登记,并和相应的合同有机地关联,使用户可以对合同的签订、预付款、进度款和工程变更进行控制;同时可以对各项工程费用进行分摊和反检索分析;可以有效地处理合同各方的事务,跟踪有多个审阅回合和多人审阅的文件审批过程,加快事务的处理进程;可以快速检索合同事务文档。

Expedition 可用于建设项目管理的全过程。该软件同时也具有很强的扩展能力,用户可以利用软件本身的工具进行二次开发,进一步增强该软件的适用性。以达到适应建设项目要求的目的。Expedition 的基本功能可以归纳为如下几方面:

(1) 合同与采购订单管理。用户可以创建、跟踪和控制其合同和采购清单的所有细节,提供各类实时信息。Expedition 内置了一套符合国际惯例的工程变更管理模式,用户也可以自定义变更管理的流程;Expedition 还可以根据既定的关联关系帮助用户自动处理项目实施过程中的设计修改审定、修改图分发、工程变更、工程概算/预算、合同进度款/结算。

(2) Expedition 对变更的处理采取变更事项跟踪的形式。将变更文件分成四大类:请示类、建议类、变更类和通知类,可以实现对变更事宜的快速检索。通过可自定义的变更管理,用户可以快速解决变更问题,可以随时评估变更对工程费用和总体进度计划的影响,评估对单个合同的影响和对多个合同的连锁影响,对变更费用提供从估价到确认的全过程管理,通过追踪已解决和未解决的变更对项目未来费用的变化趋势进行预测。

(3) 费用控制管理。通过可动态升级的费用工作表,将实际情况自动传递到费用工作表中,各种变更费用也可反映到对应的费用类别中,从而为用户提供分析和预测项目趋势时所需要的实时信息,以便用户作出更好的费用管理决策;通过对所管理工程的费用趋势分析,例如可以分析材料短缺或工资上涨对工程费用的影响,用户能够采取适当的行动,避免损失。

(4) 交流管理。Expedition 通过内置的记录系统来记录各种类型的项目交流情况。通过请示记录功能帮助用户管理整个项目跨度内的各种送审件,无论其处于哪一个阶段,在什么人手中,都可以随时评估其对费用和进度的潜在影响。通过会议纪要功能来记录每次会议的各类信息。通过信函和收发文功能,实现往来信函和文档的创建、跟踪和存档。通过电话记录功能记录重要的电话交谈内容。

(5)记事。可以对送审件、材料到货、问题、日报,进行登录、归档、事件关联、检索、制表等。

(6)项目概况。可以放映项目各方信息、项目执行状态以及项目的简要说明。

6. Prolog Meridian

Prolog Meridian 软件是 Meridian 公司开发的以合同事务管理为主线的项目管理软件。该软件可以处理建设项目管理中除进度计划管理以外的大部分事务,其典型功能包括:

(1)合同管理。可以管理建设项目所涉及的所有合同信息,包括相关的单位信息、每个合同的预算费用、已发生的变更、将要发生的变更、进度款的支付和预留等。

(2)费用管理。可以准确获得最新的预算、实际费用信息,使用户及时了解建设项目费用情况。

(3)采购管理。可以管理建设项目中需要采购的各种材料、设备和相应的规范要求,可以直接和进度作业连线。

(4)文档管理。提供图纸分发、文件审批、文档传送的功能,可以通过预先设置的有效期发出催办函。

(5)工程事务管理。可以完成建设项目过程中事务性管理工作,包括对建设项目中的人工、材料、设备、施工机械等进行记录和跟踪,处理施工过程中的日常记事、施工日报、安全通知、质量检查、现场工作记录等。

(6)标准化管理。可以将建设项目管理所需的各种信息分门别类地进行管理,各个职能部门按照所制定的标准对自己的工作情况进行输入和维护,管理层可以随时审阅建设项目各个方面的综合信息,考核各部门的工作情况,掌握工作的进展,准确及时地做出决策。

(7)兼容性。可以输入输出相关数据,与其他应用软件相互读写信息。既可以将进度作业输出到有关进度软件,又可以将进度计划软件的作业输入到该软件中。

7. Cobra 成本控制软件

Cobra 软件是 Welcom 公司开发的成本控制软件,其功能特点如下:

(1)费用分解结构。可以将工程及其费用自上而下地分解,在任意层次上修改预算和预测,设定不限数目的费用科目、会计日历、取费费率、费用级别、工作包,使用户建立完整的项目费用管理结构。

(2)费用计划。可以和进度计划管理结合,形成动态的费用计划。预算元素或目标成本的分配可以在作业级或工作包进行,也可以直接从预算软件或进度计划软件中读取。支持多种预算,实现量、价分离,合并报告多种预算费用计划。每个预算按用户指定的时间间隔分布。支持多国货币换算,允许使用 16 种不同的间接费率,自定义非线性曲线,并提供大量的自定义字段,定义计算公式。

(3)实际执行反馈。可以用文本文件或 DBF 数据库递交实际数据,连接用户自己的工程统计软件和报价软件,自动计算间接费,修改过去输入错误的数据并整体重算。

(4) 执行情况评价/赢得值。软件内置了标准评测方法和分摊方法，按照所使用的货币、资源数量或时间计算完成的进度，可用工作包、费用科目、预算元素或分级结构、部门等评价招待情况。拥有完整的标准报告和图形，内置电子表格。

(5) 预测分析。提供无限数量的同步预测分析，手工干预或自动生成无限数量的假设分析，使用不同的预算、费率、劳动力费率和外汇汇率，自定义计算公式，用需求金额反算工时。

(6) 进度集成。提供了在工程实施过程中任意阶段的费用和进度集成动态环境，该软件的数据可以完全从软件提供的项目专家或其他项目中读取，不需要重复输入。工程状态数据利用进度计划软件自动更新，修改过的预算自动更新到新项目专家进度中去。

(7) 开放的数据结构。数据库结构完全开放，可以方便地与用户自己的管理系统连接。

8. Prolog Manager

Prolog Manager（企业项目管理软件系统）是依据美国著名的跨国公司的项目管理模式研制的，综合了当今最为先进的项目管理方法，并逐渐发展成为全球通行的一流的项目管理软件。其管理模式与国际最先进的企业管理、项目管理经验同步，可以说是国际项目管理业界的标准。Prolog Manager 是以费用管理为核心，全面管理项目的软件系统，系统主要功能如下：

(1) 招标投标、合同和采购管理。含招标投标管理、合同控制、采购管理、预算管理、变更跟踪、进度款支付、材料进出库、库存控制和费用管理等。

(2) 文档管理。含工程图纸、递交件、送审件、会议纪要、会谈记录、项目状态、图纸和规范、信件记录、活动表、事件（问题）和事件分发等。

(3) 工程事务。含工作日报、施工日报、日常记事、部门／职员跟踪、收尾事务跟踪、整改记录、进度跟踪、安全通知、质量检查、现场工作指示，以及工、料、机资源记录和跟踪等。

(4) 报表及通讯。内置 300 多种报表，报表可以包括图形、图片、打印预览，具备无级缩放，自带报表管理器，可用 XLS（excel）、HTML、RPT、DIF、CSV 格式输出报表，并可在网页中显示和相互通讯、交流。

(5) 多用户和数据安全。在同一时间允许项目全体人员有权限地共同访问数据，允许特定用户进入、设置每个用户组的访问权限，甚至可以细到单个的字段和记录。

复习思考题：
1. 简述信息与系统的概念。
2. 简述建设项目信息分类。
3. 建设项目信息管理流程的基本环节包括哪些？
4. 建设项目信息管理系统的基本功能包括哪些？
5. 建设项目管理软件按其功能划分有哪几类软件？
6. 本章介绍了哪几种建设项目管理软件？

第 11 章　建设项目竣工验收与保修管理

本章节阐述了建设项目竣工验收管理、工程结算管理、工程竣工决算管理和保修阶段管理的含义、内容和方法等,通过对建设项目竣工验收与保修管理的学习,可以进一步了解建设项目决策、设计、采购、施工等工作成效,是建设项目从施工建设转入正式投产使用的必经环节。

11.1　竣工验收管理

建设项目竣工验收是检验建设项目决策、设计、采购、施工等工作成效和工程质量的总结性工作,是建设项目从施工建设转入正式投产使用的必经环节。建设项目竣工验收的任务主要包括:全面考核建设项目实施情况,检验工程质量;检查生产试车、投产准备情况;安排收尾工程和其他未完事宜;审核竣工决算,确认固定资产的交付使用;总结工程建设的经验教训。建设项目竣工验收分为主要单项工程竣工验收和工程整体竣工验收。单项工程竣工验收由建设单位组织验收,工程整体竣工验收由上级主管部门组织验收,具体验收的时间点由建设单位或主管部门根据国家和相关行业的有关规定确定。

11.1.1　竣工验收的条件

根据国家有关规定,项目竣工验收一般应达到以下条件:

1. 完成工程设计和合同约定的各项内容。生产性项目和辅助性公用设施,已按设计要求建成,能满足生产使用;主要工艺设备配套设施经联动有负荷试车合格,形成生产能力,能够生产出符合设计文件规定的合格产品;生产准备工作能适应投产的需要;环境保护设施、劳动安全卫生设施、消防设施以及必须的生活设施已按设计要求与主体工程同时建成,并经有关专业部门验收合格可交付使用。

2. 施工单位在工程完工后对工程质量进行了检查,确认工程质量符合有关法律、法规和工程建设强制性标准,符合设计文件及合同要求,并提出工程竣工报告。工程竣工报告应经项目经理和施工单位有关负责人审核签字。

3. 对于委托监理的工程项目,监理单位对工程进行了质量评估,具有完整的监理资料,并提出工程质量评估报告。工程质量评估报告应经总监理工程师和监理单位有关负责人审核签字。

4. 勘察、设计单位对勘察、设计文件及施工过程中由设计单位签署的设计变更通知书进行检查,并提出质量检查报告。质量检查报告应经该项目勘察、设计负责人和勘察、设计单位有关负责人审核签字。

5. 有完整的技术档案和施工管理资料。

6. 有工程使用的主要建筑材料、建筑构配件和设备的进场试验报告。

7. 建设单位已按合同约定支付工程款。
8. 有施工单位签署的工程质量保修书。
9. 建设行政主管部门及其委托的工程质量监督机构等有关部门责令整改的问题全部整改完毕。

以上是项目竣工验收应达到的基本条件。不同行业、不同性质的项目有不同的要求，各建设项目除了应遵循这些共同标准外，还应按照各个行业的规定执行。竣工验收前是否要经过生产试运行阶段，不同的行业、不同性质的项目也会有不同的要求，应按照各个行业的规定办理。

11.1.2 竣工验收的范围

1. 正常情况下的验收范围。根据国家颁布的有关工程建设法律法规的规定，凡新建、扩建、改建的基本建设项目和技术改造项目，按照批准的设计文件所规定的内容建成，符合验收标准的，即工业项目经过投料试车调试（带负荷运转）、能生产合格产品、形成生产能力的，非工业项目符合设计要求，能够正常使用的，必须及时组织验收，办理固定资产移交手续。

2. 特殊情况下的验收范围。在某些特殊情况下，工程施工虽未全部按设计要求完成，也可以进行验收。这些特殊情况包括：

（1）因少数非主要设备或某些特殊材料短期内不能解决，虽然工程内容尚未全部完成，但已可以投产或使用的工程项目；

（2）按规定的内容已经建设完成，但因外部条件的制约，而使已建成工程不能投入使用的项目；

（3）有些建设项目或单项工程，已经形成部分生产能力，或实际上建设单位已经使用，但近期内不能按原设计规模续建，应从实际情况出发，报主管部门批准后，可以缩小规模，对已完成的工程和设备，应组织竣工验收，移交固定资产。

11.1.3 竣工验收的依据

按照我国现行的有关规定，项目竣工验收的依据主要包括：

1. 建设项目据以建设的文件，包括项目建议书、可行性研究报告、项目评估报告、项目批准（或核准或备案）文件、环境影响评价报告及批复文件，规划许可、用地许可等批准文件。

2. 工程设计文件，包括初步设计批复文件、施工图设计和设计说明、设计变更资料以及设备技术资料等。

3. 相关规定、标准和规范，包括现行的有关法律、法规条文规定和《工程施工及验收规范》、《工程质量检验评定标准》等。

4. 招标及合同文件，包括招标文件、投标文件、中标通知书、各类合同文本等。

5. 验收的确认文件，包括规划验收、环保验收、安全验收、消防验收、档案验收等确认文件。

6. 全部竣工资料，包括全部工程的竣工图和说明。

在正式竣工验收时，对从国外引进新技术、关键设备或成套设备的项目，以及中外合资建设的项目，除应有按国内竣工验收规定的文件资料外，还应有与外商签订的合同及外商提供的设计文件等技术资料。

11.1.4 竣工验收的步骤

在全部单项工程验收完成并通过试生产考核后，由建设单位提请上级主管部门组织全面竣工验收。全面竣工验收一般分为验收准备、预验收和正式验收三个步骤。

1. 竣工验收准备

（1）竣工验收方案的编制

在竣工验收前，建设单位要与有关单位共同制定详细周密的验收方案，以保证验收工作的顺利实施。竣工验收方案的内容包括：

1）验收目标及要求。根据施工合同规定的目标，提出具体要求；

2）验收评定标准。国家验收规范、设计文件、施工合同规定的质量标准；

3）验收进度计划。应排出各单位初验时间、消除缺陷整改期限及整体正式验收时间；

4）验收程序及步骤。根据国家有关规定，确定验收的程序及步骤；

5）验收组织与分工。确定验收领导小组成员、专家组成员、专业验收单位及成员、验收人员职责；

6）竣工资料的整理要求。包括开数、份数、卷宗编号、装订要求、资料内容要求及完成时间等。

（2）竣工验收申报前的准备工作

建设项目全部完成，经过各单位工程的验收，符合设计要求，经过工程质量核定达到合格标准。施工单位要按照国家有关规定，整理各项交工文件及技术资料，工程盘点清单，工程决算书，工程总结等必要文件资料，交工报告。建设单位要督促和配合施工单位、监理单位、设计单位做好工程盘点、工程质量评价、资料文件的整理，具体包括：

1）建设项目所有申报及批复文件；

2）建设项目开工报告、竣工报告；

3）竣工工程项目一览表（含工程名称、位置、面积、概算、装修标准、功能）；

4）设备清单（含设备名称、规格、数量、产地、主要性能、单价、备品备件名称与数量等）；

5）建设项目土建施工记录，隐蔽验收记录及施工日志；

6）建筑物的原形测试记录（含沉降、变形、防震、绝缘、密闭、隔热等）；

7）设计交底、设计图会审记录、设计变更通知书、技术变更核实单等；

8）工程质量事故调查、处理记录；

9）工程质量检验评定资料；

10）试车调试、生产试运行原始记录及总结资料；

11）环境、安全卫生、消防安全考核记录；

12）全部建设项目的竣工图；

13）建设项目文件资料全部立案归档；

14）各项专业验收组的验收报告及验收纪要；

15）竣工决算报告；

16）其他相关资料的准备。

2. 预验收

预验收又称自检或初步验收。建设单位确认建设项目达到竣工条件后，应按规定向上级主管部门报告，进行项目竣工自查验收，填写工程质量竣工验收记录、质量控制资料核查记录、工程质量观感记录表，并对工程施工质量做出合格结论。施工单位自检的步骤如下：

（1）属于施工单位独立承包的施工项目，应由企业技术负责人组织施工单位有关人员对工程质量进行自检评定，并做好质量检验记录。

（2）依法实行总分包的项目，应按照法律、行政法规的规定，施工单位承担质量连带责任，并按规定的程序进行自检、复检和报审，直到项目竣工交接报验结束为止。

（3）项目设施与设备的试运转和试验。项目设施与设备的试运转和试验工作一般包括：安排各种设施、设备的试运转和考核计划；编制各运转系统的操作规程；对各种工艺设备、电器、仪表和设施做全面的检查和校验；对单体设备的性能、参数进行单体运转和考核；进行电气工程的全负荷试验，管网工程的试水、水压试验等。

当项目达到竣工报检条件后，施工单位应向监理单位递交工程竣工报验单，提请监理单位组织竣工预验收，审查工程是否达到正式竣工验收的要求，并对各项文件、资料进行审查。经过初步验收，找出不足之处，进行整改，然后组织设计单位、监理单位和施工单位共同进行竣工初验，在参建单位竣工验收初验合格后，由建设单位向负责验收的单位或部门提出竣工验收申请报告。

3. 正式验收

特大型建设项目、政府投资建设的项目，建设单位应向政府有关主管部门提出竣工验收申请；企业投资建设项目，由建设单位向上级主管部门或投资方提出竣工验收申请。建设单位负责筹组建设项目验收委员会（组），其成员除负责验收的建设主管部门外，还应有贷款银行、环保、消防、劳动安全、工业卫生、统计、审计等有关部门以及生产使用单位、施工单位、勘察设计单位、监理单位、主要物资设备供应商等单位参加。

建设单位负责草拟竣工验收报告、附件、验收证书，供正式验收时提请验收委员会（组）审查讨论。各项验收准备就绪后，召开验收委员会（组）会议，听取建设单位和有关单位的情况汇报，对工程文件档案资料和工程项目进行全面检查、评定和验收，审查并通过竣工验收报告，签署竣工验收证书，形成验收会议纪要。

11.1.5 竣工验收的组织形式

建设项目竣工验收的主体，应按照谁投资、谁决策、谁验收的原则确定。中央政府投资或以中央政府投资为主建设的项目，由国家投资主管部门进行竣工验收，或由国家投资主管部门委托项目上级主管中央企业（集团）公司或地方投资主管部门进行竣工验收；中央企业（集团）公司投资为主建设的项目，应由中央企业（集团）公司会同各投资方进行验收；地方政府投资为主建设的项目，由地方投资主管部门进行竣工验收。

建设项目竣工验收的组织形式，根据建设项目的规模大小、工艺技术复杂程度以及对社会经济和环境的影响情况，一般可以分为两种：对于大型或特大型建设项目和社会影响较大的项目，一般应组成项目竣工验收委员会进行验收，其中，对于工艺技术比较复杂的项目，在验收委员会之外，还应组织专业咨询单位，为竣工验收做细致的准备和复核工作；对中、小型项目，可组成项目竣工验收组进行验收。

验收委员会或验收组的主要职责和任务包括：

1. 听取建设项目有关单位的工作总结报告。
2. 审查工程档案资料。如建设项目可行性研究报告、设计文件、有关重要会议记录和各种批文、主要合同、协议，建设项目竣工图资料等各项主要技术资料和项目文件。
3. 查验建设工程现场。结合现场生产运营情况，实地查验建筑工程和设备安装工程，对主要工程部位的施工质量和主要生产设备的安装质量进行复验和鉴定，对工程设计的先进性、合理性、适用性、经济性进行评审鉴定。
4. 审查生产准备。生产试车调试、生产试运行、各项生产准备工作情况，以及操作规程、生产管理规章制度等。
5. 审核竣工决算。核实建设项目全部投资的执行情况和投资效果。
6. 做出全面评价结论。对工程设计、施工和设备质量、环境保护、安全卫生、消防等方面，做出客观、求实的评价，对整个工程做出全面验收鉴定，对项目投入生产运行做出可靠性结论。
7. 核定工程收尾项目，对遗留问题提出具体解决意见，限期落实完成。
8. 签署竣工验收鉴定证书。
9. 提出竣工验收工作的总结报告。

11.1.6 遗留问题的处理

一般地，大型或特大型建设项目，竣工验收时不可避免地存在或多或少的遗留问题，对建设项目未完工程或对生产使用影响不大的遗留问题，应提出明确的工程收尾处理意见。常见的遗留问题主要有以下几种：

1. 遗留尾工类。属于承包合同内的，要求承包商限期完成；承包合同之外的，项目建设单位可一次或分期划给生产单位包干完成；分期建设、投产的项目，前期工程遗留的尾工，可在后期工程建设时实施。
2. 配套条件类。如因原材料、配套供应的物资等外部条件变化，投产后不落实的，验收交付使用后由建设单位和有关主管部门解决；产品成本高、价格低或销路不畅，会发生亏损的项目，验收投产后由建设单位抓好经营管理，用增收节支等办法解决。
3. 环保工程类。不符合要求的环保工程，验收委员会要会同地方环保部门根据危害程度区别处理，危害很严重的，未解决前不允许投料生产。
4. 劳保安全类。遗留或必须新增的安保、卫生措施，要限期完成并另行验收。
5. 工艺技术和设备类。工艺技术有问题、设备有缺陷的项目，除应追究有关方经济责任和索赔外，可根据不同情况区别对待；对于确实达不到设计能力的，在征得原批准单位同意后，可在验收时根据实际情况重新核定生产能力；或经主管部门审查同意，继续作为投资项目调整、攻关，以期达到预期生产能力。

11.1.7 竣工验收档案管理

竣工档案是项目竣工验收的重要内容之一，是工程维护、改造的重要依据。工程文档资料是形成竣工档案的基础，直接关系到竣工档案的完整性、准确性和系统性。

工程文档资料包括项目立项直到竣工验收各阶段所产生的各种文件、资料、设计图纸、工程照片、文字记录、录像与光盘等。工程文档管理是建设单位管理的重要工作，应按国家档案管理要求，在项目建设开始时设立档案管理机构，配备人员，制定档案管理办法，明确各参建单位的档案管理分工，统一整理标准，建立档案管理网络，规定工程文档收集范围、时间和归档要求，并建立合理的文档分类体系、文函资料编码体系、文函资料收发登记和处理制度等，以便确保工程文档的收集、整理、归档工作与项目的立项、准备、建设实施以及竣工验收同步进行，并达到完整、准确、系统、图面整洁、装订整齐、签字手续完备等要求。

工程文档资料应在项目建设过程中，与工程进度同步形成。项目各参建单位应在建设单位统一组织安排下，分工负责，按工程编序建立项目档案管理体系，全面系统地收集、整理、归档，妥善保存；在单项（单位）工程交工验收时移交建设单位。

竣工档案应在工程文档的基础上，随着单项工程验收、全面竣工验收同步形成。在单项工程验收时，施工单位应将已收集、整理的工程文档，按照建设单位统一规定的要求，整理一套合格的档案资料及完整的竣工图纸，移交建设单位；全面竣工验收前，建设单位应依据有关规定，对全部工程档案资料按单项工程进行整理，并根据类别进行组卷、排列、编目，形成竣工档案。

竣工档案形成后，先经相关档案主管部门进行预验收，合格后才能提出建设项目全面竣工验收申请，并将竣工档案提交验收委员会（组）。通过全面竣工验收后，建设单位即可将项目固定资产和项目竣工档案移交生产单位保管。

纳入竣工验收备案管理的建设项目，建设单位应当自竣工验收合格之日起 15 日内，向建设项目所在地县级以上地方政府建设主管部门提交备案文件；列入城建档案馆（室）接受范围的工程档案，建设单位应在竣工验收后 3 个月内，向当地城建档案馆（室）移交一套符合规定的工程建设档案。

11.2 竣工结算管理

建设项目竣工结算是指施工单位所承包的工程按照合同规定的内容全部完工，并通过竣工验收之后，与建设单位进行的最终工程价款的结算。这是建设工程施工合同双方围绕合同最终总的结算款的确定所开展的工作。

11.2.1 竣工结算编制依据

项目竣工结算的编制可依据下列资料：
1. 施工合同；
2. 中标投标书的报价单；
3. 施工图及设计变更通知单、设计变更记录、现场签证等；
4. 工程预算定额、取费定额及调价规定；
5. 有关施工技术资料；
6. 工程竣工验收报告；

7. 工程质量保修书；

8. 其他有关资料。

建设项目竣工结算是在原项目投标报价或合同价的基础上，根据收集、整理的各种结算资料，如设计变更、技术核定、现场签证、工程量核定单等，进行直接费的增减调整计算，按取费标准的规定计算各种费用，最后汇总为工程结算造价。建设项目竣工结算由施工单位负责编制，建设单位审查或委托工程造价咨询单位审核，由施工单位和建设单位最终确定。

编制建设项目竣工结算，除应具备设计施工图和竣工图、工程预算定额、取费标准、调价规定等依据外，还应包括工程变更、现场签证和对办理竣工结算有关的其他资料。

11.2.2 竣工结算的编审

1. 竣工结算编制原则

建设项目竣工结算的编制应遵循以下原则：

（1）以单位工程或施工合同约定为基础，对工程量清单报价的主要内容，包括项目名称、工程量、单价及计算结果，进行认真的检查和核对，若是根据中标价订立合同的应对原报价单的主要内容进行检查和核对。

（2）在检查和核对中若发现有不符合有关规定，单位工程结算书与单项工程综合计算书有不相符的地方，有多算、漏算或计算误差等情况时，均应及时进行纠正调整。

（3）建设工程项目由多个单项工程构成的，应按建设项目划分标准的规定，将每个单位工程竣工结算书汇总，编制建设工程竣工综合结算书。

（4）若建设工程是由多个单位工程构成的项目，实行分段结算并办理了分段验收计价手续的，应将各段建设工程综合结算书汇总编制成建设项目总结算书，并撰写编制说明。

2. 竣工结算的编审

为加强建设项目竣工结算管理，2004年建设部和财政部共同颁布了《建设工程价款结算暂行办法》（财建［2004］369号），按照办法的规定，在建设项目完工并经验收合格后，合同双方应按照约定的合同价款及合同价款调整内容以及索赔事项，进行工程竣工结算。建设项目竣工结算一般分为单位工程竣工结算、单项工程竣工结算和项目竣工总结算。

（1）单位工程竣工结算的编审。单位工程竣工结算由施工单位编制，建设单位审查；实行总承包的工程，由具体承包人编制，在总包人审查的基础上，建设单位审查。

（2）单项工程竣工结算或项目竣工总结算的编审。单项工程竣工结算或项目竣工总结算由总（承）包人编制，建设单位可直接进行审查，也可以委托具有相应资质的工程造价咨询机构进行审查。政府投资项目，由同级财政部门审查。单项工程竣工结算或项目竣工总结算经建设单位、施工单位签字盖章并经政府有关部门审计后有效。

施工单位应在合同约定期限内完成项目竣工结算编制工作，未在规定期限内完成的并且提不出正当理由延期的，责任自负。

11.3 竣工决算管理

建设项目竣工决算是指所有建设工程项目竣工验收后，由建设单位按照国家有关规定编制的综合反映该工程项目从筹建到竣工投产全过程中各项资金的实际使用情况、建设成果及全部建设费用的总结性经济文件。项目竣工决算是正确核定新增固定资产价值，考核分析投资效果，建立健全经济责任制的依据，也是项目竣工验收报告的重要组成部分。

11.3.1 竣工决算的编制

1. 竣工决算的编制依据

建设项目竣工决算编制应当依据以下文件、资料编制：

（1）经批准的可行性研究报告、初步设计、概算或调整概算、变更设计以及开工报告等文件；

（2）历年的年度基本建设投资计划；

（3）经审核批复的历年年度基本建设财务决算；

（4）编制的施工图预算、承包合同、工程结算等有关资料；

（5）历年有关财产物资、统计、财务会计核算、劳动工资、审计及环境保护等有关资料；

（6）工程质量鉴定、检验等有关文件，工程监理有关资料；

（7）施工企业交工报告等有关技术经济资料；

（8）有关建设项目简易投产、试运营（生产）、重载负荷试车等产生基本建设收入的财务资料；

（9）有关征地拆迁资料（协议）和土地使用权确权证明；

（10）其他有关的重要文件。

2. 竣工决算的编制程序

建设项目竣工决算应按照以下程序进行编制：

（1）收集整理有关项目竣工决算依据。在项目竣工决算编制之前，应认真收集、整理各种有关的项目竣工决算依据，做好各项基础工作，保证项目竣工决算编制的完整性。项目竣工决算的编制依据为各种研究报告、投资估算、设计文件、设计概算、工程预算、批复文件、变更记录、招标标底、投标报价、工程合同、工程结算、调价文件、基建计划、竣工档案等工程文件资料。

（2）清理项目账务、债务和结算物资。项目账务、债务和结算物资的清理核对是保证项目竣工结算编制工作准确有效的重要环节。要认真核实项目交付使用资产的成本，做好各种账务、债务和结余物资的清理工作，做到及时补偿、及时回收。清理的具体工作要做到逐项清点、核实账目、整理汇总、妥善管理。

（3）编写项目竣工决算报告。项目竣工决算报告的内容是项目建设成果的综合反映。项目竣工决算报告中各种财务决算表格中的内容应依据编制资料进行计算和统计，并符合有关规定。

（4）编写竣工决算说明书。项目竣工决算说明书具有建设项目竣工决算系统性的特点，综合反映项目从筹建开始到竣工支付使用为止全过程的建设情况，包括项目建设成果和主要技术经济指标的完成情况。

（5）报上级审查。项目竣工决算编制完毕后，应将编写的文字说明和填写的各种报表，经过认真反复校稿核对，确认无误后装帧成册，形成完整的项目竣工决算文件报告，及时上报审批。

11.3.2 竣工决算的审核

1. 竣工决算的内容

建设项目竣工决算应包括从筹建到竣工投产全过程的全部实际支出费用，即建筑工程费用、安装工程费用、设备工器具购置费用和其他费用等。项目竣工决算报告的内容主要包括项目竣工决算说明书、项目竣工财务决算报表、项目造价分析资料表等三部分。

(1) 项目竣工决算说明书

竣工决算报告情况说明主要反映竣工工程建设成果和经验，是对竣工决算报表进行分析和补充说明的文件，是全面考核分析工程投资与造价的书面总结，其内容主要包括：

1) 建设项目概况，即对工程总的评价。一般从进度、质量、安全和造价、施工方面进行分析说明。进度方面主要说明开工和竣工时间，对照合理工期和要求，分析工期是提前还是延期；质量方面主要根据竣工验收委员会的验收评定结果；安全方面主要根据劳资和施工部门的记录，对有无设备和人身事故进行说明；造价方面主要对照概算造价，说明是节约还是超支，用金额和百分率进行分析说明。

2) 资金来源及使用等财务分析。主要包括工程价款结算、会计账务的处理、财产物资情况及债权债务的清偿情况。

3) 基本建设收入、投资包干结余、竣工结余资金的上交分配情况。通过对基本建设投资包干情况的分析，说明投资包干数、实际支用数和节约额、投资包干节余的有机构成和包干节余的分配情况。

4) 各项经济技术指标的分析。概算执行情况分析，根据实际投资完成额与概算进行对比分析；新增生产能力的效益分析，说明支付使用财产占总投资额的比例、占支付使用财产的比例，新增固定资产的造价占投资总额的比例，分析有机构成和成果。

5) 工程建设的经验及项目管理和财务管理工作以及竣工财务决算中有待解决的问题。

6) 决算与概算的差异和原因分析。

7) 需要说明的其他事项。

(2) 项目竣工财务决算报表

根据财政部的规定，建设项目竣工决算报表一般包括大中型建设项目竣工财务决算报表和小型建设项目竣工财务决算表。

1) 大中型建设项目竣工财务决算报表包括竣工工程概况表、竣工财务决算表、建设项目交付使用财产总表。

2) 小型建设项目竣工财务决算报表。小型项目竣工决算报表则由小型建设项目交付使用财产明细表和小型建设项目竣工决算总表组成。

3) 项目造价分析资料表。在竣工决算报告中必须对控制工程造价所采取的措施、效果以及其动态的变化进行认真地比较分析，总结经验教训。批准的概算是考核建设工程造价的依据，在分析时，可将决算报表中所提供的实际数据和相关资料与批准的概算、预算指标进行对比，以确定竣工项目总造价是节约还是超支。

为考核概算执行情况，正确核实建设工程造价，财务部门首先必须积累各种概算动态变化资料表和设计方案变化，以及对工程造价有重要影响的设计变化资料；其次，考察竣工形成的实际工程造价节约或超支的数额，为了便于进行比较，可先对比整个项目的总概算，之后对比工程项目（或单项工程）的综合概算和其他工程概算费用，最后再对比单位工程概算，并分别将建筑安装工程、设备、工具器具购置和其他基建费用逐一与项目竣工决算编制的实际工程造价进行对比，找出节约或超支的具体环节，实际工作中，应主要分析以下内容：

①主要实物工程量；

②主要材料消耗量；

③考核业主管理费、建筑及安装工程间接费的取费标准。

2. 竣工决算的审查

建设项目竣工决算编制完成后，在建设单位自查或委托工程造价咨询单位审查的基础上，应及时上报主管部门并抄送有关部门审核，必要时，应经国家有关部门批准的社会审计机构组织外部审核。大中型建设项目的竣工决算，必须报该建设项目的批准机关审批，并抄送有关财政部门。

（1）项目竣工决算审查的内容

建设工程项目竣工决算一般由建设主管部门会同有关单位进行会审。重点审查以下内容：

1）根据批准的设计文件，审查有无计划外的工程项目。

2）根据批准的概（预）算或包干指标，审查建设成本是否超标，并查明超标原因。

3）根据财务制度，审查各种费用开支是否符合规定，有无乱挤建设成本、扩大开支范围和提高开支标准的问题。

4）报废工程和应核销的其他支出中，各项损失是否经过有关机构的审批同意。

5）历年建设资金投入和结余资金是否真实准确。

6）审查和分析投资效果。

（2）建设项目竣工决算审查的程序

建设项目竣工决算的一般审查程序为：

1）建设项目开户银行应签署意见并盖章。

2）建设项目所在地财政监察专员办事机构应签署审批意见并盖章。

3）最后由主管部门或地方财政部门签署意见。

11.4 保修阶段管理

11.4.1 工程质量保修责任

根据《中华人民共和国建筑法》和《建设工程质量管理条例》的规定，建设工程实行质量保修制度。工程质量保修是指建设项目在办理交工验收手续后，因勘察设计、施工、材料等原因造成的质量缺陷，在规定的保修期限内，由责任单位负责维修。质量缺陷是指建设工程质量不符合国家或行业的现行技术标准、不符合设计文件以及施工合同的要求。工程质量保修责任单位包括建设单位或勘察、设计、施工和监理单位。

建设项目隶属的行业不同，各行业对于工程质量保修与责任的认定也不同。以民用建筑项目为例，其工程质量保修责任划分为：

1. 施工单位未按国家有关规范、标准和设计要求施工，造成的工程质量缺陷，由施工单位负责返修并承担经济责任。

2. 由于设计单位原因造成的质量缺陷，由设计单位承担经济责任，可由施工单位负责维修，其费用按有关规定通过建设单位向设计单位索赔，不足部分由建设单位负责商有关责任方解决。

3. 因建筑材料、构配件和设备质量不合格引起的质量缺陷，属于施工单位采购的或经其验收同意的，由施工单位承担经济责任；属于建设单位采购的，由建设单位承担经济责任。

4. 因使用单位使用不当造成损坏的问题，由使用单位自行负责解决。

5. 因地震、洪水、台风等不可抗拒原因造成的损坏，施工和设计单位不承担经济责任。

11.4.2 工程质量保修范围与期限

根据《建设工程质量管理条例》的规定，施工单位在向建设单位提交工程竣工验收报告时，应当向建设单位出具质量保修书。质量保修书中应明确建设工程的保修范围、保修期限和保险责任等内容。

1. 工程质量保修范围

一般来讲，凡是施工单位的责任或者由于施工质量不良而造成的问题，都应该实行保修。而一般结构工程不划归工程保修范围，如果工程结构上存在质量问题，则不能进行该分项验收，必须要由具有相应资质的工程检测机构及房屋安全鉴定机构对此工程结构的质量情况进行检测，并出具检测报告，再由原设计单位根据检测的结果进行验算是否符合安全要求，不符合时必须由施工单位提交工程的结构补强方案，由建设、监理、施工、设计、检测、质监等单位共同参加的专题会议研究讨论，确定方案后由施工单位严格执行。

根据国家有关规定，保修的内容主要有以下几方面：屋面、地下室、外墙、阳台、厕所、浴室、卫生间及厨房等处渗水、漏水；各种管道渗水、漏水、漏气；通风孔和烟道阻塞；水泥地面大面积起砂、裂缝、空鼓；墙面抹灰大面积起泡、空鼓、脱落；暖气局部不热，接口不严渗漏，以及其他使用功能不能正常发挥的部位。

凡是由于用户使用不当而造成建筑功能不良或损坏者，不属于保修范围；凡属工业产品发生问题者，亦不属于保修范围，应由建设单位自行组织修理。

2. 工程质量最低保修期限规定

根据《建设工程质量管理条例》的规定，在正常使用条件下，建设工程的最低保修期限为：

（1）基础设施工程、房屋建筑的地基基础工程和主体结构工程，为设计文件规定的该工程的合理使用年限；

（2）屋面防水工程、有防水要求的卫生间、房屋和外墙面的防渗漏，5年；

（3）供热与供冷系统，为2个采暖期、供冷期；

（4）电气管线、给排水管道、设备安装和装修工程，2年。

其他项目的保修期限由建设单位与施工单位约定。建设工程的保修期，自竣工验收合格之日起计算。

　　根据国家有关规定，建设单位和施工单位在签署工程质量保修书时，应约定在正常使用条件下的最低保修期限。保修期限应符合下列原则：

（1）条例已有规定的，应按规定的最低保修期限执行。

（2）条例中没有明确规定的，应在工程质量保修书中具体约定保修期限。

（3）保修期应自竣工验收合格之日起计算，保修有效期限至保修期满为止。

复习思考题：
1. 建设项目竣工验收应具备哪些条件？
2. 建设项目验收的依据有哪些？
3. 建设项目竣工结算与竣工决算有何不同？
4. 根据国家有关规定，建设项目保修的内容主要包括哪些？

第 12 章 建设项目后评价

本章阐述了建设项目后评价的含义、特点、与项目前评估的区别,通过对建设项目后评价的作用与原则、主要内容、主要方法以及后评价的实施等的学习,可以对建设项目的全过程有一个完整的认识。

12.1 建设项目后评价概述

建设项目后评价是指在建设项目实施过程中的某一阶段或竣工验收投产运营后的某一时点,对建设全过程进行系统地回顾和总结,将项目的建设成果和影响与项目决策时确定的目标进行对比分析,通过分析评价找出成败的原因,总结经验教训,并通过及时有效地信息反馈,为未来建设项目的决策和提高完善投资决策管理水平提出建议,同时也为建设项目实施运营中出现的问题提出改进意见,从而达到提高投资效益的目的。

建设项目后评价是建设项目监督管理的重要手段,也是投资决策周期性管理的重要组成部分,是为建设项目决策服务的一项主要的咨询服务工作。建设项目后评价以项目建设单位对日常的监测资料和项目绩效管理数据库、项目中间评价、项目稽查报告、项目竣工验收的信息为基础,以调查研究的结果为依据进行分析评价,通常由独立的咨询机构来完成。

12.1.1 建设项目后评价的特点

与可行性研究等前期评价相比,建设项目后评价具有以下主要特点:

1. 现实性

后评价分析研究的是项目实际情况,所依据的是现实发生的真实数据或根据实际情况重新预测的数据,而项目前期评价研究的是项目未来的状况,所用的是预测数据。

2. 全面性

项目后评价既要分析其投资过程,又要分析经营过程;不仅要分析项目投资实施效果、经济效益,还要分析其经营管理状况等。

3. 专业性

后评价要分析项目运营现状,发现问题并研究未来的发展方向,判断项目持续发展的能力,要求后评价人员具有较高的专业素质,把握影响投资效益的主要因素,并提出切实可行的改进措施。

4. 反馈性

前期评价的目的在于为投资决策提供依据,而后评价的目的在于为有关部门反馈信息,为今后项目管理、投资计划的制定和投资决策积累经验,用来检查项目投资决策正确与否,并为类似项目的建设提供有益的参考和启示。

5. 合作性

前期评价一般只是评价单位与投资主体间进行合作，而后评价需要更多方面的合作，如专业技术人员、项目负责人、经营管理人员、投资项目主管部门、设计单位、施工单位和监理单位等，各方融洽合作，建设项目后评价工作才能顺利进行。

12.1.2　建设项目后评价的类型

一般来讲，从建设项目开工之后，即建设项目开始以后，由监督管理部门所进行的各种评价都属于后评价的范畴，这种评价可以延伸至建设项目的寿命期末。因此，根据评价时点划分，建设项目后评价可以分为项目中间评价和项目后评价两类。项目中间评价即通常所称中间跟踪评价，项目后评价即通常所称综合后评价。

项目中间评价，即跟踪评价，是指从项目开工到竣工验收前所进行的阶段性评价，即在建设项目实施过程中的某一时点，对建设项目实际状况进行的评价。中间评价以建设项目实施过程中出现的重大变更（如项目产出品市场发生变化、概算调整、重大技术方案变化、主要政策变化等）为着眼点，重点评价这些重大变更对项目建设和项目预期目标的影响，并寻找对策和出路。项目中间评价往往侧重于建设项目层次上的问题。

项目后评价，即综合后评价，是指对已建成投产的项目所进行的全面系统评价，即在建设项目已完成竣工验收并转入生产运营后的某一时点（一般认为，生产性行业在竣工后2年左右；能源、交通等基础设施行业在竣工后5年左右；公共教育、卫生等社会基础设施行业可能更长一些），对项目进行的评价。后评价以项目的投资效益为着眼点，以项目决策和建设实施效果以及生产运营状况为重点，检查确定投资项目或活动达到预期效果的程度，并通过总结经验教训，为未来新的建设项目的宏观导向、政策和管理反馈信息。项目后评价对项目层次和决策管理层次的问题都要加以分析和总结，同时，为完善已建项目、调整在建项目和指导待建项目服务。

项目中间评价与后评价既有共同点，也有不同点，既相对独立又紧密联系。两者在目标评价、效益评价等方面是一致的，可以把后评价看成是中间评价的后延伸，中间评价也可看成是后评价的一个依据和基础。同时，二者也存在许多不同点，首先，两者介入的时间点不同，一个在项目实施中，一个在项目完成后；其次，两者的评价深度和相应的一些指标也不一样，服务的作用和功能也有所不同。因此，中间评价和后评价都是项目管理和评价不可缺少的重要环节。

12.1.3　项目后评价与项目前评估的区别

项目后评价与项目前期准备阶段的评估，在评价原则和方法上没有太大的区别，一般都采用定量与定性相结合的方法。但是，由于两者在评价时点上的不同，目的也不完全相同，因此，二者也存在一些区别。项目前评估的目的主要是确定项目是否可以立项，是站在项目的起点，主要应用预测技术来分析评价项目未来的效益，以确定项目投资是否值得并可行。项目后评价则是在项目建成之后，总结项目的准备、实施、完工和运营，并通过预测对项目的未来进行新的分析评价，其目的是为了总结经验教训，为改进决策和管理服务。所以，项目后评价要同时进行项目的回顾总结和前景预测。项目后评价是站在项目建成之后的时点上，一方面检查总结项目的实施过程，找出问题，分析原因；另一方面，要以后评价时点为基点,预测项目未来的发展前景。项目前评估的重要判别标准是投资者要求获得的收益率或基准收益率(社会折现率),而项目后评价的判别标准则重点是前评估的结论,主要采取对比的方法,这就是项目后评价与前评估的主要区别。

12.1.4 项目后评价与其他项目监管活动的关系

建设项目后评价是为项目监管服务的重要手段,项目监管的信息资料又是后评价的重要基础。项目监管可采用多种形式,如项目评审、日常检查、项目验收、项目稽查、项目审计等,后评价则可为这些项目判别诊断、制定对策措施提供重要依据。同时,项目监管也可为后评价提供丰富的信息资料,项目监管和后评价两者构成项目监控的整体。

项目稽查是项目监管的重要手段,是从宏观角度对项目投资的一种有效管理方式。我国1998年开始实行国家重大建设项目稽察制度,通过加强重大建设项目的监督管理,监督国家投资的有效使用,提高投资效益。项目稽查与项目后评价应相互配合和促进,为建立重大项目绩效管理系统和信息数据库,提高项目绩效管理水平服务。

12.2 建设项目后评价的作用与原则

12.2.1 建设项目后评价的作用

建设项目后评价在建立和完善政府投资监管体系、责任追究制度、投资制衡机制等方面发挥重要作用,其作用主要表现在以下几个方面:

1. 总结项目管理的经验教训,提高项目管理的水平

后评价要对建设单位在项目建设过程中的各项管理工作进行评价,总结经验与教训,这既是对被评价项目建设单位工作的检验,也可为其他项目提供参考,为更多项目建设单位提高管理水平起到借鉴作用。

2. 提高项目决策的科学化水平

后评价要对项目前期决策的正确性与合理性以及目标预测的准确性做出评价,促使参与可研、评估和决策的人员增强责任感,提高前期工作质量和水平,从而提高项目前期决策的科学化水平。

3. 为投资计划、政策的制定和调整提供依据

后评价提出的某些建议,可作为有关部门在调整经济政策、产业政策以及修正过时的指标参数和技术标准时的参考,因此可为有关部门起到参谋作用。

4. 提高项目监管水平,并为类似项目建设提供有益的启示

后评价对项目实施过程存在的问题进行分析总结,并及时向有关部门反馈信息,为今后项目监管积累经验,从而提高未来项目监管水平,同时也为类似项目的建设提供有益的参考和启示。

5. 为银行等金融机构及时调整信贷等融资政策提供依据

银行系统通过项目贷款后评价,可发现信贷资金使用过程中的问题,了解新的潜在风险,及时完善信贷管理制度和风险控制措施,起到风险防范作用。

6. 通过对项目经营机构进行"诊断"，促使项目运营状态的正常化

后评价还要对生产运营情况进行分析与评价，对企业优化管理、可持续发展提出建议，为提高企业经济和社会效益起推动作用。

12.2.2 建设项目后评价的原则

建设项目后评价的基本原则主要包括：

1. 独立性原则

项目后评价通常应由具备相应资质的第三方承担，保持一定的独立性；国家发展改革委员会在《中央政府投资项目后评价管理办法（试行）》中规定，"不得委托参加过同一项目前期工作和建设实施工作的工程咨询机构承担该项目的评价任务"，避免出现"自己评价自己"的现象。

2. 客观性原则

项目后评价要实事求是，保持客观性；评价人员要广泛听取各方面意见，全面了解项目的历史和现状，深入研究项目建设的相关资料，进行客观分析；评价报告要以事实为依据，据实评价，据理论证，以理服人。

3. 科学可靠原则

项目后评价的方法和手段要科学，保持评价工作的科学性；前后对比口径要一致、具有可比性，采用的数据要准确真实，设置的评价指标体系要合理。

4. 公正合理原则

项目后评价结论要合理，具有公正性；评价结论既要指明存在的问题，也要客观分析问题产生的历史原因和时代的局限性；既要总结成功的经验，又要认真负责地总结失败的原因与教训。

12.3 建设项目后评价的主要内容

建设项目后评价主要包括项目全过程回顾总结评价；项目效益效果评价；项目环境和社会影响评价；项目目标评价和项目持续性评价等内容。

12.3.1 建设项目全过程回顾总结评价

依据项目周期的划分，应包括项目前期决策阶段、项目实施准备阶段、项目实施阶段和项目运营阶段的回顾总结评价，目的在于揭示在项目实施中，是否在数量、质量、工程进度、造价等方面达到了设计规定的目标，以便总结在项目管理组织机构的设置、前期准备、开工准备、招标、投标、设计、施工、监理等方面，有哪些成功的经验或失败的教训。建设项目全过程回顾总结评价具体内容包括：

1. 项目前期决策阶段。包括对项目可行性研究、项目可研评估、项目决策等内容的回顾和评价。

2. 项目实施准备阶段。包括项目勘察与设计、项目融资、招投标工作、项目开工准备等内容的回顾总结与评价。

3. 项目实施阶段。包括对合同执行和管理情况、项目实施和管理、项目资金筹措使用和管理、项目竣工验收工作等内容的回顾总结与评价。

4. 项目运营阶段。包括对项目竣工验收投入运营后的生产、运行、销售和盈利情况等内容的回顾总结与评价，以及对项目生产能力及变化、市场状况、财务状况、项目效益等内容的预测与评价。

12.3.2 项目实施效果的总结评价

主要包括对项目实施的技术效果、财务及经济效果、项目管理水平以及相关风险的分析评价。

1. 技术效果评价是对项目采用的工艺技术与装备水平的分析与评价，主要关注技术的先进性、适用性、经济性、安全性等相关内容，应对照建设项目决策时确定的预期水平与实际达到的水平进行对比，开展调查和评价。

2. 项目财务效果后评价的分析思路和方法与项目前期论证中的财务评价基本相同，都要进行项目的盈利性分析、清偿能力分析和外汇影响效果分析。需要注意在评价时采用的数据不能简单地使用评价时的实际数据，应将评价时的实际数据中包含的物价指数扣除，使后评价与前评估的各项评价指标具有可比性。

3. 经济影响效果评价应主要通过编制全投资与国内投资经济费用效益流量表、外汇流量表、国内资源流量表等，计算经济内部收益率、经济净现值、经济换汇成本、经济节汇成本等指标。

4. 项目管理水平评价的重点是分析项目实施和运营中的组织结构及管理能力。通常应对项目组织机构所具备的能力进行适时监测和评价，以分析项目组织机构选择的合理性，并及时进行调整。

5. 项目风险分析评价，应包括风险因素的识别、风险分析和风险控制的回顾和评价、现阶段风险因素的归纳总结、风险预测及对策措施分析评价。

12.3.3 环境影响后评价

一般包括建设项目的污染控制、区域的环境质量、自然资源的利用、区域生态平衡和环境管理能力等评价内容。应评价项目的废气、废水和废渣、噪声等是否做到了达标排放；项目环境保护措施的实施管理和监测是否有效；项目对自然资源的利用和保护，对生态环境的影响等内容。

12.3.4 社会影响后评价

需要分析建设项目对国家（或地方）社会发展目标的贡献和影响，包括项目本身和对周围地区社会的影响，包括就业影响、地区收入分配影响、居民的生活条件和生活质量、受益者范围及其对地方社区的发展等方面的内容。

12.3.5 建设项目目标评价

建设项目目标评价主要包括：

1. 项目目标适合性评价。可根据项目评价逻辑框架各个层次目标指标的分析结果，综合各方面调查研究的结论和意见，将目标适应性分为"适应"、"比较适应"、"部分适应"、"不适应"等不同层级。

2. 项目目标实现程度评价。按照项目的投入产出关系，分析层次目标的合理性和实现可能性以及实现程度，以定性和定量相结合的方法，用量化指标进行表述。主要分析项目前评估中预定目标的实现程度有哪些变化，产生偏离的主观和客观原因。为达到或接近达到预定目标和目的，应采取哪些措施和对策，必要时还要对项目预定目标和目的的合理性、明确性和可操作性进行分析和评价，提出调整或修改目标和目的的意见和建议。

12.3.6　项目持续性分析评价

建设项目持续性分析评价主要包括：

1. 影响投资项目持续性的内部因素分析。主要包括项目本身固有的与项目设计和经营实际密切相关的因素，包括规模、技术、市场、环境、机制和人才等因素。

2. 影响项目可持续性的外部因素分析。主要包括资源、自然环境、社会环境、经济环境和资金、政策影响等因素。

3. 项目持续性综合评价。通过对影响项目可持续性因素的分析，找出关键因素，就项目的可持续性做出评价结论，提出相应的对策建议。

12.3.7　建设项目成功度评价

在综合分析项目决策过程及其程序、布局与规模、目标及市场、设计与技术装备水平、资源和建设条件、资金来源和融资以及进度、质量、投资及其控制、组织机构和经营管理等因素的基础上，结合项目的财务和经济效益、社会和环境影响以及项目宏观目标和产业政策、项目可持续性等各个方面，总体评价建设项目的成功度。

12.4　建设项目后评价的主要方法

项目可行性研究等前期论证的很多分析方法，如财务现金流量分析、经济费用效益流量分析、环境影响评价、社会评价和风险分析的有关方法，在后评价中仍然可以采用。除此之外，根据后评价工作自身的特点，还包括以下主要分析评价方法：

12.4.1　逻辑框架法

逻辑框架法（Logical Framework Approach，简称 LFA）是美国国际开发署（US-AID）在 1970 年开发并使用的一种设计、计划和评价的工具。目前已有 2/3 的国际组织把逻辑框架法作为援助项目的计划、管理和评价的主要方法。逻辑框架法不是一种机械的方法程序，而是一种综合、系统地研究和分析问题的思维框架模式。在项目立项决策、可行性研究及评估、项目实施计划及管理、项目后评价等工作中应用逻辑框架法，有助于对关键因素和问题做出系统地合乎逻辑地分析。

逻辑框架法是一种概念化论述项目的方法，即用一张简单的框图来清晰地分析一个复杂项目的内涵和关系，使之更易理解。逻辑框架法是将几个内容相关、必须同步考虑的动态因素组合起来，通过分析其间的关系，从设计策划到目标、目的的确定来评价一项活动或工作。逻辑框架法为项目计划者和评价者提供一种分析框架，通过对项目目标和达到目标所需的手段间逻辑关系的分析,用以确定工作的范围和任务。

逻辑框架法的核心概念是事物层次间的因果逻辑关系,即"如果"提供了某种条件,"那么"就会产生某种结果,这些条件包括事物内在的因素和事物所需要的外部条件。逻辑框架法的模式是一个 4×4 的矩阵,其模式如表 12-1 所示。

逻辑框架的模式　　　　　　　　表 12-1

层次描述	客观验证指标	验证方法	重要外部条件
目标/影响	目标指标	监测和监督手段及方法	实现目标的主要条件
目的/作用	目的指标	监测和监督手段及方法	实现目的的主要条件
产出/结果	产出物定量指标	监测和监督手段及方法	实现产出的主要条件
投入/措施	投入物定量指标	监测和监督手段及方法	实现投入的主要条件

在建设项目中,逻辑框架通过对项目层次的清晰描述,使利益相关者更清楚地了解到项目目的和内容,以改进和完善项目的决策立项、项目准备和评估程序。应用逻辑框架法策划和评价时的一项主要任务,就是对项目最初确定的目标必须做出清晰的定义。因此,在做逻辑框架时对项目的以下内容应有清楚地描述:

1. 清晰并可度量的目标;
2. 不同层次的目标和最终目标之间的联系;
3. 项目成功与否的测量指标;
4. 项目的主要内容;
5. 计划和设计时的主要假设条件;
6. 检查项目进度的办法;
7. 项目实施中要求的资源投入。

项目后评价可以采用逻辑框架的分析方法对下列问题进行研究:

1. 项目的原定目标和目的是否已经达到以及达到的程度、原定的项目目的和目标是否合理;
2. 项目原定的效益是否已经实现以及实现程度,项目有哪些经验教训;
3. 项目是否具有可持续性。

后评价的逻辑框架在水平方向将验证指标分为原定指标和实际实现情况两方面数据,来反映项目设计或者规划时的目标和项目工程实施后目标实际实现程度,便于直观看出项目的实施是否达到原定指标数据(用以检验项目目标的实现程度),从而通过对比分析,找出产生差异的原因。持续性分析与一般的逻辑框架法中的重要外部条件相似,主要侧重于从国家政策法规、宏观调控、管理体制以及项目本身运行管理方面,来分析影响项目持续运行的主要原因。

12.4.2　对比分析法

对比法是项目后评价的一项基本方法,包括项目前后对比、有无项目对比、横向对比等,通过对比找出变化和差距,为提出问题和分析原因提供依据。具体要求包括:

1. 投资活动的前后对比。应将项目实施之前与项目完成之后的情况加以对比,以确定项目的实施效果。主要是将项目前期的可行性研究和评估的预测结论与项目实际运行结果及在评价时所进行的重新预测进行比较,以发现变化和分析原因,揭示计划、决策和实施的质量。

2. 有无对比。应将项目实际发生的情况与若无项目可能发生的情况进行对比,以度量项目的真实效益、影响和作用。对比的重点是要分清项目的作用和影响,以及与项目以外因素的作用和影响。

3. 横向对比法,以项目建成的实际运行结果及在评价时点所做的预测,与同行业、同等规模、同地区项目的技术经济指标进行横向对比,以度量项目在行业内的技术、经济水平,评价其竞争力和持续发展能力。

12.4.3 综合评价法

综合评价应在项目的各部分、各阶段、各层次评价的基础上,谋求项目的整体优化,为决策者提供各种所需信息。具体要求包括:

1. 项目评价目标的分解,要根据项目的性质、范围、类型、条件等,考虑到眼前与长远,局部与全局,通过反复比较、权衡利弊后予以确定。在确定目标的基础上,调查影响达到目标的各种因素,并找出关键因素。

2. 项目评价指标的选择。评价指标是目标的具体化,根据目标设立相应的评价指标。指标的设立,要考虑建设项目的目标、特点、类型、规模、所处层级等因素。评价指标的设立应遵循系统性原则、指标的可测性原则、定量指标与定性指标结合使用的原则、绝对指标与相对指标结合使用的原则,指标之间应尽可能避免显见的内容重叠关系,并保持可比性。

3. 综合评价模型的建立,要体现客观性、灵活性、使用方便和费用节省等要求。

4. 综合评价应按照以下程序进行:①确定目标;②确定评价范围;③确定评价指标和标准;④确定指标的权重;⑤确定综合评价的判据;⑥选择评价方法。

12.4.4 社会调查法

社会调查是项目评价的基础。社会调查法一般可分为间接调查法、直接调查法及利益群体分析法三大类。

间接调查法又可分为利用现有资料法和问卷调查法。利用现有资料法又叫文献调查法,就是通过查阅有关的文献资料,获取有关项目信息。社会调查一般从查阅文献资料开始,因为社会调查人员无论采用何种调查方式,都希望首先占有一些现成的资料和信息。实际上,社会调查人员总是将文献调查法和别的调查法结合起来使用,以求达到相互佐证的目的。问卷调查法是一种以书面提问的方式获取信息的方法,它要求所有被调查者按统一的格式回答同样的问题。问卷调查法所获得的信息易于定量对比分析。

直接调查法又可分为专家讨论会法、访谈法、参与式观察法、实验观察法、现场观察法等方法。专家讨论会法就是邀请有关专家开会,根据被评项目的调查提纲进行讨论,为项目评价提供各种各样的信息。召开专家讨论会,不仅能获得项目信息,有时还能直接获得解决某些因项目引发的问题的办法或措施。项目评价中通常有必要邀请社会学家、人类学家、经济学家、环境保护学家、生态学家、市政规划学家、项目管理学家、心理学家、统计学家等参加专家讨论会。访谈法又称访问调查法,就是调查人员通过与被调查者以口头交谈的方式,了解项目的信息的方法。按被访问者的人数,访问法分为个别访谈法和集体访谈法。参与式观察法就是调查者作为项目目标群体的一员,通过耳闻目睹收集项目社会信息的方法,是一种高效、直接的调查方法。通过这种方法获得的信息往往真实、准确,甚至还能获得"项目受益者不知道自己已从项目中受益"之类的信息。该方法只适用于社会分析评价范围较小的项目的有关信息收集。实验观察法也叫试验观察法,即通过做社会实验的方式获取社会信息,是一种最有效、最直接的调查方法,也是一种最复杂、最高级的调查方法。实验观察的过程,不仅仅是资料和信息的收集过程,也是一个深入、详细地分析过程。实验观察法往往是现场观察、参与式观察、访谈和问卷调查等方法的综合运用。现场观察法,又叫实地观察法,即调查者深入现场获取所需社会信息的方法,同前述的访谈法、参与式观察法和实验观察法一样,也是一种直接调查法,在实际应用中,通常与文献调查法、问卷调查法等结合使用。

利益群体分析法主要用于项目社会评价,项目利益群体是指与项目有直接或间接的利害关系,并对项目的成功与否有直接或间接影响的所有项目受益人、受害人及与项目有关的政府组织与非政府组织等。利益群体的划分一般是按各群体与项目的关系,及其对项目的影响程度与性质或其受项目影响的程度与性质决定的,一般划分为项目受益人、项目受害人、项目受影响人和其他利益群体(如项目的建设单位、咨询单位、与项目有关的政府部门与非政府组织等)。利益群体分析的主要内容包括:根据建设单位的要求与项目的主要目标,确定项目所包括的主要利益群体;明确各利益群体的利益所在及与项目的关系;分析各利益群体间的相互关系;分析各利益群体参与项目的设计、实施的各种可能方式等。通过上述分析,能够清楚地分析并确定某个机构、社会团体、个人等由于对项目建设的不同反应而产生的对项目建设的影响,可以找出可能存在的社会风险,提出具有针对性的建议,帮助项目建设顺利实施。

12.4.5 项目成功度评价法

项目后评价需要对项目总体成功度进行评价,需对照项目立项阶段所确定的目标和计划,分析实际实现结果与其差别,以评价项目目标的实现程度。项目评价的成功度分为5个等级标准:

1. 完全成功。项目各项目标都已全面实现或超过;相对成本而言,项目取得巨大的效益和影响。
2. 基本成功。项目的大部分目标已经实现;相对成本而言,项目达到了预期的效益和影响。
3. 部分成功。项目实现了原定的部分目标;相对成本而言,项目只取得了一定的效益和影响。
4. 不成功。项目实现的目标非常有限;相对成本而言,项目几乎没有产生什么正效益和影响。
5. 失败。项目的目标是不现实的,无法实现;相对成本而言,项目不得不终止。

应用项目成功度评价法进行项目后评价时,评价人员首先要根据评价项目的类型和特点,设置评价项目成功度的主要指标表,并确定表中指标与项目相关的程度,把它们分为"重要"、"次重要"和"不重要"三类,在表中相关栏填注。在测定各项指标时,采用打分制，即按上述评定标准的第 2 至第 5 的四个级别分别用 A、B、C、D 表示。通过指标重要性分析和单项成功度结论的综合，最后得到整个项目的成功度指标。在具体操作时，项目评价组成员每人各自填写相应的成功度评价表格，对各项指标的取舍和等级进行分析，或经必要的数据处理，形成评价组的成功度表，再把结论写入后评价报告。

12.5 建设项目后评价的实施与成果应用

12.5.1 建设项目后评价的实施

对于政府和企业投资决策部门，后评价的管理工作主要是要制定后评价管理办法或实施细则、设立后评价机构、制定后评价计划、确立后评价经费来源和建立反馈机制等。项目后评价计划的制订应越早越好，最好是在项目前期评估和执行过程中就确定下来，以便于建设单位收集和整理相关资料。

1. 选择后评价项目可参考以下原则

（1）项目投资额巨大、建设工期长、建设条件较复杂，或跨地区、跨行业；

（2）项目采用新技术、新工艺、新设备，对提升企业核心竞争力有较大影响；

（3）项目在建设实施中，产品市场、原料供应及融资条件发生重大变化；

（4）项目组织管理体系复杂（包括境外投资项目）；

（5）项目对行业或企业发展有重大影响；

（6）项目引发的环境、社会影响较大。

项目建设单位应建立项目的跟踪管理系统和定期检查制度，并按国家和上级单位的规定逐步完善各阶段的管理机制，从项目立项开始就要收集整理后评价相关的资料，并建立决策、设计、施工、运营各阶段的技术经济档案，为项目后评价工作积累完整的技术经济资料和数据。指定专人或专门的机构负责整理后评价的资料、编写自评报告、配合后评价现场调查以及其他相关事宜。

2. 政府和企业投资决策部门在后评价实施过程的主要任务

（1）对全部项目的自我总结评价报告进行分析评价，得出评价结论，选定典型项目，向有关单位下达后评价任务。将项目后评价工作的评价范围、目的、任务和具体要求，通知项目建设单位和项目管理机构，要求项目建设单位和项目建设管理者做好准备，并积极配合，提供相关的数据资料。

（2）选聘具有相应资质的后评价机构承担后评价业务，对评价对象、评价目的、评价范围、评价方法、质量标准、资料来源、评价时间、评价费用等进行约定。

（3）审查和验收后评价报告。后评价报告初稿完成后，组织专家对后评价报告进行验收，并要求评价单位根据专家意见补充修改后评价报告。

（4）总结投资效果和经验教训。通过后评价工作，总结经验教训，为项目管理、投资决策、规划和政策的制定或调整提供依据。

（5）进行后评价成果的反馈和发布。

项目建设单位在项目竣工验收后，要认真撰写项目自我总结评价报告，重点对项目决策过程、实施过程、投资效益情况进行总结。报告应观点明确、层次清楚、文字简炼，文本规范。项目建设单位应对自评报告中资料信息的准确性、报告的客观性和真实性负责。

3. 建设单位编制的自我总结评价报告应包括以下内容

(1) 项目概况;

(2) 项目实施过程总结;

(3) 项目效果和效益情况;

(4) 项目环境和社会影响情况;

(5) 项目目标实现情况和可持续性分析;

(6) 项目主要经验教训、结论和相关建议;

(7) 附件。

参与后评价工作的咨询机构应根据委托合同的要求,独立自主、认真负责地开展后评价工作,确保后评价结论的独立、客观、公正,并承担国家机密、商业机密相应的保密责任。

4. 中介机构实施后评价的工作程序

(1) 签订委托合同,布置配合事项。与评价主管单位签订合同,明确双方权利与义务;将评价要求事项通知被评价项目建设单位,提出相关准备工作要求。

(2) 组织后评价组,聘请相关专家。根据项目专业性质,决定参评人员,聘请专家,组成后评价工作组;人员组成要遵守公正、独立性原则;召开预备会,明确分工。

(3) 收集项目资料,阅读相关文件。由项目建设单位提供被评价项目的相关文件资料;评价人员阅读资料,重点为"自评报告"。

(4) 设计调查方案,制定工作计划。有针对性的制订调查方案,设定调查指标体系;按合同拟定后评价工作进度。

(5) 开展现场调查,听取各方反映。察看项目现场,从宏观和微观两方面了解项目真实情况;听取项目建设单位等的工程介绍;分组进行专业性座谈以及社会调查。

(6) 进行目标对比,提出专家意见。将项目现实结果与决策目标对比,找出差距、分析原因,提出专家评价意见。

(7) 交流沟通观点,听取建设单位意见。就专家提出的初步意见与项目建设单位进行交流,并听取建设单位评议。

(8) 汇总分析综合,形成报告初稿。根据已获信息资料和专家意见,进行汇总分析,按《项目后评价报告》格式,形成后评价报告草稿;送项目建设单位征求意见后形成报告初稿。

(9) 提交评价报告,反馈评价信息。后评价报告初稿经研讨和修改定稿后,按项目合同报送委托单位。

12.5.2 建设项目后评价报告

项目后评价报告应该包括摘要、正文和附件三个部分。

后评价报告摘要应简单描述项目的基本情况及决策要点,项目主要建设内容,项目实施进度,项目总投资、资金来源及到位情况,项目运行情况等。

项目后评价报告正文应包括:

1. 项目实施过程的总结评价;

2. 项目效果和效益评价；
3. 项目环境和社会效益评价；
4. 项目目标和可持续性评价；
5. 项目后评价结论和主要经验教训；
6. 对策建议。

后评价报告是后评价成果的主要载体，应建立在公正、独立、可靠和实用的基础上。为了满足不同类型读者的要求，后评价报告还可以形成摘要、成果要点以及项目有关设计条件、实施效益、作用影响和经验教训的专门结论等多种形式的资料，用多种报告形式和格式去满足各方面的要求。为了使后评价经验与项目管理和企业投资结构、投资方向的确立相结合，投资决策部门可出版《后评价年度报告》，对当年后评价的成果进行分析、总结和合成，提出企业在投资决策、管理程序、业务运作过程中需改进的地方，为以后的项目管理和投资决策提供参考。另外，还可以按项目的不同类型和区域进行专题研究。专题研究一般针对行业内同类项目后评价的综合报告、一个地区的同类项目后评价的综合报告、针对项目后评价反映出的共性问题开展研究。考虑后评价项目选择原则的特殊性和代表性，一般可以分为行业总结、地区研究、专题问题、程序评价等。在专题研究的基础上，不定期地提出《特定项目后评价成果》和《地区项目后评价成果》，用简要的格式总结出特定的项目和地区后评价的成果，其中包括项目执行效益、项目成功度等有用的统计数据和资料以及相关的经验教训。

12.5.3 建设项目后评价成果的反馈与应用

项目后评价的目的是为改进和完善项目管理提供建议，为投资决策部门提供参考和借鉴。要实现这个目的就必须将后评价的成果和结论实行有效反馈。为了强化反馈和扩散机能，在建立反馈机制的前提下，应采取多种形式和途径，将后评价的信息（包括问题、结论、建议和经验教训等）尽可能及时、广泛地扩散，直接为不同部门和利益方服务。后评价成果信息的反馈渠道主要包括书面文件（评价报告和出版物）、后评价信息管理系统、成果反馈讨论会、内部培训和研讨等。

利用现代科技手段，建立健全一个纵横交织、上下贯通的具有效率的计算机信息网络是一种有效全面的反馈方式。该系统可包括所有报告及其项目内容、成本和贷款额、财务和经济收益率、效益和影响指标、项目执行成功度等，还可存有项目规模变化、建设期变更和收益率变化的主要原因等资料，并可用图表表示出重大变化，利于项目管理者进行分析和决策。如果类似项目间的信息网络能够达到资源共享，则其成果的借鉴和参考作用将被有效放大。

为增强后评价成果反馈的效果，不定期地组织后评价成果讨论会也是有效的反馈方式。评价部门和业务部门的人员共同讨论有关项目后评价的结果并达成共识。讨论的重点是未来应考虑的经验教训，包括新项目的改进、在建和完工项目的调整和完善。讨论会增强了评价部门和业务部门的联系，有利于对后评价成果的理解，使之更容易被接受和采纳。此外，还可以通过举行新闻发布会、专业会议以及印发内部材料等形式进行报告和扩散到社会各个方面。

评价部门的人员可参加行业内的各种研讨会和培训班，介绍后评价的成果，从而加强行业内各部门的联系与交流，扩大后评价成果的影响和作用。后评价作为一项专业工作，涉及领域多，技术性强，需要评价人员具有专门业务技能和广泛的信息背景。加强后评价人员的培训是做好这项工作的基础，同时也是将现有后评价信息广泛反馈的重要手段。

项目后评价的结果和信息应用于指导规划编制和拟建项目策划，调整投资计划和在建项目，完善已建成项目。在新投资项目策划时，应参考过去同类项目的后评价结论和主要经验教训。在新项目立项后，应尽可能参考项目后评价指标体系，建立项目管理信息系统，随项目进程开展监测分析，改善项目日常管理，并为项目后评价积累资料。由于后评价内容包含对建设项目投资决策工作的评价，后评价成果和结论的反馈要有十足的勇气和能力。作为建设项目投资决策部门，也应敢于正视工作中的失误和教训，将后评价的成果和结论反馈到有关部门和领导。

项目建设单位对于后评价成果的应用主要体现在以下方面：

1. 通过后评价把设计方面的问题反馈给设计单位，使其吸取其中的经验教训，提高设计水平；通过后评价的反馈还可加强可行性研究和设计单位的责任心。

2. 对于建设单位反馈有关建设方面的问题，使决策者掌握项目实施全过程的动态，及时调整方案和执行计划，使项目能顺利建成并投入使用；在项目建设完成后的评价中，把后评价的成果总结的技术和项目管理中出现的问题及时反馈给建设单位，使其吸取教训，为今后的建设奠定基础；还可以对于建设中出现的创新和错误给予适当的奖励或惩罚。

3. 借鉴项目后评价对项目投入运营后产生的问题提供的建议，可改进项目在运营中出现的问题，提高项目的运营水平；在新项目实施管理中，应尽可能参考项目后评价指标体系，改善项目日常管理，并为后评价积累资料。

复习思考题：
1. 建设项目后评价的概念、类型及特点？
2. 建设项目后评价与项目前评估的异同点？
3. 建设项目后评价的作用？
4. 建设项目后评价的主要内容包括哪些？
5. 建设项目后评价的主要方法有哪些？
6. 建设项目后评价报告包括哪些内容？

参 考 文 献

[1] 全国投资建设项目管理师考试专家委员会. 投资建设项目决策. 北京：中国计划出版社，2005.
[2] 全国投资建设项目管理师考试专家委员会. 投资建设项目组织. 北京：中国计划出版社，2005.
[3] 刘伊生. 建设项目管理. 北京：清华大学出版社，北京交通大学出版社，2008.
[4] 邱国林，宫立鸣主编. 工程项目管理. 北京：中国电力出版社，2010.
[5] 叶枫主编. 工程项目管理. 北京：清华大学出版社，2009.
[6] 注册咨询工程师(投资)考试教材编写委员会. 工程咨询概论. 北京：中国计划出版社，2003.
[7] 中国建设监理协会. 建设工程监理概论. 北京：知识产权出版社，2009.
[8] 戚安邦，孙贤伟. 建设项目全过程造价管理理论与方法. 天津：天津人民出版社，2004.
[9] 陈文晖. 工程项目后评价. 北京：中国经济出版社，2009.
[10] 陈燕. 建设工程合同管理. 合肥：合肥工业大学出版社，2009.
[11] 汪洋，李洪军. 工程招投标与合同管理. 北京：中国水利水电出版社，2008.
[12] 刘志杰. 工程招投标与合同管理. 大连：大连理工大学出版社，2009.
[13] 范秀兰，张东黎. 建设工程项目管理. 重庆：重庆大学出版社，2008.
[14] 蔺石柱，闫文周. 工程项目管理. 北京：机械工业出版社，2006.
[15] 石振武. 建设项目管理. 北京：科学出版社，2005.
[16] 邱国林，杜祖起. 建设工程项目管理. 北京：科学出版社，2009.
[17] 丁士昭. 建设工程项目管理. 北京：中国建筑工业出版社，2010.
[18] 刘炳南主编，宋金昭副主编. 工程项目管理. 西安：西安交通大学出版社，2010.
[19] 全国招标师职业水平考试辅导教材指导委员会. 2009 年版全国招标师职业水平考试辅导教材：招标采购法律法规与政策. 北京：中国计划出版社. 2009.
[20] 全国招标师职业水平考试辅导教材指导委员会. 2009 年版全国招标师职业水平考试辅导教材：项目管理与招标采购. 北京：中国计划出版社. 2009.
[21] 全国招标师职业水平考试辅导教材指导委员会. 2009 年版全国招标师职业水平考试辅导教材：招标采购专业实务. 北京：中国计划出版社. 2009.
[22] 米万国，任远. 工程项目代建管理实务与操作. 北京：中国计划出版社，2009.
[23] 米万国，任远. 工程项目管理实务与操作. 北京：中国经济出版社，2009.
[24] 泛华建设集团等. 建筑工程项目管理服务指南. 北京：中国建筑工业出版社，2006.